甘肃省社科联科普教材编写规划项目

农民身边的法律

郭文娣　主编

兰州大学出版社
LANZHOU UNIVERSITY PRESS

图书在版编目（ＣＩＰ）数据

农民身边的法律 / 郭文娣主编. -- 兰州 ： 兰州大学出版社，2018.12（2019.9重印）
ISBN 978-7-311-05508-0

Ⅰ．①农… Ⅱ．①郭… Ⅲ．①案例－中国 Ⅳ.
①D920.5

中国版本图书馆CIP数据核字(2018)第277237号

责任编辑	王颢瑾　宋　婷
封面设计	陈　文

书　　名	农民身边的法律
作　　者	郭文娣　主编
出版发行	兰州大学出版社　（地址:兰州市天水南路222号　730000）
电　　话	0931-8912613(总编办公室)　0931-8617156(营销中心)
	0931-8914298(读者服务部)
网　　址	http://press.lzu.edu.cn
电子信箱	press@lzu.edu.cn
印　　刷	甘肃新亚印务有限公司
开　　本	710 mm×1020 mm　1/16
印　　张	15.5
字　　数	257千
版　　次	2018年12月第1版
印　　次	2019年9月第2次印刷
书　　号	ISBN 978-7-311-05508-0
定　　价	34.00元

前　言

小康不小康，关键看老乡。让贫困人口和贫困地区同全国一道进入全面小康社会是我们党的庄严承诺。要确保到二○二○年我国现行标准下农村贫困人口实现脱贫，打赢脱贫攻坚战，就必须注重扶贫同扶志、扶智相结合，做到脱真贫、真脱贫。

近年来，随着农村经济社会的快速发展，农村各种类型的矛盾纠纷日益突出，老百姓在遇到矛盾纠纷时往往束手无策，广大农民对征地拆迁补偿、婚姻家庭纠纷处理以及土地流转等方面的政策法规有着迫切的需求。精准扶贫不仅是物质的扶贫，更应有精神的、法律的扶贫。老百姓通过学习法律，增强法律意识，学会遇事找法，解决问题靠法。《农民身边的法律》编写的出发点就是写一本能让老百姓看得懂、用得上的法律普及读本。本教材依据国家现行法规政策，结合农村常见疑难矛盾纠纷，分门别类，采取"问答+案例解析"的形式以案说法，为农民处理常见的矛盾纠纷提供范本，更好地依法维护农民合法权益，从而达到精神扶贫的目的。

本教材共十章，内容基本涵盖了农村日常生活中各种常见的法律问题。

该书编著人员均为天水市委党校法学副教授，具有较深厚的法学理论功底及丰富的法律实践经验。其中，郭文娣主持该书的编写工作，负责撰写第一、四、八、九、十章，席章友撰写第二、三章，李军娟撰写第五、六、七章。

目　录

目 录

目 录

目 录

第一章
有了纠纷去找谁？

1.什么是人民调解？

人民调解就是依法设立的人民调解委员会通过教育、疏导，促使当事人在平等协商基础上自愿达成协议，解决民间纠纷的活动。与诉讼相比，人民调解程序简便、成本不高、处理及时、方式灵活，有利于及时有效地化解农村群众之间发生的矛盾纠纷，维护农村的和谐稳定。

《人民调解法》规定：人民调解委员会调解民间纠纷，应当依据法律法规、规章和政策规定进行调解，也可以在不违背法律法规、规章和政策规定的前提下，遵循社会公德或者参考村规民约、社区公约、企业、事业单位规章制度和社会善良习俗进行调解。

人民调解员一般都熟悉当地风土人情，甚至对当事人的情况都十分熟悉，他们在调解民间纠纷的时候，除了依据法理，还能利用农村的善良风俗和乡土人情来解决纠纷。

此外，通过人民调解委员会处理纠纷，有利于解决农村群众的实际困难。对农村群众来说，到法院打官司是一件费时费力的事，调解工作一般由当事人所在村的人民调解委员会负责，并且不收取费用，农村群众不但可以就近解决纠纷，还可以节省费用。

案例

2011年5月，渭西村村民李某花与李某华就两家相邻巷子砌墙一事发生了矛盾纠纷，双方互不相让，由口角很快发展到动手。李某花说这条巷子经常有污水流淌，现在正值酷夏，天气炎热，每天都会有阵阵恶臭散发出来，影响了自己家人的生活。于是，李某花未和隔壁李某华商量便在巷子里起了一道隔墙。这引起邻居李某华的强烈反应："你怎么有权随便砌隔墙自己独用？这不成了你自家的巷子了吗？"双方很快发生争吵并动起手来。该纠纷应如何解决？

解答

这是一起典型的农村邻里纠纷。俗话说，一年官司十年仇。对这样的纠纷，当事人一般先不要急着到法院去打官司，可以先找村里的人民调解委员会进行调解。

本案中，李某花向村人民调解委员会反映了情况，请求法律帮助。通过调解人员的耐心开导劝说，双方最终达成协议：（一）围墙南至前门小屋，北至李某华房屋卫生间窗户北侧50厘米处，墙高不超过2米。（二）北侧围墙尽头处由李某花安装一扇门，李某华同意在自家房屋墙上打一门栓插孔。门锁钥匙各人一把，出入时通知对方。（三）建围墙及门的费用由李某花负责，所有权属李某花。双方签字后生效。

法规链接

《人民调解法》

第4条　人民调解委员会调解民间纠纷，不收取任何费用。

第7条　人民调解委员会是依法设立的调解民间纠纷的群众性组织。

第8条第1款　村民委员会、居民委员会设立人民调解委员会。企业事业单位根据需要设立人民调解委员会。

附件：人民调解申请书格式样本

人民调解申请书

当事人：＿＿＿＿＿＿＿＿＿＿＿＿＿＿＿＿＿＿＿＿＿＿（自然人写明姓名、性别、年龄、民族、职业、单位或住址，法人及社会组织写明名称、地址、法定代表人姓名和职务）。

纠纷事实及申请事项：

_____

_____

_____

_____

特申请_____人民调解委员会予以调解。

申请人（签名）_____

_____年____月____日

2. 如何进行人民调解？

人民调解委员会介入处理民间纠纷，一个重要的原则就是"当事人自愿"。一般而言，只有当事人提出调解申请，人民调解委员会才会介入调解。当然，如果当事人没有明确表示不同意，人民调解委员会对于其辖区内的民间纠纷也可以主动进行调解。人民调解委员会调解民间纠纷，应当填写《民间纠纷受理调解登记表》，调解过程要制作调解笔录，由人民调解员、当事人签字，主要记载纠纷调解的情况，以便将来可以查证。人民调解员可以采取灵活多样的调解方式，帮助当事人化解纷争，达成协议。经过人民调解委员会调解，当事人就纠纷解决达成一致意见的，应当填写或者制作《人民调解协议书》。《人民调解协议书》应写明当事人的基本情况、纠纷简要事实、争议事项，解决纠纷的内容，履行协议的方式、时间，并由当事人、人民调解员签字，人民调解委员会盖章确认。

案例

北道乡村民杨某与蔡某于2009年开始谈恋爱。恋爱期间，杨某共花去蔡某各种钱物共计3.3万元。现杨某不愿与蔡某保持恋爱关系，蔡某要求杨某退还全部财物，双方因不能达成协议而引发纠纷。蔡某申请北道乡人民调解委员会进行调解。

解答

本案中，北道乡人民调解委员在调解陈述中证实，杨某承认在与蔡某恋爱期间确实用了蔡某的钱财，以蔡某是自愿赠与为由，拒绝退还。调解人员通过《民法通则》及《婚姻法》相关法条规定解读，帮助杨某规范行为，通过思想劝导化解蔡某的怨气。以杨某退还蔡某1.5万元并当场兑现的协议结束了这场纠纷。

法规链接

《人民调解法》

第17条　当事人可以向人民调解委员会申请调解；人民调解委员会也可以主动调解。当事人一方明确拒绝调解的，不得调解。

第19条　人民调解委员会根据调解纠纷的需要，可以指定一名或者数名人民调解员进行调解，也可以由当事人选择一名或者数名人民调解员进行调解。

第20条　人民调解员根据调解纠纷的需要，在征得当事人的同意后，可以邀请当事人的亲属、邻里、同事等参与调解，也可以邀请具有专门知识、特定经验的人员或者有关社会组织的人员参与调解。

第22条　人民调解员根据纠纷的不同情况，可以采取多种方式调解民间纠纷，充分听取当事人的陈述，讲解有关法律、法规和国家政策，耐心疏导，在当事人平等协商、互谅互让的基础上提出纠纷解决方案，帮助当事人自愿达成调解协议。

附件：人民调解协议书样本

人民调解协议书

（编号：×××）

当事人：＿＿＿＿＿＿＿＿＿＿＿＿＿＿＿＿＿＿＿＿＿＿（自然人写明姓名、性别、年龄、民族、职业、单位或住址，法人及社会组织写明名称、地址、法定代表人姓名和职务）

纠纷简要情况：

＿＿＿＿＿＿＿＿＿＿＿＿＿＿＿＿＿＿＿＿＿＿＿＿＿＿＿＿＿＿＿＿

＿＿＿＿＿＿＿＿＿＿＿＿＿＿＿＿＿＿＿＿＿＿＿＿＿＿＿＿＿＿＿＿

＿＿＿＿＿＿＿＿＿＿＿＿＿＿＿＿＿＿＿＿＿＿＿＿＿＿＿＿＿＿＿＿

＿＿＿＿＿＿＿＿＿＿＿＿＿＿＿＿＿＿＿＿＿＿＿＿＿＿＿＿＿＿＿＿

经调解，自愿达成如下协议：

_____

_____

_____

_____

_____

履行协议的方式、地点、期限：

_____

_____

_____

_____

_____

本协议一式_____份，当事人、人民调解委员会各持一份。

当事人（签名或盖章）

（人民调解委员会印）

调解员（签名）_____

_____年____月____日

3.什么是农村土地承包经营纠纷仲裁？

　　农村土地承包经营纠纷仲裁是指农村土地承包经营纠纷仲裁机构针对农村土地承包经营纠纷当事人的仲裁请求和事实理由，依照相关法律法规及政策，对纠纷作出裁决意见的行政仲裁活动。

　　农村土地承包经营纠纷的当事人和解、调解不成或者不愿和解、调解的，可以向农村土地承包仲裁委员会申请仲裁，也可以直接向人民法院起诉。

　　仲裁庭对农村土地承包经营纠纷应当进行调解。调解达成协议的，仲裁庭应当制作调解书。调解不成的，应当及时作出裁决。调解书应当写明仲裁请求和当事人协议的结果。调解书由仲裁员签名，加盖农村土地承包仲裁委员会印章，送达双方当事人。调解书经双方当事人签收后，即发生法律效力。在调解书签收前当事人反悔的，仲裁庭应当及时作出裁决。当事人不服仲裁裁决的，可以自收到裁决书之日起30日内向人民法院起诉。逾期不起诉的，裁决书即发生法律效力。发生法律效力的调解书、裁决书，应当依照规定的期限履行。一方当事人逾期不履行的，另一方当事人可以向被申请人住所地或者财产所在地的基层人民法院申请执行。

仲裁委员会不向当事人收取仲裁费用，工作经费依法纳入财政预算。

案例

1994年，曹某（女）和王某结婚。婚后，曹某的父母从自家承包地里拨给了曹某0.5公顷承包地。1998年，村委会将曹某的0.5公顷承包地签入了王某的二轮延包合同。2004年，曹某与王某离婚。之后，曹某多次向王某要地，王某以此地已签入其延包合同为由，拒绝返还，引发纠纷。曹某向土地仲裁庭申请仲裁。仲裁委在调解过程中，双方争议较大，未能达成协议，经仲裁委合议后，作出裁决。

解答

本案中，仲裁委认为，争议的0.5公顷土地是申诉人曹某娘家的一轮承包地，因二人结婚，由其父母给女儿申诉人曹某的承包地，属随嫁地，属于申诉人曹某娘家的一轮承包地，随着二人离婚，以被诉人王某为户代表所签订的二轮延包合同其土地承包经营权应当进行确认与分割。

法规链接

《农村土地承包法》

第5条　农村集体经济组织成员有权依法承包由本集体经济组织发包的农村土地。任何组织和个人不得剥夺和非法限制农村集体经济组织成员承包土地的权利。

第6条　农村土地承包，妇女与男子享有平等的权利。承包中应当保护妇女的合法权益，任何组织和个人不得剥夺、侵害妇女应当享有的土地承包经营权。

《农村土地承包经营纠纷调解仲裁法》

第4条　当事人和解、调解不成或者不愿和解、调解的，可以向农村土地承包仲裁委员会申请仲裁，也可以直接向人民法院起诉。

第20条　申请农村土地承包经营纠纷仲裁应当符合下列条件：

（一）申请人与纠纷有直接的利害关系；

（二）有明确的被申请人；

（三）有具体的仲裁请求和事实、理由；

（四）属于农村土地承包仲裁委员会的受理范围。

第49条 当事人对发生法律效力的调解书、裁决书，应当依照规定的期限履行。一方当事人逾期不履行的，另一方当事人可以向被申请人住所地或者财产所在地的基层人民法院申请执行。受理申请的人民法院应当依法执行。

4.农村土地征收与补偿纠纷能申请仲裁吗？

案例

2010年1月1日，魏某德以自己的名义与弟弟魏某财签订土地承包合同，承包其土地12亩。该地在魏某财土地的水渠两侧。该土地被征用前，魏某德将水渠平掉后耕种。2012年，承包的6.6亩土地被征用，但同时征用的还有公用水渠平掉后，开垦耕种的4.38亩土地的青苗。青苗补偿费的标准为每平方米3.8元。魏某财以其兄擅自开垦耕种集体公用水渠，致使征地时给其造成经济损失为由，要求其兄支付青苗补偿费11 101.54元。请问魏某财能申请仲裁吗？

解答

本案因涉及土地征收补偿问题，因此，不能直接申请仲裁，可以直接提起诉讼。

法规链接

《农村土地承包经营纠纷调解仲裁法》

第2条 农村土地承包经营纠纷调解和仲裁，适用本法。

农村土地承包经营纠纷包括：

（一）因订立、履行、变更、解除和终止农村土地承包合同发生的纠纷；

（二）因农村土地承包经营权转包、出租、互换、转让、入股等流转发生的纠纷；

（三）因收回、调整承包地发生的纠纷；

（四）因确认农村土地承包经营权发生的纠纷；

（五）因侵害农村土地承包经营权发生的纠纷；

（六）法律、法规规定的其他农村土地承包经营纠纷。

因征收集体所有的土地及其补偿发生的纠纷，不属于农村土地承包仲裁委员会的受理范围，可以通过行政复议或者诉讼等方式解决。

《最高人民法院关于审理涉及农村土地承包纠纷案件
适用法律问题的解释》

第1条　下列涉及农村土地承包民事纠纷，人民法院应当依法受理：

（一）承包合同纠纷；

（二）承包经营权侵权纠纷；

（三）承包经营权流转纠纷；

（四）承包地征收补偿费用分配纠纷；

（五）承包经营权继承纠纷。

集体经济组织成员因未实际取得土地承包经营权提起民事诉讼的，人民法院应当告知其向有关行政主管部门申请解决。

集体经济组织成员就用于分配的土地补偿费数额提起民事诉讼的，人民法院不予受理。

5.农村土地承包纠纷仲裁后还可以起诉吗？

对于农村土地承包经营纠纷，仲裁与诉讼是两种互相独立的纠纷解决方式，诉讼不以仲裁为前提或基础，也不对仲裁作出评判。

农村土地承包经营纠纷调解仲裁不需要当事人事先达成仲裁协议，仲裁不是诉讼的前置程序，当事人可裁可诉。最高人民法院《关于审理涉及农村土地承包经营纠纷调解仲裁案件适用法律若干问题的解释》对农村土地承包纠纷仲裁后的起诉作出了明确规定，农村土地承包纠纷仲裁后仍可以起诉。农村土地承包经营纠纷仲裁，任何一方当事人对仲裁裁决不服的，只要在收到裁决书之日起30日内起诉，即可使仲裁裁决书不发生法律效力。

农村土地承包仲裁委员会根据《农村土地承包经营纠纷调解仲裁法》第18条规定，以超过申请仲裁的时效期间为由驳回申请后，当事人就同一纠纷提起诉讼的，人民法院应予受理。

法规链接

《最高人民法院关于审理涉及农村土地承包经营纠纷调解仲裁案件
适用法律若干问题的解释》

第1条　农村土地承包仲裁委员会根据农村土地承包经营纠纷调解仲裁法第18条规定，以超过申请仲裁的时效期间为由驳回申请后，当事人就同一纠纷提起诉讼的，人民法院应予受理。

第2条　当事人在收到农村土地承包仲裁委员会作出的裁决书之日起30日后或者签收农村土地承包仲裁委员会作出的调解书后，就同一纠纷向人民法院提起诉讼的，裁定不予受理；已经受理的，裁定驳回起诉。

第3条　当事人在收到农村土地承包仲裁委员会作出的裁决书之日起30日内，向人民法院提起诉讼，请求撤销仲裁裁决的，人民法院应当告知当事人就原纠纷提起诉讼。

第11条　当事人因不服农村土地承包仲裁委员会作出的仲裁裁决向人民法院提起诉讼的，起诉期从其收到裁决书的次日起计算。

附件：农村土地承包经营纠纷仲裁申请书样本

土地承包纠纷仲裁申请书

申请人：_____；

被申请人：_____。

一、仲裁请求

1._____（必须与农村土地承包合同、承包土地流转或土地承包权益等有关）；

2._____。

二、事实和理由

_____

_____

_____

_____

_____

（事实经过——整个过程的来龙去脉一定要讲清楚；第三人的身份、与被申请人或其他第三人之间的身份关系、与本案的利害关系等要讲清楚）（提出上述仲裁请求的若干理由，但具体仲裁请求不需要重复再提。）

此致

×××县农村土地承包仲裁委员会

证据名称：   证据来源：

证人姓名：   联系方式：

附件：

1. 申请书副本_____份

2. 其他有关材料_____份

3. 身份证复印件或户籍复印件

申请人（签名、指印）_____

_____年____月____日

6. 什么是民事诉讼?

民事诉讼俗称"打官司"，是指当事人之间因民事权益矛盾或者经济利益冲突，向人民法院提起诉讼，人民法院立案受理，在双方当事人和其他诉讼参与人的参加下，经人民法院审理和解决民事案件、经济纠纷案件及法律规定由人民法院审理的特殊案件的活动，以及这些诉讼活动中所产生的法律关系的总和。通俗地讲，就是当事人人身和经济的合法权益受到侵害时，通过打民事官司，达到制裁民事违法行为、保护自己合法权益的目的。诉讼参与人包括原告、被告、第三人、证人、鉴定人、勘验人等。

民事诉讼由法院代表国家行使审判权，解决民事争议。它既不同于群众自治组织性质的人民调解委员会以调解方式解决纠纷，也不同于由民间性质的仲裁委员会以仲裁方式解决纠纷。与调解、仲裁相比，民事诉讼有如下特征：

（1）强制性。民事诉讼的强制性既表现在案件的受理上，又反映在裁判的执行上。调解、仲裁均建立在当事人自愿的基础上，只要有一方不愿意选择上述方式解决争议，调解、仲裁就无从进行。民事诉讼则不同，只要原告的起诉符合《民事诉讼法》规定的条件，无论被告是否愿意，诉讼均会发生。诉讼外调解协议的履行依赖于当事人的自觉，不具有强制力。法院裁判则不同，当事人不自动履行生效裁判所确定的义务，法院可以依法强制执行。

（2）程序法定。无论是法院还是当事人和其他诉讼参与人，都需要按照民事诉讼法设定的程序实施诉讼行为，违反诉讼程序常常会引起一定的法律后果，如法院的裁判被上级法院撤销，当事人就失去为某种诉讼行为的权利。诉讼外解决民事纠纷的方式的程序性较弱，人民调解没有严格的程序规则，仲裁虽然也需要按预先设定的程序进行，但其程序相当灵活，当事人对程序的选择权也较大。

（3）对象具有特定性。民事诉讼解决的争议是有关民事权利义务的争议，伦理上的冲突、政治上的争议、宗教上的争议或者科学上的争议等不能成为民事诉讼调整的对象。

（4）权利的自由处分。民事诉讼中的原告有权依法处分其诉讼权利和实体权利，被告也有权处分其诉讼权利和实体权利。对法院发生法律效力的判决，胜诉的一方当事人可以申请执行，也可以不申请执行。但是，在刑事诉讼和行政诉讼中情况则不同，刑事诉讼中公诉人与被告人不能进行和解或调解，行政诉讼中就行政法律关系的争议，也不适用调解方式解决，作为当事人一方的行政机关胜诉后也无权放弃自己的权利。

附件：民事起诉状格式

民事起诉状

原告： _____

（写明基本情况）

被告： _____

（写明基本情况）

诉讼请求：

1. _____

2. _____

3. _____

事实与理由：_____。

证据来源、证人姓名和住址：_____

附：本状副本____份

起诉人：（签名或者盖章）_____

_____年____月____日

7.如何打民事官司？

根据我国《民事诉讼法》规定，进行民事诉讼应注意以下几点：

第一，原告应具有民事行为能力。根据《民法总则》规定：18周岁以上的公民是成年人，具有完全的民事行为能力；16周岁以上，不满18周岁的公民以自己劳动收入为主要生活来源的，视为有完全民事行为能力的人，其有资格以自己的名义向法院提起诉讼；未成年人或精神病人属无行为能力人或限制行为能力人，应由其法定监护人作为法定代理人代为诉讼。

第二，原告是与本案有直接利害关系的公民、法人和其他组织。提起诉讼的一方必须是在民事法律关系中合法权益受到侵害的人。

第三，有明确的被告。例如，根据《消费者权益保护法》第35条规定，消费者在其合法权益受到侵害时，可以以销售者或服务者作为被告。如果消费者因商品缺陷造成人身财产损害时，可以将销售者或生产者任何一方作为被告，法律将对生产者、销售者起诉的选择权赋予了消费者，由他们选择最方便自己进行诉讼、最有履行判决的能力和最容易找到的对象作为被告。

第四，有明确的诉讼请求和事实理由，即具体地提出违约、侵权行为的事实和给自己造成的损害，以及对方应承担的民事责任等。

第五，向有管辖权的人民法院起诉。

第六，向法院提起民事诉讼的诉讼有效期为权利人在知道自己权利受到侵害起3年之内（《民法总则》）。

第七，起诉应向人民法院递交诉状，并按被告人数提交副本，书写诉状确有困难的，可以口头起诉，由人民法院记入笔录并告知对方当事人。

8.什么是民事诉讼当事人？

诉讼当事人是诉讼活动不可或缺的参加者，是指因民事权利义务发生争执或引起纠纷，以自己的名义起诉、应诉和进行诉讼，并接受法院裁判约束的人，最常见的就是指诉讼的原告、被告双方。原告是诉讼中提出诉讼的一方，没有原告不能诉。被告是原告提起诉讼的对象，没有被告不能讼。没有原告、被告，则诉讼无法提起和进行。诉讼当事人有平等的诉讼权利。当然，诉讼当事人在不同的审理阶段有不同的称谓：在起诉阶段称为原告、被告，在判决阶段称为胜诉人或败诉人，在二审阶段称为上诉人和被上诉人，在执行阶段称为申请执行人和被申请执行人。法院审理案件，应当保障和便利当事人行使诉讼权利，对当事人在适用法律上一律平等。公民、法人和其他组织均可作为诉讼的当事人。

案例

甲男与乙女经人介绍相识，恋爱一年后二人结婚。婚后，甲男之母丙发现乙女不会过日子，婆媳之间经常发生摩擦。起初，甲男总是从中劝解，时间长了便觉得妻子对老人不孝，逐渐有些怨恨，后发展到小两口经常吵架甚至大打出手，家庭生活很不和谐。在此情况下，丙来到人民法院，向法院递交了一份诉状，要求人民法院判决儿子与儿媳离婚。法院没有受理丙的起诉。

解答

法院的做法是正确的。本案中，丙不具备当事人的资格，她不是发生争议的法律关系（婚姻关系）中的主体，故与案件没有直接利害关系，也不能以自己的名义进行诉讼，不受人民法院裁判的约束。法院无论如何判决，在法律上均与丙无关，因此她不能作为本案的原告起诉。所以，人民法院不予受理是正确的。如若要起诉离婚，应该由甲和乙提出。

法规链接

《民事诉讼法》

第119条　起诉必须符合下列条件：

（一）原告是与本案有直接利害关系的公民、法人和其他组织；

（二）有明确的被告；

（三）有具体的诉讼请求和事实、理由；

（四）属于人民法院受理民事诉讼的范围和受诉人民法院管辖。

9.何为诉讼代理人?

民事诉讼代理人是指以当事人的名义,在一定权限范围内,为当事人的利益进行诉讼活动的人。被代理的一方当事人称为被代理人。诉讼代理人代理当事人进行诉讼活动的权限,称为诉讼代理权。因代理权的不同可分为法定诉讼代理人和委托诉讼代理人。法定诉讼代理是指根据法律的直接规定而发生的诉讼代理。法定诉讼代理人是依照法律规定取得并行使诉讼代理权的人。法定诉讼代理是为无诉讼行为能力的人在法律上设立的一种代理制度。委托诉讼代理是指根据被代理人的授权委托而发生的诉讼代理。委托诉讼代理人是指接受被代理人的授权委托代为进行诉讼活动的人。委托诉讼代理人适用于代理有诉讼行为能力的人进行诉讼。这是委托诉讼代理与法定诉讼代理的一个重要区别。

诉讼代理人具有以下特征:

(1)以被代理人的名义进行诉讼活动。诉讼代理的目的在于维护被代理人的合法权益,因此只能以被代理人的名义进行诉讼,而不能以自己的名义进行诉讼。

(2)诉讼代理人是有诉讼行为能力的人。没有诉讼行为能力的人,不能作为诉讼代理人参加诉讼。在诉讼中,如果诉讼代理人丧失了诉讼行为能力,也就丧失了诉讼代理人的资格。

(3)在代理权限内实施诉讼行为。诉讼代理人的代理权限,来源于法律规定或当事人的授权。凡是超越代理权所实施的诉讼行为,都是无效的诉讼行为,不能产生诉讼法上的效果。

(4)诉讼代理的法律后果由被代理人承担。

(5)在同一诉讼中,不能代理双方当事人。在诉讼中,双方当事人的利益是对立的。同时为双方当事人的代理人,可能会损害一方当事人的利益。

案例

某日放学后,8岁的王某与同班同学9岁的田某结伴在楼下空地上踢球,后因为小事发生争吵,田某将王某推到,致使王某的头部碰到一块大石头上,经医院诊断为轻度脑震荡。就王某的医疗费及营养费的问题,双方父母发生争执。如果向人民法院起诉,本案所涉及的人员处于何种诉讼地位?

解答

原告是受伤的王某，被告是推人的田某。二人的父母应作为法定代理人参加诉讼。

法规链接

《民事诉讼法》

第57条　无诉讼行为能力人由他的监护人作为法定代理人代为诉讼。法定代理人之间互相推诿代理责任的，由人民法院指定其中一人代为诉讼。

第58条　当事人、法定代理人可以委托一至二人作为诉讼代理人。

下列人员可以被委托为诉讼代理人：

（一）律师、基层法律服务工作者；

（二）当事人的近亲属或者工作人员；

（三）当事人所在社区、单位以及有关社会团体推荐的公民。

第59条第1款、第2款　委托他人代为诉讼，必须向人民法院提交由委托人签名或者盖章的授权委托书。

授权委托书必须记明委托事项和权限。诉讼代理人代为承认、放弃、变更诉讼请求，进行和解，提起反诉或者上诉，必须有委托人的特别授权。

附件：民事诉讼回避申请书范例

回避申请书

申请人：＿＿＿＿＿＿＿＿＿＿＿＿＿＿＿＿＿＿＿＿＿＿

被申请人：＿＿＿＿＿＿，男（女），＿＿＿＿市＿＿＿＿区人民法院民事审判庭助理审判员，在审理申请人诉债务纠纷一案中担任审判员。

请求事项及理由：

据悉，被申请人＿＿＿＿与本案被告＿＿＿＿的委托代理人＿＿＿＿是表兄弟（或其他利害关系）关系。为避免本案不公正审理，根据《中华人民共和国民事诉讼法》第45条第1款第1项规定，审判人员是本案当事人或者当事人、诉讼代理人的近亲属，属于必须回避的人员，现申请＿＿＿＿回避。

请人民法院审查，更换审判员审理本案。

此致

敬礼

申请人：_____

_____年____月____日

10.什么是民事诉讼中的证据？

民事诉讼证据是指能够证明民事案件真实情况的客观事实材料。它有三个基本特征，即客观真实性、关联性和合法性。客观真实性指作为民事证据的事实材料必须是客观存在的，不以任何人的主观意志为转移。一方面：要求当事人在举证时必须向人民法院提供真实的证据，不得伪造、篡改证据；要求证人如实做证，不得做伪证；要求鉴定人提供科学、客观的鉴定结论。另一方面：要求人民法院在调查收集证据时，应当客观全面，不得先入为主；要求人民法院在审查核实证据时必须持客观立场。关联性指民事证据必须与案件的待证事实之间有内在的联系。也就是说，只有对认定要件事实有帮助的事实材料才有法律意义。合法性指作为民事案件定案依据的事实材料必须符合法定的存在形式，并且其获得、提供、审查、保全、认证、质证等证据的适用过程和程序也必须合乎法律规定。根据民事诉讼法律规定的民事诉讼证据的表现形式为标准，我国民事诉讼证据的表现形式可以分为书证、物证、视听资料、证人证言、当事人陈述、电子数据、鉴定结论、勘验笔录八种。

最高人民法院2015年2月4日发布关于适用《中华人民共和国民事诉讼法》的解释全文，解释明确视听资料包括录音资料和影像资料。电子数据是指通过电子邮件、电子数据交换、网上聊天记录、博客、微博客、手机短信、电子签名、域名等形成或者存储在电子介质中的信息。

案例

吴某（17岁）所在学校的班主任刘某来到吴某家为吴某、秦某和王某三人复习功课，因王某尚未到来，刘某在客厅准备教案，吴某和秦某在阳台观望王某何时到来。吴某跟秦某打赌说他敢把阳台上的花盆扔到楼下去，秦某告诫吴某这样做有可能砸伤楼下的行人，吴某不听告诫，举起一盆君子兰就扔了下去，恰巧楼下有位老人赵某（66岁）经过，花盆正中赵某头部，致赵某当场死亡。楼下有一个10岁的小女孩陈某正在玩耍,她目睹了吴某将花盆扔下来砸死赵某的经过,立即跑回家把这一经过告诉母亲,后来陈某在母亲的陪同下将所见情况向公安人员做了叙述。

解答

本案中,吴某作为行为的实施人,他对事情经过的陈述是当事人供述;秦某见证了事情的经过,他是本案的证人,其所做陈述属于证人证言;小女孩陈某只有10岁,其所做陈述要与吴某、秦某陈述联系起来具体选择认定。

法规链接

《民事诉讼法》

第63条 证据包括:

(一)当事人的陈述;

(二)书证;

(三)物证;

(四)视听资料;

(五)电子数据;

(六)证人证言;

(七)鉴定意见;

(八)勘验笔录。

证据必须查证属实,才能作为认定事实的根据。

11.什么是民事调解书?

法院调解又称诉讼中调解,是当事人用于协商解决纠纷,结束诉讼,维护自己的合法权益,审结民事案件、经济纠纷案件的制度。诉讼中的调解是人民法院和当事人进行的诉讼行为,其调解协议经法院确认,即具有法律上的效力。

《民事诉讼法》规定,人民法院审理民事案件,应遵循查明事实,分清是非、自愿与合法的原则,调解不成,应及时判决。法院调解,可以由当事人的申请开始,也可以由人民法院依职权主动开始。

民事调解书是人民法院确认双方当事人调解协议的法律文书。纠纷的分类有很多,一般以案由来分。例如:离婚纠纷、合伙纠纷、相邻关系纠纷、经济纠纷、人身损害赔偿纠纷等。在审判人员主持下，双方当事人通过平等协商，自愿达成调解协议，调解程序即告结束。

根据《民事诉讼法》第97条的规定，法院调解书的内容包括以下三项：一是诉讼请求，即原告向被告提出的实体权利请求。二是案件事实，即当事人之间有关民事权利义务争议发生、发展的全过程和双方争执的问题。三是调解结果，即当事人在审判人员的主持下达成的调解协议的内容，其中包括诉讼费用的承担。

调解协议或调解书生效后，与生效判决具有同等的法律效力，具体表现在以下几个方面：

（1）诉讼结束，当事人不得以同一事实和理由再行起诉。

（2）一审的调解协议或调解书发生效力后，当事人不得上诉。

（3）当事人在诉讼中法律关系争议归于消灭，当事人之间实体上的权利义务关系依调解协议的内容予以确定。

（4）具有给付内容的调解书，具有强制执行力。当负有履行调解书义务的一方当事人未按调解书履行义务时，权利人可以根据调解书向人民法院申请强制执行。

案例

2010年5月，新阳镇李家村的妇女李某婚后怀孕。她多次到该县妇幼保健院做产前检查，但检查人员并未查出并告知李某其胎儿存在畸形。同年10月12日，李某在县妇幼保健院产下一名女婴。这时发现，孩子右下肢短小且严重畸形。李某和其丈夫认为医院的过错给他们造成极大伤害。2010年11月4日，李某和丈夫携女儿提起诉讼，要求被告县妇幼保健院赔偿他们医疗费、精神损失费等。

解答

为准确了解县妇幼保健院诊疗行为是否存在医疗过错及过错比例大小，县人民法院委托该省某司法鉴定中心对这一医疗行为进行鉴定。鉴定结果显示，县妇幼保健院没有尽到告知义务，缺乏注意提示，存在一定的过错，过错程度10%。后经法官多次调解，双方自愿达成协议：由被告一次性补偿原告夫妇6万元。

法规链接

《民事诉讼法》

第93条　人民法院审理民事案件，根据当事人自愿的原则，在事实清楚的基础上，分清是非，进行调解。

第96条　调解达成协议，必须双方自愿，不得强迫。调解协议的内容不得违反法律规定。

第97条　调解达成协议，人民法院应当制作调解书。调解书应当写明诉讼请求、案件的事实和调解结果。

调解书由审判人员、书记员署名，加盖人民法院印章，送达双方当事人。

调解书经双方当事人签收后，即具有法律效力。

第99条　调解未达成协议或者调解书送达前一方反悔的，人民法院应当及时判决。

附件：民事调解书格式

××××人民法院民事调解书

（××××）×××民初字第×××号

原告：＿＿＿＿＿＿

被告：＿＿＿＿＿＿

（以上写明当事人和其他诉讼参加人的姓名或者名称等基本信息）

原告×××与被告××× ＿＿＿＿＿＿＿＿＿＿＿＿＿＿＿＿＿＿＿＿＿＿＿＿（写明案由）一案，本院于××××年××月××日立案后，依法适用简易程序公开/因涉及 ＿＿＿＿＿＿＿＿＿＿＿＿＿＿＿＿＿＿＿＿＿＿＿＿＿＿＿＿＿＿（写明不公开开庭的理由）不公开开庭进行了审理（开庭前调解的，不写开庭情况）。

＿＿＿＿＿＿＿＿＿＿＿＿＿＿＿＿＿＿＿＿＿＿＿＿＿＿＿＿＿＿＿＿

＿＿＿＿＿＿＿＿＿＿＿＿＿＿＿＿＿＿＿＿＿＿＿＿＿＿＿＿＿＿＿＿

（写明当事人的诉讼请求、事实和理由）。

本案审理过程中，经本院主持调解，当事人自愿达成如下协议，请求人民法院确认，经本院委托＿＿＿＿＿＿＿（写明受委托单位）主持调解，当事人自愿达成如下协议：

一、_____。

二、_____。

（分项写明调解协议内容）

上述协议，不违反法律规定，本院予以确认。

案件受理费_____元，由_____负担（写明当事人姓名或者名称、负担金额。调解协议包含诉讼费用负担的，则不写）。

本调解书经各方当事人签收后，即具有法律效力/本调解协议经各方当事人在笔录上签名或者盖章，本院予以确认后即具有法律效力（各方当事人同意在调解协议上签名或者盖章后发生法律效力）。

审判员：_____

_____年____月____日

（院印）

书记员：_____

12.民事诉讼的一审程序有哪些？

（1）起诉。当事人向有管辖权的法院立案庭递交诉状。

（2）立案。审查符合立案条件，通知当事人7日内交诉讼费，交费后予以立案，不符合立案条件，裁定不予受理。如果对裁定驳回起诉不服，10日内向上级人民法院提出上诉。

受理后，法院5日内将起诉状副本送达对方当事人，对方当事人15日内进行答辩，通知当事人进行证据交换，可根据当事人申请，作出财产保全裁定，并立即开始执行。

（3）排期开庭。提前3日通知当事人开庭时间、地点、承办人，公开审理的案件提前3日进行公告。

（4）开庭审理。宣布开庭，核对当事人身份，宣布合议庭成员，告知当事人权利义务，询问是否申请回避法庭调查，当事人陈述案件事实。

举证质证：告知证人的权利义务，证人做证，宣读未到庭的证人证言，出示书证、物证和视听资料；双方当事人就证据材料发表意见。

法庭辩论：各方当事人就有争议的事实和法律问题，进行辩驳和论证。

法庭调解：在法官主持下，双方当事人协议解决纠纷；如果达成调解协议，制作调解书，双方当事人签收后生效，当事人履行调解书内容或申请执行；未达成调解协议，合议庭合议作出裁决（宣判）。

（5）宣判。同意判决，当事人自动履行裁判文书确定的义务或提出执行申请。不同意裁判，需要分情形区分对待：裁定，送达之日起10日内向上级人民法院提出上诉；判决，送达之日起15日内向上级人民法院提出上诉。

法规链接

《民事诉讼法》第十二章专章规定了第一审普通程序，从第119条到第156条分别是起诉和受理、审理前的准备、开庭审理、诉讼中止和终结以及判决和裁定。

13. 如何计算诉讼费？

诉讼费是指当事人为向人民法院提起诉讼应当缴纳的费用，包括案件受理费和其他诉讼费用。诉讼费用由败诉方负担，胜诉方自愿承担的除外。经人民法院调解达成协议的案件，诉讼费用的负担由双方当事人协商解决，协商不成的，由人民法院决定。

法规链接

《人民法院诉讼收费办法》

第6条 当事人应当向人民法院交纳的诉讼费用包括：

（一）案件受理费；

（二）申请费；

（三）证人、鉴定人、翻译人员、理算人员在人民法院指定日期出庭发生的交通费、住宿费、生活费和误工补贴。

第7条 案件受理费包括：

（一）第一审案件受理费；

（二）第二审案件受理费；

（三）再审案件中，依照本办法规定需要交纳的案件受理费。

第13条 案件受理费分别按照下列标准交纳：

（一）财产案件根据诉讼请求的金额或者价额，按照下列比例分段累计交纳：

1.不超过1万元的，每件交纳50元；

2.超过1万元至10万元的部分，按照2.5%交纳；

3.超过10万元至20万元的部分，按照2%交纳；

4.超过20万元至50万元的部分，按照1.5%交纳；

5.超过50万元至100万元的部分，按照1%交纳；

6.超过100万元至200万元的部分，按照0.9%交纳；

7.超过200万元至500万元的部分，按照0.8%交纳；

8.超过500万元至1000万元的部分，按照0.7%交纳；

9.超过1000万元至2000万元的部分，按照0.6%交纳；

10.超过2000万元的部分，按照0.5%交纳。

（二）非财产案件按照下列标准交纳：

1.离婚案件每件交纳50元至300元。涉及财产分割，财产总额不超过20万元的，不另行交纳；超过20万元的部分，按照0.5%交纳。

2.侵害姓名权、名称权、肖像权、名誉权、荣誉权以及其他人格权的案件，每件交纳100元至500元。涉及损害赔偿，赔偿金额不超过5万元的，不另行交纳；超过5万元至10万元的部分，按照1%交纳；超过10万元的部分，按照0.5%交纳。

3.其他非财产案件每件交纳50元至100元。

（三）知识产权民事案件，没有争议金额或者价额的，每件交纳500元至1000元；有争议金额或者价额的，按照财产案件的标准交纳。

（四）劳动争议案件每件交纳10元。

（五）行政案件按照下列标准交纳：

1.商标、专利、海事行政案件每件交纳100元；

2.其他行政案件每件交纳50元。

（六）当事人提出案件管辖权异议，异议不成立的，每件交纳50元至100元。

省、自治区、直辖市人民政府可以结合本地实际情况在本条第（二）项、第（三）项、第（六）项规定的幅度内制定具体交纳标准。

14.如何计算律师案件代理费？

《甘肃省律师服务收费管理实施办法》规定了甘肃省律师服务收费标准。

一、标准计件、按标的额收费的指导价标准

（一）代理民事诉讼、行政诉讼、国家赔偿案件

1.不涉及财产关系的：5 000元/件。可以下浮，但每件不低于800元。

2.涉及财产关系的，实行按标的额比例收费，具体依照以下比例分档、累计收取：

标的额收费费率

100 000元以下的5%

100 001元至500 000元的部分4%

500 001元至1 000 000元的部分3%

1 000 001元至5 000 000元的2%

5 000 001至10 000 000元的部分1%

10 000 001元以上0.5%；

以上累计收费额可以下浮，但不足800元的按800元收取。

（二）代理刑事案件

1.侦查阶段：3 000元/件。可以下浮，但一每件不低于800元。

2.审查起诉阶段：5 000元/件。可以下浮，但每件不低于800元。

3.一审审理阶段：6 000元/件。可以下浮，但每件不低于1 000元。

4.办理刑事自诉案件：5 000元/件。可以下浮，但每件不低于800元。

5.担任刑事自诉案件的原告或公诉案件被害人的代理人参加诉讼的，不涉及财产关系的：3 000元/件。可以下浮，但每件不低于800元。

6.办理刑事附带民事诉讼案件的，刑事部分按代理刑事案件收费标准执行，民事部分按代理民事案件收费标准执行。

7.办理死刑复核案件：5 000元/件。可以下浮，但每件不低于1 000元。曾办理一审或二审的，按此标准酌减收费。

（三）风险代理

实行风险代理的，最高收费金额不得高于收费合同约定标的额的30%。

15.什么是民事诉讼的一般诉讼时效？

权利的行使应受时效的限制。所谓时效，是指一定的事实状态持续一定期间，而产生一定法律上效果的法律事实。民事诉讼时效是指权利人经过法定期限不行使自己的权利，依法律规定其申诉权便归于消灭的制度。民事诉讼时效的效力：权利人不丧失起诉权（程序胜诉权），权利人起诉的，法院应当受理；法院在审理中不得主动援用诉讼时效期间经过的理由驳回原告诉讼请求；法院查明诉讼时效确已经过的，应判决（而非裁定）驳回原告的诉讼请求（非驳回起诉）；虽已超过时效，但当事人自愿履行的，权利人仍可以接受；因为实体权利本身并未消灭，当事人履行后又反悔的，不予支持。

自《民法总则》正式实施后，关于诉讼时效由原来的"2年"变为"3年"的规定引起了广泛关注。《民法总则》规定，向人民法院请求保护民事权利的诉讼时效期间为3年。法律另有规定的，依照其规定。诉讼时效期间自权利人知道或者应当知道权利受到损害以及义务人之日起计算。但是自权利受到损害之日起超过20年的，人民法院不予保护，有特殊情况的，人民法院可以根据权利人的申请决定延长。

案例

吴某在任西坪乡厂长期间，于1998年8月13日以个人名义向乡政府财政所借款1万元，约定10月1日还款，未约定利息。但此后吴某一直未还。乡政府于2002年12月27日起诉至法院。法院驳回乡政府诉讼。

解答

民间借贷纠纷案件适用2年诉讼时效期间（2017年10月1日前按《民法通则》中规定的2年的时效期间来执行）。由于有的出借人不知道这一规定或者是碍于情面，不想伤和气，在有效的期间内未及时有效地催要欠款，以致债权无法实现。故当事人要加强自我保护，在还款期限届满后注意催要，及时起诉，以保护自己的合法债权得以实现。乡政府主张权利时已超过法律规定的2年诉讼时效。乡政府虽称多次催要欠款，但吴某对此予以否认，乡政府没有提供证据证明。所以，乡政府主张不能成立。

法规链接

《民法总则》

第188条第1款　向人民法院请求保护民事权利的诉讼时效期间为3年。法律另有规定的，依照其规定。

第192条　诉讼时效期间届满的，义务人可以提出不履行义务的抗辩。

诉讼时效期间届满后，义务人同意履行的，不得以诉讼时效期间届满为由抗辩；义务人已自愿履行的，不得请求返还。

第193条　人民法院不得主动适用诉讼时效的规定。

第196条　下列请求权不适用诉讼时效的规定：

（一）请求停止侵害、排除妨碍、消除危险；

（二）不动产物权和登记的动产物权的权利人请求返还财产；

（三）请求支付抚养费、赡养费或者扶养费；

（四）依法不适用诉讼时效的其他请求权。

16. 何为诉讼时效中断？

"法律不保护躺在权利上睡觉的人"，这是现代法治强调的法律秩序。诉讼时效的中断是指在诉讼时效期间进行中，因发生一定的法定事由，致使已经经过的时效期间统归无效，待时效中断的事由消除后，诉讼时效期间重新起算。根据《民法总则》第195条的规定，中断诉讼时效的事由包括提起诉讼（起诉）、当事人一方提出要求（请求）或者同意履行义务（承诺）。这些事由区别于中止诉讼时效的事由，都是依当事人主观意志而实施的行为。诉讼时效的目的是促使权利人行使请求权，消除权利义务关系的不稳定状态，而诉讼时效进行的条件是权利人不行使权利。如果当事人通过实施这些行为，使权利义务关系重新明确，则诉讼时效已无继续计算的意义，当然应予以中断。（1）起诉，即权利人依诉讼程序主张权利，请求人民法院强制义务人履行义务。起诉行为是权利人通过人民法院向义务人行使权利的方式。故诉讼时效因此而中断，并从人民法院裁判生效之时重新起算。（2）请求，指权利人直接向义务人作出请求履行义务的意思表示。这一行为是权利人在诉讼程序外向义务人行使请求权。改变了不行使请求权的状态，故应中断诉讼时效。（3）认诺，即义务人在诉讼时效进行中直接向权利人作出同意履行义务的意思表示。基于义务人认诺所承担的义务，使双方当事人之间的权利义务关系重新得以明确，诉讼时效因此中断，并即时重新起算。认诺的方式多种多样，包括部分清偿、请求延期给付、支付利息、提供履行担保等。

案例

2014年7月4日，原告梁某借给被告刘某25万元，但针对这一笔借款，双方却拿出了两份不同的借款合同，一份约定借款期限为1个月（至2014年8月3日），另一份约定借款期限至2014年12月31日，近6个月。原告表示，借款期满后，她多次向被告催要钱款未果，直到2017年10月12日，梁某将刘某及其妻子作为共同债务人告上法庭。被告辩称，原告的诉讼时效已过，应驳回其诉讼请求。原告当庭反驳道，2017年10月1日起施行的《民法总则》已将普通民事案件的诉讼时效由2年变更为3年，本案起诉并未超过3年诉讼时效。而对于签订两份借款合同，被告持不同意见，但承认了曾经与原告口头约定延期偿还借款的事实。

解答

《民法通则》第135条规定：向人民法院请求保护民事权利的诉讼时效期间为2年。《民法总则》第188条规定：向人民法院请求保护民事权利的诉讼时效期间为3年。法院认为，民事主体的权利受到损害的事实发生在《民法总则》施行之前，自权利人知道或者应当知道其权利受到损害以及义务人之日起至《民法总则》施行之日超过2年的，诉讼时效期间应遵照《民法通则》规定的2年，已经届满的，人民法院不予保护，尚未超过2年的，诉讼时效则直接适用《民法总则》，为3年。而本案中，原告主张借款的诉讼时效无论从2014年8月4日还是从2015年1月1日起计算，原告2017年10月12日提起诉讼均已超过2年的诉讼时效期间，因此法院驳回了原告的诉讼请求。

根据《民法总则》第195条，如果权利人向义务人提出履行请求，那么诉讼时效中断，从中断、有关程序终结时起，诉讼时效期间重新计算。就本案而言，原告的诉讼时效从还款之日起至起诉之日的确已经超过了2年，原告在此期间如果持续不断地向被告主张还款，索要债务，则诉讼时效从最后一次主张还款之日起重新起算。本案原告虽然称其曾多次催要钱款，但并未就此部分事实进行举证，进而不能适用法律规定的诉讼时效中断的情形。

法规链接

《民法总则》

第195条 有下列情形之一的,诉讼时效中断,从中断、有关程序终结时起,诉讼时效期间重新计算:

(一)权利人向义务人提出履行请求;

(二)义务人同意履行义务;

(三)权利人提起诉讼或者申请仲裁;

(四)与提起诉讼或者申请仲裁具有同等效力的其他情形。

17.什么是犯罪?

《刑法》第13条规定:"一切危害国家主权、领土完整和安全,分裂国家、颠覆人民民主专政的政权和推翻社会主义制度,破坏社会秩序和经济秩序,侵犯国有财产或者劳动群众集体所有的财产,侵犯公民私人所有的财产,侵犯公民的人身权利、民主权利和其他权利,以及其他危害社会的行为,依照法律应当受刑罚处罚的,都是犯罪,但是情节显著轻微危害不大的,不认为是犯罪。"

这一犯罪概念是对各种犯罪现象的理论概括,它不仅揭示了犯罪的法律特征,而且阐明了犯罪的社会政治内容,从而为区分罪与非罪的界限提供了原则标准。

18.犯罪的种类有哪些?

我国《刑法》共规定了十类犯罪。

(1)危害国家安全罪

危害国家安全罪,是指故意危害中华人民共和国国家安全的行为。

危害国家安全罪包括:背叛国家罪,分裂国家罪,煽动分裂国家罪,武装叛乱、暴乱罪,颠覆国家政权罪,煽动颠覆国家政权罪,资助危害国家安全犯罪活动罪,投敌叛变罪,叛逃罪,间谍罪,为境外窃取、刺探、收买、非法提供国家秘密、情报罪,资敌罪。

(2)危害公共安全罪

危害公共安全罪,是指故意或者过失地实施危害不特定多数人的生命、健康和重大公私财产安全及公共生产、生活安全的行为。

危害公共安全罪包括：放火罪，决水罪，爆炸罪，投毒罪，交通肇事罪，破坏交通工具罪，失火罪，过失决水罪，过失爆炸罪，过失投毒罪，破坏交通设施罪。

（3）破坏社会主义市场经济秩序罪

破坏社会主义市场经济秩序罪，是指违反国家经济管理法规，破坏社会主义市场经济秩序，严重危害国民经济的行为。

破坏社会主义市场经济秩序罪包括：生产、销售伪劣商品罪，走私罪，妨害对公司、企业的管理秩序罪，破坏金融管理秩序罪，金融诈骗罪，危害税收征管罪，侵犯知识产权罪，扰乱市场秩序罪。

（4）侵犯公民人身权利、民主权利罪

侵犯公民人身权利、民主权利罪，是指故意或者过失地侵犯公民人身权利、民主权利的行为。

侵犯公民人身权利、民主权利罪包括：故意杀人罪，故意伤害罪，强奸罪，强制职工劳动罪，过失致人死亡罪，过失致人重伤罪，拐卖妇女儿童罪，非法侵入住宅罪。

（5）侵犯财产罪

侵犯财产罪，是指故意非法占有、挪用公私财物，或者故意毁坏公私财物，破坏生产经营的行为。

侵犯财产罪包括：盗窃罪，诈骗罪，抢夺罪，侵占罪，聚众哄抢罪，挪用特定款物罪，职务侵占罪，挪用资金罪，敲诈勒索罪，抢劫罪，故意毁坏财物罪，破坏生产经营罪。

（6）妨害社会管理秩序罪

妨害社会管理秩序罪，是指妨害国家机关的社会管理活动，破坏社会正常秩序，情节严重的行为。

妨害社会管理秩序罪包括：扰乱社会秩序罪，妨害司法罪，妨害国（边）境管理罪，妨害文物管理罪，危害公共卫生罪，破坏环境资源保护罪，走私、贩卖、运输、制造毒品罪，组织、强迫、引诱、容留、介绍卖淫罪，制作、贩卖、传播淫秽物品罪。

（7）危害国防利益罪

危害国防利益罪，是指违反国防法律、法规，拒不履行国防义务或以其他形式危害国防利益，依法应受刑罚处罚的行为。

危害国防利益罪包括:阻碍军人执行职务罪,阻碍军事行动罪,破坏武器装备、聚众扰乱军事管理区秩序罪,煽动军人逃离部队罪,故意提供不合格武器装备罪,雇用逃离部队军人罪,聚众冲击军事禁区罪。

(8)贪污贿赂罪

贪污贿赂罪,是指国家工作人员利用职务上的便利,非法占有、挪用公共财物以及损害国家工作人员职务廉洁性的行为。

贪污贿赂罪包括:贪污罪,挪用公款罪,受贿罪,单位受贿罪,行贿罪,对单位行贿罪,介绍贿赂罪,单位行贿罪,巨额财产来源不明罪,隐瞒境外存款罪,私分国有资产罪,私分罚没财物罪。

(9)渎职罪

渎职罪,是指国家机关工作人员违背公务职责,滥用职权、玩忽职守或者徇私舞弊,妨害国家机关正常职能活动,致使国家和人民利益遭受严重损失的行为。

渎职罪包括:滥用职权罪,玩忽职守罪,徇私枉法罪,枉法裁判罪,环境监管失职罪,放纵走私罪,商检失职罪,国家机关工作人员签订合同失职罪,动植物检疫徇私舞弊罪。

(10)军人违反职责罪

军人违反职责罪,是指军人违反职责,危害国家军事利益,依照法律应当受刑罚处罚的行为。

19.什么是故意杀人罪?

故意杀人,是指故意非法剥夺他人生命的行为,故意杀人罪属于侵犯公民人身民主权利罪的一种。

案例

2017年11月12日下午,沅江市黄茅洲镇市三中高三学生罗某杰(男,16岁,沅江市草尾镇人)与班主任鲍某(男,47岁,沅江市阳罗洲镇人)在学校发生争执,罗某杰用刀具刺伤鲍某致其死亡。经过公安机关缜密侦查,罗某杰于11月13日因涉嫌故意杀人罪被沅江市公安局依法刑事拘留。

解答

故意杀人罪在主观上必须有非法剥夺他人生命的故意，即明知自己的行为会发生他人死亡的危害后果，并且希望或者放任这种结果的发生。侵犯的客体是他人的身体健康权。所谓身体权，是指自然人以保持其肢体、器官和其他组织的完整性为内容的人格权。客观方面表现为实施了非法损害他人身体的行为。故意伤害罪的主体为一般主体，凡达到刑事责任年龄并具备刑事责任能力的自然人均能构成故意伤害罪。其中，已满14周岁未满16周岁的自然人有故意伤害致人重伤或死亡行为的，应当负刑事责任，致人轻伤的，则须已满16周岁才能构成故意伤害罪。

法规链接

《刑法》

第232条　故意杀人的，处死刑、无期徒刑或者10年以上有期徒刑；情节较轻的，处3年以上10年以下有期徒刑。

第234条第1款、第2款　故意伤害他人身体的，处3年以下有期徒刑、拘役或者管制。

犯前款罪，致人重伤的，处3年以上10年以下有期徒刑；致人死亡或者以特别残忍手段致人重伤造成严重残疾的，处10年以上有期徒刑、无期徒刑或者死刑。本法另有规定的，依照规定。

20. 什么是故意伤害罪？

故意伤害，是指故意非法伤害他人身体并达成一定的严重程度，应受刑罚处罚的犯罪行为。

案例

2016年1月1日，冶某某见女友对他不冷不热，怀疑同事张某是女友变心的"罪魁祸首"，认为是张某"抢走"了自己的女友。于是，怀恨在心的他当即携带一把剪刀来到某大饭店后厨找到张某质问，二人话不投机，发生了激烈的争执，冶某某持剪刀将张某的面部、腹部捅伤，所幸张某的伤势并不严重。县公安局城关派出所接到报警后，及时将冶某某抓获归案。2016年1月2日，冶某某因为故意伤害被县公安局依法给予了行政拘留10日并处治安罚款200元的行政处罚。

解答

根据《刑法》第234条的规定，故意伤害他人身体的，应当立案。故意伤害他人，只有达到法定的轻伤、重伤标准时，才构成故意伤害罪，予以立案。本案例中，冶某某的行为明显触犯了我国刑法，涉嫌故意伤害犯罪。

法规链接

《刑法》

第234条第1款、第2款　故意伤害他人身体的，处3年以下有期徒刑、拘役或者管制。

犯前款罪，致人重伤的，处3年以上10年以下有期徒刑；致人死亡或者以特别残忍手段致人重伤造成严重残疾的，处10年以上有期徒刑、无期徒刑或者死刑。本法另有规定的，依照规定。

21. 什么是贪污罪？

贪污罪，是指国家工作人员和受国家机关、国有公司、企业、事业单位、人民团体委托管理、经营国有财产的人员，利用职务上的便利，侵吞、窃取、骗取或者以其他手段非法占有公共财物的行为。

案例

2009年至2010年，汤道某、汤荣某分别在担任某村党支部书记、村民委员会主任、某村征地拆迁小组成员期间，利用协助人民政府从事某段征地工作及土地征用补偿款管理、发放的职务便利，骗取征地补偿款。村民汤森某还伙同汤荣某，利用汤荣某的职务之便骗取征地补偿款。其中，汤道某单独或伙同他人骗取公款合计人民币595 905.2元，其个人得款人民币529 870.2元。汤荣某单独或伙同他人骗取公款，合计人民币370 376元，其个人得款人民币186 128元。汤森某伙同他人骗取公款合计人民币158 652元，其个人得款14 000元。三人行为均已构成贪污罪。

解答

贪污罪的犯罪主体必须是国家工作人员，侵犯的是公共财物。所谓公共财产，是指国有财产、劳动群众集体所有的财产和用于扶贫和其他公益事业的社会捐助或者专项基金的财产。主观方面具有犯罪的故意。行为上主要表现为利用职务上的便利，侵吞、窃取、骗取或者以其他手段非法占有公共财物的行为。

村干部虽然不属于公务员，不符合贪污罪的主体条件，但全国人大常委《关于〈中华人民共和国刑法〉第93条第2款的解释》规定：村民委员会等基层组织人员协助人民政府从事下列行政管理工作，属于《中华人民共和国刑法》第93条第2款规定的其他依照法律从事公务的人员：

（1）救灾、抢险、防汛、优抚、扶贫、移民、救济款物的管理；

（2）社会捐助公益事业款物的管理；

（3）国有土地的经营和管理；

（4）土地征用补偿费用的管理；

（5）代征、代缴税款；

（6）有关计划生育、户籍、征兵工作；

（7）协助人民政府从事的其他行政管理工作。除上述立法解释确定的人员以外，其他依照法律从事公务的人员。

还包括：

（1）依法履行职责的各级人民代表大会代表；

（2）依法履行职责的各级人民政协委员；

（3）依法履行审判职责的人民陪审员；

（4）协助乡镇人民政府、街道办事处从事行政管理工作的村民委员会、居民委员会等农村和城市基层组织人员；

（5）其他由法律授权从事公务的人员。

法规链接

《刑法》

第382条 国家工作人员利用职务上的便利，侵吞、窃取、骗取或者以其他手段非法占有公共财物的，是贪污罪。

受国家机关、国有公司、企业、事业单位、人民团体委托管理、经营国有财产的人员，利用职务上的便利，侵吞、窃取、骗取或者以其他手段非法占有国有财物的，以贪污论。

与前两款所列人员勾结，伙同贪污的，以共犯论处。

第383条 对犯贪污罪的，根据情节轻重，分别依照下列规定处罚：

（一）个人贪污数额在10万元以上的，处10年以上有期徒刑或者无期徒刑，可以并处没收财产；情节特别严重的，处死刑，并处没收财产。

（二）个人贪污数额在5万元以上不满10万元的，处5年以上有期徒刑，可以并处没收财产；情节特别严重的，处无期徒刑，并处没收财产。

（三）个人贪污数额在5 000元以上不满5万元的，处1年以上7年以下有期徒刑；情节严重的，处7年以上10年以下有期徒刑。个人贪污数额在5 000元以上不满1万元，犯罪后有悔改表现、积极退赃的，可以减轻处罚或者免予刑事处罚，由其所在单位或者上级主管机关给予行政处分。

（四）个人贪污数额不满5 000元，情节较重的，处2年以下有期徒刑或者拘役；情节较轻的，由其所在单位或者上级主管机关酌情给予行政处分。

对多次贪污未经处理的，按照累计贪污数额处罚。

22. 什么是盗窃罪？

盗窃罪是指以非法占有为目的，窃取公私财物数额较大或者多次盗窃、入户盗窃、携带凶器盗窃、扒窃公私财物的行为。

案例

郝某系郝某喜的亲侄子。某日，郝某到府谷镇阴塔村郝某喜家院内，见到家中无人，想到债主逼债，便产生了盗窃还债的念头。郝某随后在院内找到一根钢筋，将郝某喜家的玻璃打碎进入室内，用菜刀撬开抽屉，盗走现金人民币53 000元，然后将其中49 000元存入银行，剩余的4 000元还债。当日下午，郝某即被抓获。

解答

本罪侵犯的客体是公私财物的所有权；侵犯的对象是国家、集体或个人的财物；客观方面表现为行为人具有窃取数额较大的公私财物或者多次窃取公私财物、入户盗窃、携带凶器盗窃、扒窃的行为；主体是一般主体，凡达到刑事责任年龄（16周岁）且具备刑事责任能力的人均能构成本罪主体；主观方面表现为直接故意，且具有非法占有的目的。

本案中，郝某以非法占有为目的，秘密窃取他人财物，且数额巨大，其行为构成盗窃罪。但是，该案发生在有密切关系的亲属之间，被害人表示谅解且不希望追究被告人刑事责任，所盗窃财物于案发当日绝大部分被追回，并未造成被害人实际损失，被害人犯罪时刚刚成年，主观恶性不深，犯罪实际造成的危害范围和程度有限，因此可以从宽处理。根据立法精神和宗旨，判处被告人免于刑事处罚。

法规链接

《刑法》

第264条　盗窃公私财物，数额较大的，或者多次盗窃、入户盗窃、携带凶器盗窃、扒窃的，处3年以下有期徒刑、拘役或者管制，并处或者单处罚金；数额巨大或者有其他严重情节的，处3年以上10年以下有期徒刑，并处罚金；数额特别巨大或者有其他特别严重情节的，处10年以上有期徒刑或者无期徒刑，并处罚金或者没收财产。

第265条　以牟利为目的，盗接他人通信线路、复制他人电信码号或者明知是盗接、复制的电信设备、设施而使用的，依照本法第264条的规定定罪处罚。

23. 什么是抢劫罪?

抢劫罪是指以非法占有为目的，对财物的所有人、保管人当场使用暴力、胁迫或其他方法，强行将公私财物抢走的行为。

本罪侵犯的客体是公私财物的所有权和公民的人身权利；客观方面表现为行为人对公私财物的所有者、保管者或者守护者当场使用暴力、胁迫或者其他对人身实施强制的方法，强行劫取公私财物的行为。这是抢劫罪的本质特征，也是它区别于盗窃罪、诈骗罪、抢夺罪和敲诈勒索罪的最显著特点。年满14周岁并具有刑事责任能力的自然人，均能构成该罪的主体。本罪在主观方面表现为直接故意，并具有将公私财物非法占有的目的，如果没有这样的故意，就不构成本罪。郭某被郑州市中原区人民法院一审以抢劫罪判处有期徒刑8个月。

法规链接

《刑法》

第263条 以暴力、胁迫或者其他方法抢劫公私财物的,处3年以上10年以下有期徒刑,并处罚金;有下列情形之一的,处10年以上有期徒刑、无期徒刑或者死刑,并处罚金或者没收财产:

(一) 入户抢劫的;

(二) 在公共交通工具上抢劫的;

(三) 抢劫银行或者其他金融机构的;

(四) 多次抢劫或者抢劫数额巨大的;

(五) 抢劫致人重伤、死亡的;

(六) 冒充军警人员抢劫的;

(七) 持枪抢劫的;

(八) 抢劫军用物资或者抢险、救灾、救济物资的。

24. 什么是赌博罪?

赌博罪是指以营利为目的,聚众赌博或者以赌博为业的行为。

案例

2014年2月,被告人韩某某在其开设的麻将室内召集、吸引众人以扑克牌比大小的方式进行赌博,并根据赌博的情况予以"抽头",进行盈利。现场查扣赌资203 600元及赌博工具扑克牌80副。人民检察院起诉书指控被告人韩某某犯赌博罪。

解答

本罪侵犯的客体是社会主义的社会风尚。主体为一般主体,凡达到法定刑事责任年龄且具备刑事责任能力的自然人均能构成本罪。在主观方面表现为故意,并且以营利为目的,即行为人聚众赌博或者一贯参加赌博,是为了获取钱财,而不是为了消遣、娱乐。

赌博行为和群众娱乐活动如何区分?

(1) 看是否从中"抽头"获利,构成赌博罪客观上以"聚众赌博""开设赌场"或"以赌博为业"三种行为为限。"聚众赌博"是指组织、召集、引诱多人进行赌博，本人从中"抽头"获利的行为。"开设赌场"是指提供赌博的场所及用具，供他人在其中进行赌博，本人从中营利的行为。"以赌博为业"是指经常进行赌博，以赌博获取钱财为其生活或者主要经济来源的行为。群众娱乐不存在从中"抽头"获利。

（2）看彩头量的多少，根据个人、地区经济状况及公众接受的消费水平而定。

（3）从主观方面看，是否以营利为目的，它是构成赌博罪的主观要件。群众娱乐以休闲消遣为目的。

（4）从主体上看，群众娱乐多是家庭成员、亲朋好友间进行。

法规链接

《刑法》

第303条　以营利为目的，聚众赌博或者以赌博为业的，处3年以下有期徒刑、拘役或者管制，并处罚金。

开设赌场的，处3年以下有期徒刑、拘役或者管制，并处罚金；情节严重的，处3年以上10年以下有期徒刑，并处罚金。

25.因涉嫌犯罪被逮捕应该怎么办?

所谓逮捕，是指公、检、法机关为了控制住犯罪嫌疑人或者被告人，防止其逃跑或者继续危害社会，而依法暂时剥夺其人身自由的一种强制措施。逮捕是有条件限制的：（1）有证据证明犯罪嫌疑人实施了犯罪；（2）犯罪嫌疑人、被告人可能被判处有期徒刑以上刑罚；（3）有逮捕必要。那么，什么是"有逮捕必要"呢？只要犯罪嫌疑人、被告人可能逃跑，继续实施犯罪行为，或者毁灭、伪造证据等，就属于"有逮捕必要"。

犯罪嫌疑人、被告人只有同时具备以上条件，才能对其进行逮捕。当然，犯罪嫌疑人也是人，对应当逮捕的犯罪嫌疑人、被告人，如果患有严重疾病，或者是正在怀孕、哺乳自己婴儿的妇女，可以采用取保候审或者监视居住的方法。

第一章　有了纠纷去找谁?

案例

2010年1月，村民李某与朋友王某在家里喝酒。喝着喝着，两人发生口角，起了争执，王某恼羞成怒，随手抄起桌上的酒瓶砸在李某的头上，致李某重伤住院。王某被公安机关以涉嫌故意伤害罪先被刑事拘留，后又被逮捕。

解答

因涉嫌犯罪被逮捕后，犯罪嫌疑人或者其近亲属可以聘请律师。受聘请的律师依法可以向侦查机关了解犯罪嫌疑人涉嫌的罪名，会见犯罪嫌疑人并有权向其了解案件情况，为犯罪嫌疑人提供法律咨询，为犯罪嫌疑人申请取保候审，代理申诉、控告。本案中，王某被逮捕以后，其亲属应积极了解刑事诉讼相关知识，并可以聘请律师介入，以维护王某的合法权益。

法规链接

《刑事诉讼法》

第65条　人民法院、人民检察院和公安机关对有下列情形之一的犯罪嫌疑人、被告人，可以取保候审:

（一）可能判处管制、拘役或者独立适用附加刑的;

（二）可能判处有期徒刑以上刑罚，采取取保候审不致发生社会危险性的;

（三）患有严重疾病、生活不能自理，怀孕或者正在哺乳自己婴儿的妇女，采取取保候审不致发生社会危险性的;

（四）羁押期限届满，案件尚未办结，需要采取取保候审的。

取保候审由公安机关执行。

第79条　对有证据证明有犯罪事实，可能判处徒刑以上刑罚的犯罪嫌疑人、被告人，采取取保候审尚不足以防止发生下列社会危险性的，应当予以逮捕:

（一）可能实施新的犯罪的;

（二）有危害国家安全、公共安全或者社会秩序的现实危险的;

（三）可能毁灭、伪造证据，干扰证人作证或者串供的;

（四）可能对被害人、举报人、控告人实施打击报复的;

（五）企图自杀或者逃跑的。

对有证据证明有犯罪事实，可能判处10年有期徒刑以上刑罚的，或者有证据证明有犯罪事实，可能判处徒刑以上刑罚，曾经故意犯罪或者身份不明的，应当予以逮捕。

被取保候审、监视居住的犯罪嫌疑人、被告人违反取保候审、监视居住规定，情节严重的，可以予以逮捕。

26.什么是正当防卫？

成立正当防卫必须具备以下几个条件：（1）起因条件：必须存在现实的不法侵害行为；（2）不法侵害行为正在进行；（3）防卫行为必须是针对不法侵害者本人；（4）为了维护公共利益或者其他合法权益；（5）防卫程度没有超过必要的限度。由于正当防卫是一种合法的行为，是法律赋予公民的自卫权，所以正当防卫虽然可能给不法侵害人造成人身或财产上的损失，但因行为具有正当性，无须承担刑事与民事上的责任。

案例

李某在某市场以卖水果为生。2010年1月15日，李某守在水果摊前卖水果。王某买了5斤水果。傍晚，王某来到李某的摊位前，说是因为水果不好吃想退掉已买的水果，李某不同意。于是，王某拿起水果扔向李某，并朝李某的脸部打了两拳，李某躲闪。王某上去掐住李某的脖子，朝其腹部用脚猛踢。李某想跑，但王某拽住他继续殴打。李某情急之下拿起随身携带的水果刀朝王某腹部刺去，王某受伤倒地。李某拨打了110与120，王某经鉴定构成重伤。

解答

法院认为，李某在遭到王某的不法侵害时，一度采取了克制与躲避的态度。之后，为避免自己的人身免受正在进行的不法侵害，被迫用随身携带的水果刀将王某刺伤。李某将王某刺伤后没有继续刺伤王某，而是拨打了110与120。其行为属于正当防卫，其防卫程度与不法侵害的性质与程度相适应，没有超过必要的限度，不负刑事责任。

法规链接

《刑法》

第20条 为了使国家、公共利益、本人或者他人的人身、财产和其他权利免受正在进行的不法侵害，而采取的制止不法侵害的行为，对不法侵害人造成损害的，属于正当防卫，不负刑事责任。

正当防卫明显超过必要限度造成重大损害的，应当负刑事责任，但是应当减轻或者免除处罚。

对正在进行行凶、杀人、抢劫、强奸、绑架以及其他严重危及人身安全的暴力犯罪，采取防卫行为，造成不法侵害人伤亡的，不属于防卫过当，不负刑事责任。

27.什么是紧急避险?

紧急避险指的是为了使国家、公共利益、本人或者他人的人身、财产和其他权利免受正在发生的危险，不得已采取的紧急避险行为，造成损害的，不负刑事责任。紧急避险的本质是避免现实危险、保护较大合法权益。紧急避险的客观特征是，在法律所保护的权益遇到危险而不可能采取其他措施予以避免时，不得已损害另一较小合法权益来保护较大的合法权益。紧急避险的主观特征是，认识到合法权益受到危险的威胁，出于保护国家、公共利益、本人或者他人的人身、财产和其他合法权利免受正在发生的危险的目的，而实施避险行为。可见，紧急避险行为虽然造成了某种合法权益的损害，但联系到具体事态来观察，该行为为社会危害性小，也不符合犯罪的构成要件。

紧急避险应具备的条件：

（1）免受正在发生的危险。这种危险的发生原因，可能是合法的或违法的危险，只要是对正在发生的危险不得已采取的紧急避险行为，造成损害的，行为人不负刑事责任。行为人误以为发生危险，判断错误所采取的避险行为，不属于刑法规定的紧急避险行为。

（2）正在发生的危险，是指国家、公共利益、本人或者他人的人身、财产和其他权利发生危险。对于非国家保护级动物，正在发生的危险采取避险，不属于刑法规定的紧急避险行为。

（3）紧急避险，不能使用损害他人身体健康或他人生命权利采取避险行为。

（4）不可超过必要的限度。

案例

李某、李某之女与受害人王某系同村人。王某系精神病人，曾在本村多次伤害过他人，被家人用铁链束缚在家中。2004年6月11日上午，王某挣脱铁链逃出，手持板锄来到李某家门口，与李某发生扭打。在打斗过程中，李某将王某按倒在地。之后，李某叫女儿回家拿了一把条锄，李某之女用条锄打王某。李某觉得打击强度不够，又叫其女回家拿了一根钢管，李某用钢管殴打王某，致王某当天中午死亡。经法医鉴定：王某系创伤性休克死亡。

解答

对精神病人的侵害，应尽可能躲避，只是在无法躲避、万不得已的情况下，才允许实施一定的损害行为，以制止他们的侵害，这是紧急避险。王某是精神病人众所周知，曾在村中伤害过其他人，这一点李某是知情的。而精神病人实施的侵害行为，客观上能够给法律保护的合法权益造成损害。所以，李某的行为应是紧急避险，但属于避险过度。

法规链接

《刑法》

第21条　为了使国家、公共利益、本人或者他人的人身、财产和其他权利免受正在发生的危险，不得已采取的紧急避险行为，造成损害的，不负刑事责任。

紧急避险超过必要限度造成不应有的损害的，应当负刑事责任，但是应当减轻或者免除处罚。

第1款中关于避免本人危险的规定，不适用于职务上、业务上负有特定责任的人。

28.我国刑罚的种类有哪些?

刑罚是国家创制的，对犯罪分子适用的特殊制裁方法，是对犯罪分子某种利益的剥夺，并且表现出国家对犯罪分子及其行为的否定评价，起到改造罪犯、保护社会和警醒世人的作用。

根据《刑法》第32条、第33条、第34条的规定，我国刑罚种类有：

（1）主刑。所谓主刑，是指只能独立适用的主要刑罚方法。主刑的特点是：只能独立适用，不能附加适用。对于个体犯罪，只能适用一种主刑，不能适用两种以上的主刑。主刑具体包括管制、拘役、有期徒刑、无期徒刑和死刑。

（2）附加刑。所谓附加刑，是指补充主刑适用的刑罚方法，也称从刑。附加刑的特点是：可以附加主刑适用，也可以单独适用。在附加适用时，可以同时适用两个以上的附加刑。附加刑具体包括罚金、剥夺政治权利和没收财产。

（3）专门针对外国人的驱逐出境。《刑法》第35条规定，对于犯罪的外国人，可以独立适用或者附加适用驱逐出境。驱逐出境仅适用于犯罪的外国人（包括外国人和无国籍的人）。该刑罚可以独立适用，也可以附加适用。

29.什么是重大立功表现？

我国《刑法》对"重大立功表现"在第68条、第78条分别做了规定。

《刑法》第68条规定：犯罪分子有揭发他人犯罪行为，查证属实的，或者提供重要线索，从而得以侦破其他案件等立功表现的，可以从轻或者减轻处罚；有重大立功表现的，可以减轻或者免除处罚。

《刑法》第78条第1款规定：被判处管制、拘役、有期徒刑、无期徒刑的犯罪分子，在执行期间，如果认真遵守监规，接受教育改造，确有悔改表现的，或者有立功表现的，可以减刑；有下列重大立功表现之一的，应当减刑：

（一）阻止他人重大犯罪活动的；

（二）检举监狱内外重大犯罪活动，经查证属实的；

（三）有发明创造或者重大技术革新的；

（四）在日常生产、生活中舍己救人的；

（五）在抗御自然灾害或者排除重大事故中，有突出表现的；

（六）对国家和社会有其他重大贡献的。

30.什么是自首？

《刑法》第67条规定：犯罪以后自动投案，如实供述自己的罪行的，是自首。对于自首的犯罪分子，可以从轻或者减轻处罚。其中，犯罪较轻的，可以免除处罚。

被采取强制措施的犯罪嫌疑人、被告人和正在服刑的罪犯，如实供述司法机关还未掌握的本人其他罪行的，以自首论。

（1）犯罪以后自动投案，如实供述自己的罪行的，是自首。

（2）被采取强制措施的犯罪嫌疑人、被告人和正在服刑的罪犯，如实供述司法机关还未掌握的本人其他罪行的，以自首论。

（3）被采取强制措施的犯罪嫌疑人、被告人和已宣判的罪犯，如实供述司法机关尚未掌握的罪行，与司法机关已掌握的或者判决确定的罪行属不同种罪行的，以自首论。

自动投案，是指犯罪事实或者犯罪嫌疑人未被司法机关发觉，或者虽被发觉，但犯罪嫌疑人尚未受到讯问、未被采取强制措施时，主动、直接向公安机关、人民检察院或者人民法院投案。

犯罪嫌疑人向其所在单位、城乡基层组织或者其他有关负责人员投案的；犯罪嫌疑人因病、伤或者为了减轻犯罪后果，委托他人先代为投案，或者先以信电投案的；罪行尚未被司法机关发觉，仅因形迹可疑，被有关组织或者司法机关盘问、教育后，主动交代自己的罪行的；犯罪后逃跑，在被通缉、追捕过程中，主动投案的；经查实确已准备去投案，或者正在投案途中，被公安机关捕获的，应当视为自动投案。

并非出于犯罪嫌疑人主动，而是经亲友规劝、陪同投案的；公安机关通知犯罪嫌疑人的亲友，或者亲友主动报案后，将犯罪嫌疑人送去投案的，也应当视为自动投案。

犯罪嫌疑人自动投案后又逃跑的，不能认定为自首。

第二章
结婚、离婚

1. 结婚的条件有哪些?

结婚是男女双方结合为夫妻的法律行为,是婚姻关系得以发生的法律事实。《婚姻法》规定了婚姻成立的实质要件、禁止要件和形式要件。

结婚的实质要件,也就是婚姻关系合法成立必须具备的条件。有下列五项:(1)当事人需有结婚的合意,即结婚必须是男女双方完全自愿;(2)当事人达到法定婚龄;(3)当事人的结合符合一夫一妻制,即必须非重婚。

禁止要件有:(1)当事人之间无禁止结婚的血亲关系;(2)当事人无禁止结婚的疾病。

婚姻成立的形式要件是当事人必须依法办理结婚登记。缺乏实质要件的任何一项就不能办理结婚登记。没有办理结婚登记,即不符合结婚程序要件,合法有效的婚姻关系就不能成立。

案例

张某和李某出生于定西某农村,张某是1995年8月1日出生,李某是1997年9月1日出生。二人都是初中未毕业就开始出外打工,并在打工中相识、恋爱。2016年3月1日,二人在父母的操持下按农村习俗举行了结婚仪式,宴请了亲朋近邻。在他人面前,二人开始以夫妻相称并继续外出打工,可有人说,他们还没有正式结婚,不能算正式的夫妻。

解答

根据《婚姻法》关于结婚年龄的规定，男方不得早于22周岁，女方不得早于20周岁。同时，根据《婚姻登记条例》规定，结婚时，男女双方应当共同到一方当事人常住户口所在地的婚姻登记机关办理结婚登记。男女双方只有根据法定条件并按照法定程序在婚姻登记机关办理了结婚登记，夫妻关系才正式成立，男女双方才真正算是法律意义上的夫妻。本案例中，张某和李某已经按照农村习俗办理了婚宴，也请了周围的亲戚朋友做了见证，从农村习惯上来说就算是结婚了。但是结婚是需要符合法定条件并依法办理登记手续的。按农村习俗办理结婚喜宴时，张某21岁，李某19岁，他们未达到法定结婚年龄而结婚，其婚姻关系是无效的，是不受法律保护的。再者，即便张某和李某都达到结婚年龄，如果没有去政府相关部门办理登记手续，只是按农村习俗办理结婚仪式，从法律上看他们也没有结婚，所以有人说他俩不算是真正结婚的说法是正确的。

法规链接

《婚姻法》

第6条 结婚年龄，男不得早于22周岁，女不得早于20周岁。晚婚晚育应予鼓励。

第10条 有下列情形之一的，婚姻无效：

（一）重婚的；

（二）有禁止结婚的亲属关系的；

（三）婚前患有医学上认为不应当结婚的疾病，婚后尚未治愈的；

（四）未到法定婚龄的。

《婚姻登记条例》

第4条 内地居民结婚，男女双方应当共同到一方当事人常住户口所在地的婚姻登记机关办理结婚登记。

中国公民同外国人在中国内地结婚的，内地居民同香港居民、澳门居民、台湾居民、华侨在中国内地结婚的，男女双方应当共同到内地居民常住户口所在地的婚姻登记机关办理结婚登记。

2.订婚有法律效力吗?

根据我国《婚姻法》的相关规定，男女双方只有在符合法定结婚条件的前提下，亲自到婚姻登记机关进行结婚登记，并由婚姻登记机关发给结婚证明，才具有夫妻法律关系。所以，现实生活中的"订婚"只是一种习俗，而不是法律所确定和认可的法律行为，即使是举办了订婚或结婚仪式而未办理结婚登记，都不具有缔结婚姻的法律效力。

法规链接

《婚姻法》

第8条　结婚的男女双方必须亲自到婚姻登记机关进行结婚登记。符合本法规定的，予以登记，发给结婚证。取得结婚证，即确立夫妻关系。未办理结婚登记的，应当补办登记。

3.订婚后，女方反悔，彩礼是否应该返还?

《婚姻法》规定，在男女双方未办理结婚登记手续的情形下，男方有权要求女方返还彩礼。同时，《最高人民法院关于适用〈中华人民共和国婚姻法〉若干问题的解释（二）》进一步细化明确了这一规定。在男方向女方支付了彩礼之后，如果结婚这一条件没有达成，那么男方有权撤销彩礼赠与行为，有权要求女方返还彩礼，女方应当返还男方彩礼。

法规链接

《最高人民法院关于适用〈中华人民共和国婚姻法〉
若干问题的解释（二）》

第10条　当事人请求返还按照习俗给付的彩礼的，如果查明属于以下情形，人民法院应当予以支持：

（一）双方未办理结婚登记手续的；

（二）双方办理结婚登记手续但确未共同生活的；

（三）婚前给付并导致给付人生活困难的。

适用前款第（二）、（三）项的规定，应当以双方离婚为条件。

4. 一方有配偶却又与别人以夫妻名义同居的，属重婚吗？

《婚姻法》保护一夫一妻的婚姻制度，禁止重婚，构成重婚的婚姻关系无效。《婚姻法》及相关法律明确规定，"一方有配偶却与他人以夫妻名义同居生活"或者"一方明知他人有配偶而与之以夫妻名义同居生活"这两种情况，都构成重婚。有配偶的人与他人以夫妻名义同居生活或者明知他人有配偶而与之以夫妻名义同居生活，虽然一方与同居方没有办理婚姻登记手续，但是实质上损害了一夫一妻的婚姻制度。因此，为了更好地保护一夫一妻的婚姻制度，一方有配偶却与别人以夫妻名义同居的，构成重婚，应按照重婚罪定罪处罚。

案例

淑珍（化名）和明亮（化名）系同村村民，两人于5年前结婚，现有一个4岁儿子。明亮从2012年开始外出打工后开始常年不回家，只是定期给家里汇点钱。淑珍一直独自带着孩子，还照顾明亮的父亲。2016年9月，淑珍带着孩子到广东东莞找明亮，但是淑珍发现明亮的住处还有一个女人，周围邻居告诉淑珍，那个女人是明亮的妻子张某。淑珍质问明亮，明亮坦白从2012年开始一直与张某同居。淑珍想通过法律维护自己的权益，但是明亮没有与张某领结婚证，二人只是同居，这种情况属于重婚吗？

解答

案例中的明亮已经与淑珍结婚，在有配偶的情况下仍与张某同居，构成重婚罪。如果张某明知明亮已有配偶，那么也构成重婚罪。如果张某不知道明亮有配偶，则不构成重婚罪，还可以作为被害人向法院提起诉讼，请求判定明亮构成重婚罪。

同时，根据《婚姻法》的相关规定，无效或被撤销的婚姻自始无效。当事人明亮和张某不具有夫妻的权利和义务。两人同居期间所得的财产，由当事人协议处理，协议不成时，由人民法院根据照顾无过错方的原则判决。对明亮和张某重婚导致的婚姻无效的财产处理，不得侵害合法婚姻当事人淑珍的财产权益。

法规链接

《刑法》

第258条 有配偶而重婚的，或者明知他人有配偶而与之结婚的，处2年以下有期徒刑或者拘役。

第259条 明知是现役军人的配偶而与之同居或者结婚的，处3年以下有期徒刑或者拘役。

《婚姻法》

第12条 无效或被撤销的婚姻，自始无效。当事人不具有夫妻的权利和义务。同居期间所得的财产，由当事人协议处理；协议不成时，由人民法院根据照顾无过错方的原则判决。对重婚导致的婚姻无效的财产处理，不得侵害合法婚姻当事人的财产权益。当事人所生的子女，适用本法有关父母子女的规定。

5. 夫妻一方因继承所得的财产是否属于夫妻共同财产？

夫妻关系存续期间，夫妻所共同拥有的财产称为夫妻共同财产。夫妻在婚姻关系存续期间，因继承所得的财产一般应属于夫妻共同财产，但是，存在例外情况，即遗嘱或赠与合同中明确说明是给夫或妻一方的，则不属于夫妻共同财产，而应属于夫或妻一方的个人财产。

案例

江某的母亲已去世多年，江某与妻子于2005年结婚。2013年，江某的父亲因病去世，江某继承了位于繁华路段三室两厅的一套房产，经估算，市值大约200万。2017年，江某与妻子协议离婚，在分割夫妻共同财产时，妻子因要抚养正在上初中的女儿，要求江某把这套继承来的房产分给自己。江某认为这套房产是父亲留给自己的，属于个人财产，不同意分割。江某因法定继承所得的房产是否属于夫妻共同财产？离婚时其妻可以参与分割吗？

解答

本案中并不存在例外情况，江某在婚姻关系存续期间，因法定继承得到三室两厅房产，但是江某的父亲在离世前并没有明确表示这套房产只是给江某个人的，根据《婚姻法》的相关规定，这套价值200万元的房产应属于江某夫妻的共同财产。作为夫妻共同财产，江某与妻子离婚时，妻子有权要求参与对该房产进行分割。至于分割的方式，夫妻二人可以协商解决或由人民法院主持分割。关于该房产到底归谁所有，则可以由江某妻子和女儿居住，女方给予男方现金或其他财产补偿，也可以房产归男方所有，男方以现金或其他财产对女方进行补偿。

法规链接

《婚姻法》

第17条　夫妻在婚姻关系存续期间所得的下列财产，归夫妻共同所有：

（一）工资、奖金；

（二）生产、经营的收益；

（三）知识产权的收益；

（四）继承或赠与所得的财产，但本法第18条第3项规定的除外；

（五）其他应当归共同所有的财产。

夫妻对共同所有的财产，有平等的处理权。

第18条　有下列情形之一的，为夫妻一方的财产：

（一）一方的婚前财产；

（二）一方因身体受到伤害获得的医疗费、残疾人生活补助费等费用；

（三）遗嘱或赠与合同中确定只归夫或妻一方的财产；

（四）一方专用的生活用品；

（五）其他应当归一方的财产。

6.一方婚前购买一套住房，婚后夫妻共同还贷、装修和使用，离婚时这套住房归谁？

夫妻在婚姻关系存续期间的工资和奖金、生产和经营的收益、知识产权的收益以及非例外情况下继承或赠与所得的财产都属于夫妻共同财产，而一方婚前的财产作为婚前个人财产，它不会因为婚姻关系而转化为夫妻共同财产。

案例

廖某于2010年用自己的积蓄买了三室一厅的住房，付了30万元首付。2011年10月，廖某结婚，妻子出了10万元装修这套住房，双方约定共同还房贷。2017年11月，两人准备协议离婚，但是对如何分割这套房产发生争议。妻子认为两人婚后共同居住、装修房屋，并共同承担房贷，双方应该平均分割这套房产。

解答

本案中的房产，虽然为男方婚前个人首付购买，但是婚后房产增值部分是婚姻关系存续期间的收益，属于夫妻共同财产。对于共同财产，夫妻之间都有平等的分割权。夫妻双方分割房产应该划分为四个部分，即首付款、房屋贷款、装修费、房屋增值部分。具体而言：首付款是廖某婚前个人财产；房屋贷款应按照夫妻双方的具体偿还比例来分割，如果偿还比例不清，应按均分处理；装修费是妻子婚前个人财产；房屋增值部分是夫妻在婚姻关系存续期间生产、经营的收益，应当属于夫妻共同财产，原则上按均分处理。

法规链接

《婚姻法》

第17条　夫妻在婚姻关系存续期间所得的下列财产，归夫妻共同所有：

（一）工资、奖金；

（二）生产、经营的收益；

（三）知识产权的收益；

（四）继承或赠与所得的财产，但本法第18条第3项规定的除外；

（五）其他应当归共同所有的财产。

夫妻对共同所有的财产，有平等的处理权。

第18条　有下列情形之一的，为夫妻一方的财产：

（一）一方的婚前财产；

（二）一方因身体受到伤害获得的医疗费、残疾人生活补助费等费用；

（三）遗嘱或赠与合同中确定只归夫或妻一方的财产；

（四）一方专用的生活用品；

（五）其他应当归一方的财产。

7.夫妻一方获得的人身损害赔偿是否属于夫妻共同财产？

《婚姻法》规定，夫妻婚姻关系存续期间所获得的财产性收益一般应当认定为夫妻共同财产。同时，第18条指出，"有下列情形的，为夫妻一方的财产……（二）一方因身体受到伤害获得的医疗费、残疾人生活补助费等费用……"。本规定明确了夫妻一方因身体受到伤害所获得的医疗费、残疾人生活补助费等费用应当认定为夫妻一方个人财产。法律之所以这样规定，其目的是为夫妻双方的人身安全提供法律保障。所以，因身体受到伤害所获得的具有人身性质的财产应为夫妻一方的个人财产。

8.婚前父母为男方购置的婚房是否属于夫妻共同财产？

根据《最高人民法院关于适用〈中华人民共和国婚姻法〉若干问题的解释（二）》第22条规定，当事人结婚前，父母为双方购置房屋出资的，该出资应当认定为对自己子女的个人赠与，但父母明确表示赠与双方的除外。根据《最高人民法院关于适用〈中华人民共和国婚姻法〉若干问题的解释（三）》第7条的规定，婚后由一方父母出资为子女购买的不动产，产权登记在出资人子女名下的，可按照《婚姻法》第18条第3项的规定，视为只对自己子女一方的赠与，该不动产应认定为夫妻一方的个人财产。由双方父母出资购买的不动产，产权登记在一方子女名下的，该不动产可认定为双方按照各自父母的出资份额按份共有，但当事人另有约定的除外。因此，结婚前，父母为男方婚前购置房产，应视为男方婚前个人财产，但是如果男方父母明确表示房产是赠与夫妻双方的，那么就应视为夫妻共同财产。

9.双方离婚后，一方发现对方离婚前转移、隐匿财产，是否可以请求法院再次分割？

为了制止夫妻一方在分割夫妻共同财产时故意转移、隐匿财产的违法行为，我国《婚姻法》第47条明确规定，"离婚时，一方隐藏、转移、变卖、毁损夫妻共同财产，或伪造债务企图侵占另一方财产的，分割夫妻共同财产时，对隐藏、转移、变卖、毁损夫妻共同财产或伪造债务的一方，可以少分或不分。离婚后，另一方发现有上述行为的，可以向人民法院提起诉讼，请求再次分割夫妻共同财产"。这是我国法律赋予夫妻另一方可以向法院申请再次分割夫妻共同财产的救济权利。

同时，《最高人民法院关于适用〈中华人民共和国婚姻法〉若干问题的解释（二）》第9条第1款规定，"男女双方协议离婚后1年内就财产分割问题反悔，请求变更或者撤销财产分割协议的，人民法院应当受理"。

因此，男女双方离婚后，如果一方发现对方离婚前或离婚时有转移、隐匿财产的情形，法律是支持正当利益受到损失的一方向人民法院寻求保护，要求进行财产再次分割的。

10.男方长期对女方实施家庭暴力，造成女方身体伤害，女方是否可以就此提出离婚并请求赔偿？

家庭暴力是指行为人以殴打、捆绑、残害、限制人身自由或者其他手段，给其家庭成员的身体、精神等方面造成一定伤害后果的行为。持续性、经常性的家庭暴力，构成虐待。为了防止家庭暴力和虐待行为的发生，《反家庭暴力法》第23条规定：当事人因遭受家庭暴力或者面临家庭暴力的现实危险，向人民法院申请人身安全保护令的，人民法院应当受理。第33条规定：加害人实施家庭暴力，构成违反治安管理行为的，依法给予治安管理处罚；构成犯罪的，依法追究刑事责任。

我国《刑法》规定，虐待家庭成员，情节恶劣的，处2年以下有期徒刑、拘役或者管制。但必须由当事人或当事人的法定代理人向人民法院提起告诉。同时，我国《婚姻法》也明确规定，对家庭成员实施家庭暴力和虐待、遗弃而导致离婚的，无过错方有权请求损害赔偿。这里的"损害赔偿"，应包括物质和精神方面的损害赔偿。

案例

赵某与钱某是玉山乡人，二人于2006年底结婚，赵某平素脾气暴躁并喜欢饮酒，经常喝酒耍酒疯，殴打妻子钱某，造成钱某身上小伤不断。在这种情况下，钱某是否可以就此提出离婚并要求赔偿？

解答

本案例中，赵某动辄借酒疯殴打钱某的行为已经构成虐待，根据相关法律规定，为维护自身人身安全和其他合法权益，妻子钱某可以向人民法院起诉离婚，并请求物质和精神方面的损害赔偿。同时，由于家庭虐待案件属于刑事自诉案件，钱某还可以通过向人民法院提起自诉，追究赵某的刑事责任。

法规链接

《婚姻法》

第46条 有下列情形之一，导致离婚的，无过错方有权请求损害赔偿：

（一）重婚的；

（二）有配偶者与他人同居的；

（三）实施家庭暴力的；

（四）虐待、遗弃家庭成员的。

《最高人民法院关于适用〈中华人民共和国婚姻法〉
若干问题的解释（一）》

第28条 《婚姻法》第46条规定的"损害赔偿"，包括物质损害赔偿和精神损害赔偿。涉及精神损害赔偿的，适用最高人民法院《关于确定民事侵权精神损害赔偿责任若干问题的解释》的有关规定。

《刑法》

第260条 虐待家庭成员，情节恶劣的，处2年以下有期徒刑、拘役或者管制。

犯前款罪，致使被害人重伤、死亡的，处2年以上7年以下有期徒刑。

第一款罪，告诉的才处理。

《反家庭暴力法》

第13条 家庭暴力受害人及其法定代理人、近亲属可以向加害人或者受害人所在单位、居民委员会、村民委员会、妇女联合会等单位投诉、反映或者求助。有关单位接到家庭暴力投诉、反映或者求助后，应当给予帮助、处理。

家庭暴力受害人及其法定代理人、近亲属也可以向公安机关报案或者依法向人民法院起诉。

单位、个人发现正在发生的家庭暴力行为，有权及时劝阻。

第29条 人身安全保护令可以包括下列措施：

（一）禁止被申请人实施家庭暴力；

（二）禁止被申请人骚扰、跟踪、接触申请人及其相关近亲属；

（三）责令被申请人迁出申请人住所；

（四）保护申请人人身安全的其他措施。

11.签订了离婚协议是否就等于离婚了?

结婚和离婚是法律赋予公民的自由权利。根据《婚姻法》的规定，男女双方自愿离婚的，准予离婚。双方必须到婚姻登记机关申请离婚。婚姻登记机关查明双方确实是自愿并对子女和财产问题已有适当处理时，发给离婚证。同时，根据《婚姻法》第32条的规定，男女一方要求离婚的，可由有关部门进行调解或直接向人民法院提出离婚诉讼。离婚可以采取两种形式：一是协议离婚，二是诉讼离婚。

诉讼离婚，即夫妻双方通过向人民法院提起诉讼的方式，人民法院准予离婚的判决书就是离婚证明。协议离婚，即夫妻双方亲自到婚姻登记机关申请办理离婚登记并领取离婚证。夫妻双方即使就离婚问题达成了一致意见，并签订了离婚协议，并不意味着夫妻关系就随之解除，双方还必须到婚姻登记机关办理离婚登记并领取了离婚证，婚姻关系才算真正终止。

12.离婚后抚养子女的一方是否可以不让另一方探望子女?

《婚姻法》第38条规定，夫妻离婚后，不直接抚养子女的父或母，有探望子女的权利，另一方有协助的义务。行使探望权利的方式、时间由当事人协议。协议不成时，由人民法院判决。父或母探望子女，不利于子女身心健康的，由人民法院依法中止探望的权利。中止的事由消失后，应当恢复探望的权利。

也就是说，夫妻在离婚后，探望权是不直接抚养子女一方的一项法定权利，另一方有协助对方行使探望权的法定义务。如果夫妻双方就探望权的行使及其具体时间、方式有争议，可以通过人民法院调解或者判决方式解决争议。同时，《最高人民法院关于适用〈中华人民共和国婚姻法〉若干问题的解释（一）》中指出，关于对《婚姻法》中"拒不执行有关探望子女等判决和裁定的，由人民法院依法强制执行"的规定，是指对拒不履行协助另一方行使探望权的有关个人和单位采取拘留、罚款等强制措施，不能对子女的人身、探望行为进行强制执行。这主要是鉴于夫妻一方行使探望权的特殊性和持续性，对于拒不执行探望权判决和裁定的，人民法院可以对拒不执行方依法采取强制执行措施，但是要保证不影响未成年子女的身心健康。

13.复员军人的复员费、自主择业费等一次性费用是否属于夫妻共同财产，离婚时能否分割？

复员费、自主择业费是军队支付给退出现役做复员安置的军人补偿费用的统称。根据相关法律规定，婚姻关系存续期间，夫妻一方获得的复员费、自主择业费也应认定为夫妻共同财产，在解除婚姻关系时可进行分割。

需注意的是，除了复员军人的复员费、自主择业费外，在婚姻关系存续期间，对一些伤残军人，还涉及伤亡保险金、伤残补助金、医药生活补助费等问题，《最高人民法院关于适用〈中华人民共和国婚姻法〉若干问题的解释（二）》规定，军人的伤亡保险金、伤残补助金、医药生活补助费是补偿给复员军人个人的，属于个人财产。个人财产在离婚时是不能分割的。

14.父母再婚，子女能否拒绝履行赡养义务？

婚姻自由是公民的合法权利，老年人再婚也是这样，任何人不得强制或暴力干涉。《婚姻法》明确规定，子女应当尊重父母的婚姻权利，不得干涉父母再婚以及婚后的生活。子女对父母的赡养义务，不因父母的婚姻关系变化而终止。这一规定，为老年人的婚姻自由问题提供了法律保障，同时明确规定了子女履行对父母的法定赡养义务，不因父母再婚而终止。父母即便再婚，并不会影响和改变子女对父母的赡养义务。

现实生活中，子女往往出于继承、家庭生活、父母健康等诸方面考虑，干涉、阻止父母再婚。这是对老年人的合法权利不尊重和对老年人婚姻自由的破坏，从性质上来说是违法的。

案例

牛某在老伴去世后，一直独自生活。2015年，牛某结识同样丧偶的杨某，二人在生活上互相扶持，一段时间后两人决定再婚，便与各自子女商量。但双方子女均反对父母再婚，而且牛某的儿子还威胁说，如果要再婚，牛某就净身出户，自己以后也不再履行赡养义务。牛某和杨某双方子女的这种做法是否合适？对于老人再婚，他们能否拒绝履行赡养义务？

解答

本案例中，牛某和杨某再婚是法律赋予他们的自由权利，他们的子女不应该干涉两位老人的再婚，老人的再婚不影响其子女继续履行赡养义务，牛某儿子的说法显然是错误的。牛某与杨某再婚，如果他们的子女拒绝履行各自的赡养义务，他们可以通过法律途径解决问题。当然，牛某和杨某再婚产生的如继承、分割夫妻共同财产等法律问题，则可以通过遗嘱公证和婚前财产公证等途径加以解决。

法规链接

《婚姻法》

第30条　子女应当尊重父母的婚姻权利，不得干涉父母再婚以及婚后的生活。子女对父母的赡养义务，不因父母的婚姻关系变化而终止。

15.离婚后，对子女的抚养费必须负担到什么时候，如果过少怎么办？

夫妻婚姻关系的结束不影响父母履行对子女的法定抚养义务。《婚姻法》规定，离婚后，一方抚养不能独立生活的子女，另一方应负担必要的生活费、教育费及医疗费的一部或全部，负担费用的多少和期限的长短，由双方协议，协议不成时，由人民法院判决。《最高人民法院关于适用〈中华人民共和国婚姻法〉若干问题的解释（一）》规定，"不能独立生活的子女"，是指尚在校接受高中及其以下学历教育，或者丧失或未完全丧失劳动能力等非因主观原因而无法维持正常生活的成年子女。如果抚养对象是未成年子女，那么抚养费一般应支付到高中阶段。如果成年子女因丧失或未完全丧失劳动能力等非因主观原因不能独立生活，父母也应支付生活费、医疗费等抚养费用。

随着社会的发展和子女的成长，子女的一般消费性支出也是不断变化的，直接抚养子女的一方有权根据实际情况要求另一方增加抚养费。所以，关于子女生活费和教育费的协议或判决，不妨碍子女在必要时向父母任何一方提出超过协议或判决原定数额的合理要求。

16.《婚姻法》司法解释（二）第24条关于夫妻共同债务的规定有什么新变化？

2017年2月28日，最高人民法院公布《最高人民法院关于适用〈中华人民共和国婚姻法〉若干问题的解释（二）的补充规定》，在婚姻法司法解释（二）第24条的基础上增加两款，分别作为该条第2款和第3款。

婚姻法司法解释（二）第24条，是指《最高人民法院关于适用〈中华人民共和国婚姻法〉若干问题的解释（二）》第24条的内容：债权人就婚姻关系存续期间夫妻一方以个人名义所负债务主张权利的，应当按夫妻共同债务处理。但夫妻一方能够证明债权人与债务人明确约定为个人债务，或者能够证明属于《婚姻法》第19条第3款规定情形的除外。修改后为：债权人就婚姻关系存续期间夫妻一方以个人名义所负债务主张权利的，应当按夫妻共同债务处理。但夫妻一方能够证明债权人与债务人明确约定为个人债务，或者能够证明属于《婚姻法》第19条第3款规定情形的除外。夫妻一方与第三人串通，虚构债务，第三人主张权利的，人民法院不予支持。夫妻一方在从事赌博、吸毒等违法犯罪活动中所负债务，第三人主张权利的，人民法院不予支持。

17. 离婚后，未成年子女造成他人损害的，由谁赔偿？

对于未成年人造成他人损害赔偿问题，我国民法规定，"无民事行为能力人、限制民事行为能力人造成他人损害的，由监护人承担民事责任"。而对于未成年人来说，未成年人的父母是未成年人的监护人。当未成年人行为造成他人损害的，则由其父母承担民事责任。

同时，根据《最高人民法院关于贯彻执行〈中华人民共和国民法通则〉若干问题的意见》的规定，夫妻离婚后，未成年子女侵害他人权益的，同该子女共同生活的一方应当承担民事责任。如果独立承担民事责任确有困难的，可以责令未与该子女共同生活的一方共同承担民事责任。《意见》如此规定，是因为夫妻离婚后，虽然双方仍然都是未成年子女的监护人，但未与子女共同生活一方基于客观条件的限制，无法随时照顾管理未成年子女的生活，所以法律适当放宽了其对监护职责的履行，但绝不是完全免除其监护职责。

案例

陶某与前妻于2008年离婚，离婚时双方有一个4岁的儿子，和前妻一起生活。2016年夏天，儿子在放学路上与同学扔石子玩耍，将一行驶轿车玻璃击碎，导致轿车倾翻并严重受损，车主也受重伤。事后，车主向陶某的前妻索要赔偿费，前妻说陶某是儿子的父亲，让车主找陶某去要。陶某说自己没有和儿子一起生活，自己没有赔偿责任。试问，陶某究竟应否承担赔偿责任？

解答

夫妻双方均有抚养子女的法定义务，不因夫妻离婚而终止。如果离婚后，未成年子女因侵犯他人合法权益而需要承担民事责任的，夫妻双方在必要时应该共同承担民事责任。本案中，因与儿子平时一起生活的是陶某前妻，所以陶某前妻应对受损害的车主进行赔偿。如果其独立承担赔偿费用有困难，那么陶某应该与前妻共同承担相关赔偿责任。

法规链接

《民法总则》

第27条第1款　父母是未成年子女的监护人。

《侵权责任法》

第32条　无民事行为能力人、限制民事行为能力人造成他人损害的，由监护人承担侵权责任。监护人尽到监护责任的，可以减轻其侵权责任。

有财产的无民事行为能力人、限制民事行为能力人造成他人损害的，从本人财产中支付赔偿费用。不足部分，由监护人赔偿。

18.子女能否以父母未尽抚养义务为由要求免除其赡养义务？

《婚姻法》第21条规定，父母对子女有抚养教育的义务；子女对父母有赡养扶助的义务。父母不履行抚养义务时，未成年的或不能独立生活的子女，有要求父母付给抚养费的权利。子女不履行赡养义务时，无劳动能力的或生活困难的父母，有要求子女付给赡养费的权利。

父母对子女的抚养教育和子女对父母赡养辅助义务都是法定的，是必须无条件履行的，两种义务不是对等的，更不是互为前提的，不能说自己现在不抚养子女，将来自己老了也不需要子女赡养，也不能说因为小时候父母对自己没有尽抚养义务，自己现在就可不赡养父母。因此，在生活中，子女不能以在自己未成年时亲生父母未对自己尽抚养义务为由，免除其赡养父母的义务。当父母或子女不履行自己抚养教育或赡养义务时，父母与子女都有权通过法律途径维护自己的权利。

19.继父母对继子女是否有抚养义务？

关于继父母与继子女间的权利和义务，《婚姻法》规定，继父或继母和受其抚养教育的继子女间的权利和义务，适用《婚姻法》对父母子女关系的有关规定。这就是说，只有形成了抚养教育关系，继父母与继子女之间才具有法定的抚养义务和赡养义务。具有了法定的抚养义务和赡养义务之后，继父母和继子女之间与亲生父母和亲生子女间的义务是一致的。否则，如果没有形成抚养教育关系，继父母与继子女之间便不具有法定的抚养和赡养义务。

案例

小平3岁时随母亲改嫁，闫某成为小平的继父。2016年，小平9岁时，母亲因意外事故去世，那么此时闫某对继子小平有法定的抚养义务吗？

解答

本案中，如果小平是与其生父共同生活，没有与继父形成抚养教育关系，那么小平的母亲去世后，继父闫某对小平没有抚养义务。但事实上，本案中小平与闫某共同生活，受闫某的抚养教育，两人已形成了抚养教育关系，两人之间的权利与义务关系应等同于父母与子女之间的权利与义务关系。因此，闫某作为继父，对未成年的小平有法定的抚养义务。相反，小平对闫某也有法定的赡养义务。

法规链接

《婚姻法》

第27条　继父母与继子女间，不得虐待或歧视。

继父或继母和受其抚养教育的继子女间的权利和义务，适用本法对父母子女关系的有关规定。

20.婚后发现子女非亲生，是否可以要求返还抚养费?

《婚姻法》规定，父母对子女有抚养教育的义务，子女对父母有赡养扶助的义务。父母不履行抚养义务时，未成年或不能独立生活的子女有要求父母给付抚养费的权利。当子女不履行赡养义务时，无劳动能力或生活困难的父母，则有要求子女给付赡养费的权利。

但是，父母对子女抚养教育的义务以及子女对父母赡养扶助的义务，必须要具有法律上的父母子女关系，包括继父母与继子女之间只要形成了抚养教育的关系，养父母与养子女之间只要依法办理了收养手续，都形成法律上的父母子女关系。因此，便有了法律上的父母对法律上的子女抚养教育的义务以及法律上的子女对法律上的父母赡养扶助的义务。

而在生活中，也不时有男方在婚后突然发现子女非自己亲生子女的情况出现，由于子女不是自己亲生，也不是养子女或者形成抚养关系的继子女，所以男方与子女不具有父母子女关系，这时候就不需要履行法定的抚养教育义务，男方可以要求应当履行抚养教育义务的亲生父母返还抚养费。

第三章
遗产分割与继承

1. 什么是遗产和遗产继承？遗产继承从何时开始？

遗产继承，是指财产所有人死亡或被宣告死亡时，按照法律的规定或遗嘱的指定，将死者遗留下来的财产和财产权利转移给他的继承人所有的一种法律行为。

在继承中，被继承人死亡时遗留下来的个人合法财产，称为遗产。因死亡而将其生前所享有的财产和财产权利转移给他人所有的死者，称为被继承人。在法律规定的继承人的范围内，依法或依遗嘱承受被继承人遗产的人，称为法定继承人或遗嘱继承人。在法定继承人范围之外，依照遗嘱的指定承受遗产的人，称为受遗赠人。

需注意的是，可以被继承的遗产指的是被继承人死亡时遗留下来的个人合法财产，包括：（一）公民的收入；（二）公民的房屋、储蓄和生活用品；（三）公民的林木、牲畜和家禽；（四）公民的文物、图书资料；（五）法律允许公民所有的生产资料；（六）公民的著作权、专利权中的财产权利；（七）公民的其他合法财产。以上七个方面的财产，包括具体的财产与财产性权利。

遗产继承开始的时间以被继承人死亡时为准，《继承法》第2条对此做了明确规定："继承从被继承人死亡时开始。"另外，最高人民法院《关于贯彻执行〈中华人民共和国继承法〉若干问题的意见》第1条规定："继承从被继承人生理死亡或被宣告死亡时开始。失踪人被宣告死亡的，以法院判决中确定的失踪人的死亡日期，为继承开始的时间。"

2.城镇居民可以继承农村宅基地吗？

宅基地从性质上来说是农民集体财产，根据我国《土地管理法》规定，对农村宅基地，村民个人只有使用权，而且这一使用权具有很强的人身依附性，即村民资格。我国《继承法》对可以继承的遗产范围做了明确界定，即公民的收入，公民的房屋、储蓄和生活用品，公民的林木、牲畜和家禽，公民的文物、图书资料，法律允许公民所有的生产资料，公民的著作权、专利权中的财产权利，公民的其他合法财产，这些公民死亡时遗留的个人合法财产都属于可继承的遗产。根据这一规定，宅基地显然不在可以继承的遗产之列。

同时，根据国务院《关于加强土地转让管理严禁炒卖土地的通知》的规定，农民的住宅不得向城市居民出售，城市居民也不得占用农村集体土地建住宅。虽然公民的房屋属于个人合法财产，可以作为遗产进行继承，但是，宅基地是农村集体经济组织成员基于身份获得的住房用地，所以城镇居民和其他集体经济组织成员无权获得。城镇居民可以通过继承获得宅基地上房屋的所有权，但是不能继承宅基地。同时，根据"地随房走"的原则，城镇居民可以通过获得宅基地上的房屋继续使用这块宅基地，但是不能翻建、改建和扩建。

3.农村土地承包经营权是否可以继承？

农村土地承包经营权，是指农村土地承包人对其依法承包的土地享有占有、使用和处分的权利。《农村土地承包法》第15条规定，家庭承包的承包方是本集体经济组织的农户。家庭承包经营权，是属于农户整个家庭的，而不是属于其中某一个家庭成员的。因此，当家庭中某个成员死亡，作为承包方的"户"还存在，不产生继承问题，应当由户内的其他承包人继续经营。此外，即便是承包经营户中的每一个成员都死亡了，也就是"承包户"整体消亡了，承包的土地也是不能继承的，因为根据我国《继承法》的规定，遗产是公民死亡时遗留的可以继承的个人合法财产，而土地承包权不属于《继承法》上规定可以继承的遗产，因此不能由原承包农户家庭成员的继承人继续承包经营，更不能作为该承包户家庭成员的遗产处理，如果承包户整体消亡不存在了，该土地承包经营权归于消灭，原来的土地应由村集体经济组织收回，然后重新分配。

但是需要注意的是，根据《农村土地承包法》第31条中"承包人应得的承包收益，依照继承法的规定继承"和《继承法》第4条中"个人承包应得的个人收益，依照本法规定继承"的规定，通过个人承包获得的个人收益可以作为遗产继承分配。

4. 夫妻一方死亡，另一方与子女如何分割遗产？

家庭成员死亡后，在进行遗产分割继承时，必须首先分清什么是遗产，什么是家庭财产。根据我国《继承法》的规定，遗产是公民死亡时遗留的个人合法财产。而家庭财产，是家庭成员共同所有与各自所有财产的总和。可见，遗产与家庭财产在概念上是有区别的。家庭财产主要包括五个方面：一是夫妻双方婚前各自所有的财产；二是夫妻关系存续期间所得的财产；三是子女所有的财产；四是家庭中其他成员各自所有的财产；五是家庭成员共同拥有的财产。

在生活中，处理遗产继承纠纷问题，必须遵循先析产后继承的原则，分清哪些是属于死者的遗产。如果遗产在家庭共有财产之中，那就应当先析出其他家庭成员的财产，然后再把属于死者的份额作为遗产继承。如果遗产在夫妻共同财产之中，那就必须将夫妻关系存续期间所得的共同财产（另有约定的除外）分割出一半为配偶所有，其余的财产才能够作为死者的遗产继承。

根据我国《继承法》的有关规定，父母一方死亡，配偶、子女、父母作为第一顺序继承人，都有要求继承其遗产的权利。对于死者的遗产，同一顺序的继承人所继承的份额一般应当均等。对生活有特殊困难的缺乏劳动能力的继承人，分配遗产时，应当予以照顾。

5. 养子女除了继承养父母的遗产外，还能继承生父母的遗产吗？

收养关系成立的法律后果是养子女与养父母形成等同于父母子女的法律关系，而养子女与生父母的父母子女关系消灭。根据《最高人民法院关于贯彻执行〈中华人民共和国继承法〉若干问题的意见》的规定，"被收养人对养父母尽了赡养义务，同时又对生父母扶养较多的，除可依《继承法》第10条的规定继承养父母的遗产外，还可依《继承法》第14条的规定分得生父母的适当的遗产"。所以，养子女虽不是生父母的继承人，但是养子女如果对生父母扶养较多的，可以根据扶养程度分得适当遗产。

《继承法》第14条规定，"对继承人以外的依靠被继承人扶养的缺乏劳动能力又没有生活来源的人，或者继承人以外的对被继承人扶养较多的人，可以分配给他们适当的遗产"。因此，在分配被继承人遗产时，养子女也符合本条规定的"继承人以外的人"，可以适当分得遗产。

6.养子女对亲生父母还有赡养义务吗?

《收养法》第23条规定，自收养关系成立之日起，养父母与养子女间的权利义务关系，适用法律关于父母子女关系的规定。养子女与养父母的近亲属间的权利义务关系，适用有关法律关于子女与父母的近亲属关系的规定。养子女与生父母及其他近亲属间的权利义务关系，因收养关系的成立而消除。

收养关系的确立，一方面使得与养父母之间建立起新的父母子女关系，另一方面则导致养子女与亲生父母的父母子女关系消灭。养子女与继子女、非婚生子女相比较，继子女、非婚生子女对亲生父母以及形成扶养关系的继父母有赡养义务，而养子女对亲生父母不具有赡养义务。当然，生活中，养子女在尽了赡养养父母的义务之外，也可自愿赡养亲生父母，如果自愿赡养亲生父母较多的，还可以作为继承人以外的人适当分得亲生父母的遗产。

7.丧偶儿媳尽了主要赡养义务，可以作为公公、婆婆遗产的法定继承人吗?

按照我国《继承法》的规定，继承开始后，有遗嘱、遗赠的按遗嘱继承或者遗赠办理，无遗嘱或遗赠扶养协议的，按法定继承办理，首先由被继承人的第一顺序继承人，即配偶、子女、父母共同继承。为了弘扬中华民族的传统美德，《继承法》规定，丧偶儿媳对公、婆尽了主要赡养义务的，有权作为第一顺序继承人继承遗产。而且《继承法》也规定，如果丧偶儿媳对公、婆或丧偶女婿对岳父、岳母尽了主要赡养义务的，应作为第一顺序继承人对公、婆或岳父、岳母的遗产进行继承。同时，《最高人民法院关于贯彻执行〈中华人民共和国继承法〉若干问题的意见》规定，丧偶儿媳对公、婆以及丧偶女婿对岳父、岳母尽了主要赡养义务，无论其是否再婚，依法作为第一顺序继承人时，不影响其子女代位继承。总之，只要丧偶儿媳对公、婆或丧偶女婿对岳父、岳母尽了主要赡养义务，就有权作为公公、婆婆或岳父、岳母遗产的法定继承人，参与对遗产的继承分配。

案例

姚某与其丈夫唐某婚后在乡里主要从事大棚蔬菜种植。其公、婆分家另住。其丈夫有一兄弟长期在部队服役并在外安家。不幸的是,丈夫在2010年因病去世。由于丈夫的兄弟不在身边,唐某去世后,妻子姚某承担起了赡养公、婆的责任。2016年和2017年,公、婆相继因年老多病去世。试问,姚某有权继承公、婆的遗产吗?

解答

本案例中,姚某作为丧偶儿媳,对公、婆尽了主要的赡养义务,根据相关法律规定,姚某有权作为公公和婆婆遗产的第一顺序法定继承人,对继承公公、婆婆的遗产进行继承分割,任何人都不得以姚某是儿媳妇而不是公、婆的直系亲属无权继承为由,剥夺其合法继承权。

法规链接

《妇女权益保障法》

第35条 丧偶妇女对公、婆尽了主要赡养义务的,作为公、婆的第一顺序法定继承人,其继承权不受子女代位继承的影响。

《继承法》

第12条 丧偶儿媳对公、婆,丧偶女婿对岳父、岳母,尽了主要赡养义务的,作为第一顺序继承人。

《最高人民法院关于贯彻执行〈中华人民共和国继承法〉若干问题的意见》

第29条 丧偶儿媳对公婆、丧偶女婿对岳父、岳母,无论其是否再婚,依继承法第12条规定作为第一顺序继承人时,不影响其子女代位继承。

8.被继承人去世后,有几份不同遗嘱,应按哪一份遗嘱执行?

遗嘱是遗嘱人生前依法对其遗产或其他事务所做的个人处分意思表示。根据《继承法》第20条的规定,"遗嘱人可以撤销、变更自己所立的遗嘱。立有数份遗嘱,内容相抵触的,以最后的遗嘱为准。自书、代书、录音、口头遗嘱,不得撤销、变更公证遗嘱"。遗嘱体现了遗嘱人的自由意志,遗嘱有自书、代书、录音、口头遗嘱及公证遗嘱五种形式。在继承未开始之前，被继承人可以立遗嘱的方式对自己死后的遗产处分进行安排，遗嘱人也可以撤销、变更自己所立的遗嘱。在多份遗嘱同时存在的情况下，应以最后订立的遗嘱为准。如果在多份遗嘱里只有一份公证遗嘱的，公证遗嘱的法律效力最高，不论遗嘱订立时间的先后，应以公证遗嘱为准。

同时，《最高人民法院关于贯彻执行〈中华人民共和国继承法〉若干问题的意见》第42条规定，遗嘱人以不同形式立有数份内容相抵触的遗嘱，其中有公证遗嘱的，以最后所立公证遗嘱为准，没有公证遗嘱的，以最后所立的遗嘱为准。

9.立遗嘱时，是否应考虑到缺乏劳动能力又没有生活来源的继承人？

遗嘱继承和遗赠都是遗产处理的法定方式。以遗嘱方式对自己的遗产进行处理安排，是公民的权利。但基于公平合理和考虑到遗嘱继承或者遗赠可能造成的其他缺乏劳动能力又没有生活来源的法定继承人无法得到保障的情况，我国《继承法》对公民生前遗嘱安排做了一定程度规范，规定立遗嘱时，遗嘱应当对缺乏劳动能力又没有生活来源的继承人保留必要的遗产份额。同时，《最高人民法院关于贯彻执行〈中华人民共和国继承法〉若干问题的意见》中规定，遗嘱人如未保留缺乏劳动能力又没有生活来源的继承人的遗产份额，遗产处理时，应当为该继承人留下必要的遗产，所剩余的部分，才可参照遗嘱确定的分配原则处理。这就是说，遗嘱人在处分自己财产时，必须考虑缺乏劳动能力又没有生活来源的继承人的遗产份额。

案例

有两个儿子的邓某今年85岁了，由于多年来邓某一直喜欢小儿子而不太喜欢大儿子，故打算在去世前立一份遗嘱，欲将自己的房屋和存款等主要遗产分给小儿子，只把一些粮食和破旧家具等留给大儿子。2016年，邓某大儿子外出务工在工地受伤导致残疾，生活困难，为村里贫困户。邓某在立遗嘱处理遗产时，是否应适当考虑大儿子身体残疾和生活困难的情况？

解答

本案中，邓某的大儿子因为身体致残，生活困难，有权依据法律要求获得必要的遗产份额。邓某喜欢小儿子而不喜欢大儿子，但根据大儿子的实际情况和相关法律规定，邓某在生前立遗嘱时，在房屋和存款等主要财产的分配上，要照顾大儿子的必要的遗产份额。如果遗嘱里仅把一些破旧家具等分给大儿子，那么在遗产处理时，就应先为大儿子留下必要的存款或房产份额，然后再按遗嘱里的分配原则分配剩余遗产。

法规链接

《继承法》

第19条　遗嘱应当对缺乏劳动能力又没有生活来源的继承人保留必要的遗产份额。

《最高人民法院关于贯彻执行〈中华人民共和国继承法〉
若干问题的意见》

第37条　遗嘱人未保留缺乏劳动能力又没有生活来源的继承人的遗产份额，遗产处理时，应当为该继承人留下必要的遗产，所剩余的部分，才可参照遗嘱确定的分配原则处理。继承人是否缺乏劳动能力又没有生活来源，应按遗嘱生效时该继承人的具体情况确定。

10. 农村"五保户"死后，其遗产应如何处理?

"五保户"是我国农村地区的一个特殊群体。对这些特殊人群实行"五保"（保吃、保穿、保医、保住、保葬〈孤儿为保教〉），体现了我国法律保护老人和儿童的一贯原则，是人道主义的具体体现，也是我国社会主义优越性的体现。《最高人民法院关于贯彻执行〈中华人民共和国继承法〉若干问题的意见》规定，集体组织对"五保户"实行"五保"时双方有扶养协议的，按协议处理。没有抚养协议，死者有遗嘱继承人或法定继承人要求继承的，按遗嘱继承或法定继承处理，但集体组织有权要求扣回"五保"费用。这一规定明确了"五保户"遗产继承的处理原则，即有遗赠抚养协议时遗赠抚养协议效力最高，其次是遗嘱继承和法定继承，最后无人主张继承权的，可以归集体经济组织所有。

11.继承人先于被继承人死亡的，继承如何处理？

在遗产继承中，对于继承人先于被继承人死亡的，我国《继承法》专门规定了代位继承制度。根据《继承法》规定，被继承人的子女先于被继承人死亡的，由被继承人的子女的晚辈直系血亲代位继承。代位继承作为法定继承的一种特殊情况，是当被继承人的子女先于被继承人死亡时，其子女的继承份额就由合法的代位继承人，即晚辈直系血亲参与代位继承。

代位继承人一般只能继承他的父亲或者母亲有权继承的遗产份额。

同时，《最高人民法院关于贯彻执行〈中华人民共和国继承法〉若干问题的意见》指出，被继承人的孙子女、外孙子女、曾孙子女、外曾孙子女都可以代位继承，代位继承人不受辈数的限制。在代位继承过程中，被继承人的养子女、已形成扶养关系的继子女的亲生子女可代位继承，继承人亲生子女的养子女可代位继承，被继承人养子女的养子女可代位继承，与被继承人已形成扶养关系的继子女的养子女也可以代位继承。

案例

2013年，赵某在打工过程中因工伤导致死亡。赵某有一个老父亲，有一个哥哥，还有个女儿。2018年10月，赵某的父亲因脑血栓去世。赵某的父亲留有一套房产。作为遗产，这套房产应如何继承分配？

解答

本案中，赵某与哥哥是遗产的合法继承人。赵某先于被继承人死亡，应由其女儿作为代位继承人继承相应的遗产份额，所以遗产最终由赵某的哥哥和赵某的女儿按照法定继承办理。

法规链接

《继承法》

第11条　被继承人的子女先于被继承人死亡的，由被继承人的子女的晚辈直系血亲代位继承。代位继承人一般只能继承他的父亲或者母亲有权继承的遗产份额。

《最高人民法院关于贯彻执行〈中华人民共和国继承法〉
若干问题的意见》

第25条　被继承人的孙子女、外孙子女、曾孙子女、外曾孙子女都可以代位继承，代位继承人不受辈数的限制。

第26条　被继承人的养子女、已形成扶养关系的继子女的生子女可代位继承；被继承人亲生子女的养子女可代位继承；被继承人养子女的养子女可代位继承；与被继承人已形成扶养关系的继子女的养子女也可以代位继承。

第28条　继承人丧失继承权的，其晚辈直系血亲不得代位继承。如该代位继承人缺乏劳动能力又没有生活来源，或对被继承人尽赡养义务较多的，可适当分给遗产。

12.继承开始后，还未进行遗产分割，继承人死亡的，怎么处理？

继承开始后，还未进行遗产分割，继承人死亡的，对于原遗产的分割，这时候就出现一个转继承的问题。所谓转继承，就是继承人在继承开始后实际接受遗产之前死亡，由该继承人的法定继承人代其实际接受其有权继承的遗产。

关于转继承，《最高人民法院关于贯彻执行〈中华人民共和国继承法〉若干问题的意见》指出，继承开始后，如果继承人没有表示放弃继承，并于遗产分割前死亡的，其继承遗产的权利转移给他的合法继承人。同时，在继承开始后，如果受遗赠人表示接受遗赠，并于遗产分割前死亡的，其接受遗赠的权利转移给他的继承人。

案例

蒋某是一家建筑公司的老板，拥有建筑公司的股权和房产、车辆及其他财产。2016年9月，蒋某突发脑溢血去世。蒋某有两个儿子。蒋某去世后，遗产还未进行分割，大儿子因为意外事故死亡。大儿子已经结婚，并有个9岁的女儿，那么蒋某的遗产应该如何继承？

解答

本案中，蒋某去世后，继承开始，还未进行遗产分割，其大儿子死亡。大儿子作为蒋某的法定继承人，其死亡后，其继承遗产的权利及份额转移给大儿子的合法继承人，大儿子的合法继承人包括其配偶和9岁的女儿，也可以是其他继承人。

法规链接

《最高人民法院关于贯彻执行〈中华人民共和国继承法〉若干问题的意见》

第52条　继承开始后，继承人没有表示放弃继承，并于遗产分割前死亡的，其继承遗产的权利转移给他的合法继承人。

第53条　继承开始后，受遗赠人表示接受遗赠，并于遗产分割前死亡的，其接受遗赠的权利转移给他的继承人。

13. 放弃遗产继承权后，是否可以不再履行法定赡养义务？

父母抚养子女和子女赡养父母，都是法律规定的基本义务。《最高人民法院关于贯彻执行〈中华人民共和国继承法〉若干问题的意见》指出，继承人因放弃继承权，致其不能履行法定义务的，放弃继承权的行为无效。根据这一规定，子女的继承权和赡养义务都是法律明确规定的权利或义务，权利可以自由处分，但子女对父母的赡养作为一项法定义务，必须无条件履行，不能以不履行赡养义务为由放弃继承权。

案例

侯某年老多病，有一儿一女两个孩子，儿子工作繁忙经常照顾不上父亲，侯某只好和女儿女婿住在一起，由他们照顾。侯某名下有一套房产。儿子对侯某和侯某女儿说自己愿放弃对父亲的遗产继承权，所有遗产由妹妹继承，以后侯某的赡养照顾和养老送终都由妹妹承担。侯某儿子这样做合法吗？

解答

赡养作为一项法定义务，必须无条件履行。案例中，侯某的儿子可以放弃对父亲房产和其他财产的继承，但不能以此来作为不再承担对父亲赡养义务的条件。对父亲侯某赡养的法定义务是不可免除的，以放弃继承权为由不履行赡养义务，放弃继承权的行为是无效的。

法规链接

《最高人民法院关于贯彻执行〈中华人民共和国继承法〉
若干问题的意见》

第46条　继承人因放弃继承权，致其不能履行法定义务的，放弃继承权的行为无效。

14.遗产是夫妻共同财产，继承时应当如何分割?

《继承法》规定，夫妻在婚姻关系存续期间所得的共同所有的财产，如果进行遗产分割，除了有约定的外，应当先将共同所中有的财产的一半分出为配偶所有，其余的为被继承人的遗产。也就是说，夫妻共同财产或者家庭共有财产作为遗产的，分割的基本原则是：首先分离出其他共有人的共有份额，剩余部分才作为遗产依法进行分割。

案例

常某和妻子有两个女儿，均已出嫁。老两口一生勤劳节俭，除了种好庄稼外，还养猪和种蔬菜卖钱。2018年7月，常某因病去世，夫妇俩攒有30万元存款。继承开始后，30万元存款作为夫妻共同财产，应当如何分割?

解答

本案例中，在分割常某的遗产前，首先应当分离出属于常某和妻子共同财产30万元的一半，即15万元给常某的老伴，其余一半15万元作为遗产再由常某的妻子和两个女儿作为第一顺序法定继承人依法分割并获得相应的继承份额，即每人5万元。因此，常某的老伴对30万元存款的占有份额包括属于夫妻共同财产的一半份额15万元以及继承常某的遗产份额5万元，一共应是20万元。

法规链接

《继承法》

第26条　夫妻在婚姻关系存续期间所得的共同所有的财产，除有约定的以外，如果分割遗产，应当先将共同所有的财产的一半分出为配偶所有，其余的为被继承人的遗产。

遗产在家庭共有财产之中的，遗产分割时，应当先分出他人的财产。

15. 如何写自书遗嘱？

（1）立遗嘱的目的，即处理财产的意思表示，应首先写明："我立本遗嘱，对我所有的财产，做如下处理：……"

（2）对财产的具体处理，应写明财产的名称，数量及其所在地，遗留给何人，具体写明由哪一个继承哪些财产，也可按财产写明。

（3）遗嘱人的要求和遗嘱书的处置。

（4）立遗嘱人、证明人、代笔人签名盖章，并写明立遗嘱的时间、地点等。由于立遗嘱人的具体情况不同，遗嘱的写法不一定拘泥于以上格式，但必须是有效的才具有法律效力。

参考文献：

方勇、景彤、成名：《农名身边的法律故事：婚嫁家庭维权》，中国计量出版社，2010年版。

第四章
借款纠纷

1.什么是民间借贷纠纷?

民间借贷,是指自然人、法人、其他组织之间及其相互之间进行资金融通的行为。现实生活中,常见的民间借贷是发生在自然人之间的借贷,除此之外,民间借贷还包括自然人与法人之间、自然人与其他组织之间及其相互之间的借贷行为。

民间借贷表现为各类非金融机构法人和组织及其分支机构、自然人之间通过书面或口头协议形成的借贷关系,其本质特征体现为非正规金融的特点。

2.农村常见的民间借贷纠纷有哪些?

农村常见的民间借贷纠纷主要有以下几个方面:

(1)借款时不写借条。因为是熟人之间的借款,且借款的数额一般都不会很大,所以个人之间的借款通常都不会签订专门的借款合同。熟人之间在借款时相互之间关系非常要好,要求对方出具借条似乎会破坏朋友之间的感情,也会让人产生不信任对方的感觉。所以,很多情况下借款人并未向出借人出具借条,这样就会给出借人收回借款造成法律上的障碍。在借款人不能按时偿还借款,或者双方关系恶化、破裂后借款人拒绝偿还借款的情况下,借款人只能通过诉讼途径索要,但往往因为没有借条,不能提供当时借款的证据而败诉。司法实践中,代理律师也常常会指导当事人在协商还款过程中通过录音的形式获取证据,但因为我国民事诉讼证据规则的要求是录音资料证据必须和其他证据结合才能认定案件的事实,单一的录音证据往往不会被法院采纳,所以借款人经常会陷入"告状无门"的境地。

（2）分次还款借条没有销毁。向他人借款时，出具借条是正常、合理的要求，但因为私人之间的借款一般没有签订借款合同，双方只是口头约定还款的时间，借条上也常常只注明借款的数额，并不会写明还款的期限。所以，借款往往不会一次性偿还，而是在出借人的多次催要下分批次偿还。在借款人偿还借款时，往往会出现因为出借人没有将借条带在身边，不能立即收回借条，也不能在借条上加注还款的情况。这样在借条没有销毁或收回的情况下，会给借款人埋下不可预知的隐患和风险，实践中出现过多起出借人在得到还款后，再次拿借条索要借款的情况。

（3）借条非借款人本人书写纠纷。向他人借款时，根据出借人的要求，借款人会出具亲笔书写的借条，或者在他人已经写好的借据上亲笔签名、盖章、摁手印等，表明借款事实。但有时也会发生借条上借款人的签名并非本人亲笔书写的情况，这种情况多出现在双方是非常要好的朋友或亲戚的场合。从法律的角度讲，如果借条上的借款人姓名并非借款人亲笔书写，借条是不具有法律效力的，在借款人拒绝偿还借款时，即使出借人拿出借条作为证据，法院在确认并非借款人亲笔签名的情况下，也无法认定双方之间借款的事实。

（4）借款利息纠纷。我国《合同法》第211条规定，自然人之间的借款合同约定支付利息的，借款的利率不得违反国家有关限制借款利率的规定。所以对于民间借款，只有双方在合同中明确约定，或者在借条上注明利息的计算方法的，借款人通过诉讼途径要求归还借款并主张利息时，才能得到法律的保护。如果双方仅是口头的约定，而没有将利息的相关约定明确在合同或借条上，就不能要求借款人支付利息。

（5）诉讼时效纠纷。自然人之间借款时，一般会口头约定还款的期限，在出具借条时，有时会将还款期限写明，有时则不会写明具体的还款期限。借款到期后，出借人要及时催要借款，但在很多情况下，借款人都无法按照双方的约定按时一次性归还借款，在这一过程中出借人可能会多次催要，远远超过3年的时间。根据我国最新法律规定，借款的诉讼时效为3年。自借条上写明的归还日期或者前一次催要之日开始计算，超过3年的，会丧失胜诉权，债权便不会得到法律上的保护。出借人通常是以口头或电话方式催要，一般都不会注意保留催要时诉讼时效中断的证据，这样在提起诉讼要求对方还款时，往往会因为借款已经超过诉讼时效而得不到偿还。

3.因请托形成的债务受不受法律保护？

民间借贷案件中，有些借条、借据字面上反映的是借贷关系，但实际上并不存在真实合法的借贷事实，而是由某些其他基础关系引起的转化型借贷关系。对该类案件，应具体分析其基础关系而依法认定其效力。对于合法的请托，按照委托合同关系处理。对于涉及权钱交易等违背公序良俗的请托而形成的债务，如因为不符合条件而请关系、找人情调动工作、升学、升职等形成的债务，均不受法律保护。对于已经给付的部分，资金提供者主张返还的，法院不予支持。

案例

顾某与赵某系朋友关系，顾某委托赵某为其女儿上大学帮忙。顾某按赵某所说，将1万元请托款于2011年上半年汇入赵某银行账户，后又委托朋友付给赵某2万元请托款。应顾某要求，赵某向顾某后补借据一份，载明："借到顾某人民币叁万元整。借款人：赵某。2011年8月14日"。现顾某向法院起诉，欲要回此请托款。

解答

法院审理后认为，综合款项的交付时间、交付方式与顾某女儿入学时间、顾某为女儿入学的确向赵某请托等事实相吻合，再结合顾某对该笔债权的处理方式，足以认定该笔借款实为顾某交付赵某用于请托他人为其女儿上大学之用。双方就此形成的债权债务有违社会公序良俗，不应认定合法有效。法院遂驳回顾某的诉讼请求。

法规链接

《最高人民法院关于审理民间借贷案件
适用法律若干问题的规定》

第14条　具有下列情形之一，人民法院应当认定民间借贷合同无效：

......

（四）违背社会公序良俗的；

......

4.赌债受不受法律保护？

赌博产生的债务经常以借条、欠条等形式存在，借条上往往不会注明该债务系赌博债务。法官在审理民间借贷案件中发现存在涉赌因素时，应从严审查借贷关系的合法性。原告不仅要举证证明其与被告借款事实的存在及款项的实际交付，还应举证证明该借贷关系合法有效。被告反驳借贷关系，主张赌博债务并举证证明，当被告举证达到引起合理怀疑的程度时，原告还应就借款形成的时间、地点、经过、借款资金来源及资金交付方式、约定的借款用途、还款期限、还款方式、利息、在场人等有关细节做详细说明。赌博是国家明令禁止的违法活动，对于明知其所出借的款项系他人用来从事违法活动而仍然出借的，其借贷关系不受法律保护。

法规链接

《最高人民法院关于审理民间借贷案件
适用法律若干问题的规定》

第14条　具有下列情形之一，人民法院应当认定民间借贷合同无效：

（一）套取金融机构信贷资金又高利转贷给借款人，且借款人事先知道或者应当知道的；

（二）以向其他企业借贷或者向本单位职工集资取得的资金又转贷给借款人牟利，且借款人事先知道或者应当知道的；

（三）出借人事先知道或者应当知道借款人借款用于违法犯罪活动仍然提供借款的；

（四）违背社会公序良俗的；

（五）其他违反法律、行政法规效力性强制性规定的。

5.怎样才能避免发生民间借贷纠纷？

在民间借贷过程中，为了规避或减少借贷纠纷，除了前面所说的要问清用途，以防止明知对方借钱是用于赌博、诈骗等违法活动而可能导致自己最后血本无归外，还须注意以下几方面：

一要摸清信用。要从平时交往中出手是否大方、用钱有无计划、有无正当收入等细节综合分析评估偿还能力和信用度。对于一时急需，如看病、上学、建房但有偿还能力的人，尽可放心出借。对于出手大方、花钱无度、不守信用者坚决不借。因为，即使穷尽法律手段，对于没有偿还能力的人，最后也难以执行到位。

二是莫贪高利。借款人往往以高利息为诱饵借款或非法集资。

三是定好还期。双方对返还期限有约定的，一般按约定。没有约定的，随时可请求返还。暂时无力返还的，可分期返还。不约定归还期限虽可随时要求返还，但却让借款人有了拖延的机会。出借时约定还期，有利于及时偿还。

四是提供担保。有保证人的借贷债务到期后，债务人无能力清偿、无法清偿或债务人下落不明的，由保证人承担连带责任。所以，为保险起见，可要求借款人提供担保或第三人为保证人，数额较大还可公证。在借款人提供担保时，如是房屋、车辆或记名债券、股票、定期存折，在仔细审查证件有效性的同时，要到有关部门登记。

五是签订民间借贷协议（借条）。如果没有借贷协议，一旦借款人否认，则难以举证，诉到法院也是败诉。所以，要订立书面协议或写借条，写清双方姓名、住址、借款数额、借还款时间等内容。同时要求借款人当面书写借条并亲笔签名，最好有人在场见证。

六是及时追要。到期不能归还，一定要及时追要。如仍不能归还，则要及时起诉。因为，《民法总则》最新规定，向法院请求保护的诉讼时效为3年。否则，可能丧失胜诉权，无法讨回借款。

6.普通民间借贷与非法集资之间有什么区别?

有的非法集资行为表面上看和民间借贷类似，有的还以签订民间借贷合同的形式出现。

非法集资（根据《关于取缔非法金融机构和非法金融业务活动中有关问题的通知》规定）是指单位或者个人未依照法定程序经有关部门批准，以发行股票、债券、彩票、投资基金证券或者其他债权凭证的方式向社会公众筹集资金，并承诺在一定期限内以货币、实物以及其他方式向出资人还本付息或给予回报的行为。

2015年9月1日施行的《最高人民法院关于审理民间借贷案件适用法律若干问题的规定》（法释〔2015〕18号）明确规定，民间借贷是指自然人、法人、其他组织之间及其相互之间进行资金融通的行为。借款方一般都有一定的还款能力，基本上能按时还款，不具有非法占有的目的。《最高人民法院关于审理非法集资刑事案件具体应用法律若干问题的解释》（法释〔2010〕18号）第1条第2款也规定，未向社会公开宣传，在亲友或者单位内部针对特定对象吸收资金的，不属于非法吸收或者变相吸收公众存款。

《关于审理非法集资刑事案件具体应用法律若干问题的解释》第2条对非法集资（非法吸收公众存款）的主要行为进行了列举，主要有：

（一）不具有房产销售的真实内容或者不以房产销售为主要目的，以返本销售、售后包租、约定回购、销售房产份额等方式非法吸收资金的；

（二）以转让林权并代为管护等方式非法吸收资金的；

（三）以代种植（养殖）、租种植（养殖）、联合种植（养殖）等方式非法吸收资金的；

（四）不具有销售商品、提供服务的真实内容或者不以销售商品、提供服务为主要目的，以商品回购、寄存代售等方式非法吸收资金的；

（五）不具有发行股票、债券的真实内容，以虚假转让股权、发售虚构债券等方式非法吸收资金的；

（六）不具有募集基金的真实内容，以假借境外基金、发售虚构基金等方式非法吸收资金的；

（七）不具有销售保险的真实内容，以假冒保险公司、伪造保险单据等方式非法吸收资金的；

（八）以投资入股的方式非法吸收资金的；

（九）以委托理财的方式非法吸收资金的；

（十）利用民间"会""社"等组织非法吸收资金的；

（十一）其他非法吸收资金的行为。

为依法惩治非法吸收公众存款、集资诈骗等非法集资犯罪活动，最高人民法院会同中国银行业监督管理委员会等有关单位，研究制定了《关于审理非法集资刑事案件具体应用法律若干问题的解释》，该司法解释自2011年1月4日起施行。对进行非法集资活动的，除了依照《商业银行法》《保险法》《证券法》《证券投资基金法》《银行业监督管理法》《非法金融机构和非法金融业务活动取缔办法》等法律、行政法规的规定给予没收违法所得、罚款、取缔非法从事金融业务的机构等行政处罚外，对构成犯罪的，还要依法追究其刑事责任。

参与非法集资活动不受法律保护。有关法律明确规定：因参与非法吸收公众存款、非法集资活动受到的损失，由参与者自行承担，而所形成的债务和风险，不得转嫁给未参与非法吸收公众存款、非法集资活动的国有银行和其他金融机构以及其他任何单位。债权债务清理清退后，有剩余非法财物的，予以没收，就地上缴中央金库。

案例

某县一家农林牧有限公司在地处偏僻的乡镇，利用农信社在农村已清退的"代办员"，在当地非法吸纳储户资金。农民见利息高于银行4~5倍，便将积攒多年的积蓄分批存入"代办员"那里，"代办员"还为他们开具了类似银行的存款收据。春节前，有位老人想拿出一部分钱资助女儿买房，结果却发现自己的钱取不回来。据知情人透露，这家集资企业资金链断了，老板跑路，当地上百户村民的血汗钱血本无归。

7.民间借贷涉及非法集资案件时如何保护自己的资金安全?

在农村，一些个人或组织未经有关部门依法批准或者借用种植、养殖、项目开发等合法经营的形式，通过各种途径向社会公开宣传，承诺在一定期限内以货物、实物、股权等方式还本付息或给付回报，向社会公众包括农村群众吸收资金。作为农村群众，聚集一定的资金或"闲钱"很不容易，所以对非法集资一定要多加防范，一定不要被高额利息回报诱惑。高利息往往是非法集资者的诱饵，高回报往往包含着更高风险。

非法集资是一种犯罪行为，给群众的财产权益带来极大风险和危害。我们必须擦亮眼睛，提高警惕，远离非法集资，保护自己的资金安全。

一看融资合法性。合法的融资应得到有关部门批准。例如：发行股票要得到中国证监会批准，在股票交易所交易；销售保险应当得到中国保监会批准获取代理人资格等。因此，投资时应当查看有无批准文件，帮助识别是否合法。

二看宣传方式。是否通过分公司、门店，以推介会、传单、手机短信、电话推荐等方式传播理财信息，或者经亲戚朋友同事转发等各种途径，向市民传播投资信息。

三看经营模式。具体要看投资回报有哪些，有没有实体项目，为什么不向银行等正规金融机构贷款，获取利润的途径是什么。没有项目或虚构项目都蕴含巨大风险，要格外引起警惕。

四看参与投资主体。是否谁都可以参加，是否不论金额大小都可以投资。如果是的话，要引起警觉，不要上当受骗。

如果发现自己以民间借贷的形式被非法集资所骗，应当第一时间向公安机关报案，由公安机关通过刑事侦查措施抓捕嫌疑人，查扣涉案款物。有的群众发现自己因非法集资被骗，却持借据或借款合同向法院提起民事诉讼或申请保全，一般来讲，此类案件法院不会受理，即使受理后也可能裁定驳回起诉。因为根据民间借贷司法解释规定，"人民法院立案后，发现民间借贷行为本身涉嫌非法集资犯罪的，应当裁定驳回起诉，并将涉嫌非法集资犯罪的线索、材料移送公安或者检察机关"。公安机关的刑事强制手段和人民法院的民事手段相比，在追回被骗资金、控制犯罪嫌疑人方面要严厉一些，效果也会好一些。

8. 什么是校园贷？

校园贷是2016年轰动校园及各大社会舆论话题之一，起因事件为河南某高校的一名在校大学生，用自己身份以及冒用同学的身份，从不同的校园金融平台获得无抵押信用贷款高达数十万元，当无力偿还时跳楼自杀。随着网络借贷的快速发展，部分不良网络借贷平台采取虚假宣传的方式和降低贷款门槛、隐瞒实际资费标准等手段，诱导学生过度消费，侵犯学生合法权益，造成不良影响。2017年5月27日，中国银监会、教育部、人力资源社会保障部下发《关于进一步加强校园贷规范管理工作的通知》，要求未经银行业监管部门批准设立的机构禁止提供校园贷服务，并且现阶段一律暂停网贷机构开展校园贷业务，对于存量业务要制订整改计划，明确退出时间表。

9. 借条和欠条有何不同？

借条和欠条均是一种债权债务的凭证，但两者之间有很大的区别。借条是借款人向出借人出具的借款书面凭证，它证明双方建立了一种借款合同关系。欠条是双方基于以前的经济往来而进行结算的一种结算依据，它实际上是双方对过往经济往来的结算，仅是代表一种纯粹的债权债务关系，并不一定是借款合同关系。因此，借款时宜写"借条"，而不宜写"欠条"，以省去诉讼中解释"欠"款原因、用途的举证责任。

案例

2011年2月，张某和徐某在北京市朝阳区合伙经营电脑耗材批发生意。同年11月，双方分伙。同年12月24日，徐某立下欠条确认欠张某252 982.34元未结清。后张某认为该款项属于徐某向其借款，遂提起诉讼。而且张某此前就自己与徐某之间的合伙纠纷已经另案起诉过了。徐某委托律师代理此案。

解答

本案的焦点在于徐某给张某出具欠条，依据该欠条是否能认定借款关系的存在。结合本案，就日常生活经验而言，成立民间借贷关系的基础通常是借条、借据或者其他借款支出凭证。但本案中，张某主张徐某借款的证据是一张欠条。对于该欠条的形成原因、形成时间，张某解释是双方在2011年11月中旬左右分伙，分伙时双方关系仍然良好，因徐某资金周转困难，在2011年12月24日向张某借款。本案律师认为，张某所称的借款是双方分伙时，徐某欠张某的合伙资金和合伙利润，张某本次起诉与其另行起诉的合伙纠纷属重复起诉，"一债两要"。最终法院采纳了律师主张，驳回了张某的诉讼请求。

10.仅凭借条就能打赢官司吗?

案例

原告王先生与被告李女士是认识多年的"老朋友"，2008年8月还曾合伙开厂，现在两人为了4万元借款对簿公堂。王先生手持李女士写的借条向法院起诉，称李女士曾于2007年12月和2008年8月向其分别借款1万元和3万元，但至今未还。多次催收未果后，遂请求法院主持公道，判令李女士归还借款4万元。对于王先生的说法，李女士称自己的确向王先生借过钱，但已全部归还。李女士说，她在还款时，基于对王先生的信任，就没有收回借条，而且王先生对自己说过借条已让其妻撕毁，她从未想过王先生会拿着这两张借条到法院起诉。李女士认为，王先生到法院告她是为了逃避债务。因为她与王先生的合作关系在2008年10月结束后，法院曾判决王先生给付她5.2万元。这笔钱王先生一直未付，王先生就是为了不付这笔钱才这样做的。为了证明自己，李女士向法院提供了录音资料、民事判决书等证据。

解答

实践中，贷款人将借款交付给借款人，借款人给贷款人出具借条或者欠条，就表明借款合同已生效。该借条从证据的种类来说，属于书证，是直接证据，原告拿出借条，并对借款情况作出说明，就已完成其举证责任。被告如果否认，就应当拿出证据证明，否则被告应当承担不利的法律后果。本案中，李女士提供的她与王先生之间的现场对话录音并未采用胁迫或窃听等法律禁止性规定的方法取得，其内容也未涉及个人名誉，且原告对谈话真实性亦无异议，故法院确认该证据具有证据效力。再结合原、被告双方借款和还款的习惯、录音资料中的具体细节以及原告曾同意在审理中做测谎鉴定后又反悔等事实，法院最终采信了被告李女士已履行归还4万元借款的事实，依法驳回原告的诉讼请求。

法规链接

《最高人民法院关于审理民间借贷案件适用法律若干问题的规定》

第16条　原告仅依据借据、收据、欠条等债权凭证提起民间借贷诉讼，被告抗辩已经偿还借款，被告应当对其主张提供证据证明。被告提供相应证据证明其主张后，原告仍应就借贷关系的成立承担举证证明责任。

被告抗辩借贷行为尚未实际发生并能作出合理说明，人民法院应当结合借贷金额、款项交付、当事人的经济能力、当地或者当事人之间的交易方式、交易习惯、当事人财产变动情况以及证人证言等事实和因素，综合判断查证借贷事实是否发生。

附件：借条格式

借　条

今借到_____（身份证号码：_____）
现金_____元，大写：_____，年利率___%，约
定_____年___月___日前本息一并归还。

此据

借款人：_____

身份证号码：_____

_____年____月____日

11. 欠条或借条上数额大写与小写不一致怎么办？

我国现行相关法律对借条或欠条上的大小写数额不一致时如何认定并无明文规定，但根据人们的通常习惯，在进行金钱交易时，一般均会书写大写金额，由于大写金额字形较复杂，书写时精力比较集中，不容易出错，写错的概率是很低的，而小写容易被篡改，比大写金额可靠性差很多，因此大写、小写不一致时，如果没有其他相反的证据，一般就以大写为准。在司法实践中，在没有其他证据的支持下，人民法院也是按照惯例，对于具体金额的认定，通常是按大写数额来认定。当然，不管是借条还是欠条，如果出现大小写数额不一致时，大写数字也不一定就是绝对准确，小写数字也不一定就是绝对不准确，如果要进一步搞清大写数字和小写数字的准确性，在有的情况下，可以通过找形成这个债权债务的客观事实及产生债权债务过程中留下的相应证据，如借款有银行转账凭证、交付货物的数量及单价，这样结合借条等证据相互印证来确定准确的数额。

案例

欠款人张某从事装修生意，自2015年起，张某多次向装修材料店老板王某赊账购买装修材料。2016年12月，双方进行欠款结算，当时，店老板王某写了一张欠条，让张某签字确认，这张欠条上写着："欠材料装修款1 567.0元，壹万伍仟陆佰柒拾元整。"双方约定，三个月后还清欠款，张某在这张欠条上签了自己的名字，以示确认。当时，王某没有注意到欠条上的大小写金额不一致的问题，而张某也没有提出疑问。眼看已经过了还款期限，王某多次向张某催要欠款，张某一拖再拖始终不还款。2017今年8月，王某将张某诉至法院。庭审中，王某向法庭提交了有张某签字的欠条原件一张。拿着这张欠条，王某表示，他是后来才发现大小写的金额不一样，这一点，他有责任，但张某确实欠了他1万多元，张某欠他的材料款应以大写为准，即壹万伍仟陆佰柒拾元，也就是说，欠15 670元。张某则认为，王某提供的欠条上，应该按照小写为准，他欠王某的金额是1567元。

解答

法院经审理认为，欠条中欠款金额大小写不一致，应根据双方提供的证据及日常生活经验和书写习惯来认定。王某提供的欠条虽然大小写不一致，但其提供了材料出货单据一宗予以佐证，材料出货单据记载的数额与欠条大写数额一致，而张某未提供充分有效的证据推翻欠条及材料出货单据。从日常生活经验看，在书写欠条时，因小写金额稳定性较差，容易被更改，一般会在小写金额前或者后书写大写金额。从书写习惯看，大写数字的笔画较多，书写难度较大，写错的可能性不大，而小写数字笔画简单，尤其在书写小写金额"0"或小数点时，写错的可能性较大，故大写金额比小写金额更规范、更严谨。

最终，法院认为应以大写的数字为准，判令张某偿还王某材料款15 670元。

12.夫妻一方在对方不知情或未征得对方同意的情况下擅自向他人借钱，另一方是否有义务偿还？

案例

2016年3月5日，刘某为了做生意向朋友李某借款2万元，并向李某出具了借条，约定借款期限为半年，还要求李某不要将借款之事告诉刘某的妻子张某。2016年9月20日，李某要求刘某偿还借款，刘某拒绝偿还，李某又向刘某之妻张某要求偿还借款，张某回应不是其所借的，也不知道其夫刘某向李某借钱一事，因此不同意偿还。无奈，李某将刘某与张某一起告上法院，要求二人共同偿还2万元借款。夫妻一方擅自向他人借钱，另一方是否需要偿还？

解答

婚姻关系存续期间以夫妻一方名义所欠的债务，原则上应当认定为夫妻共同债务，由夫妻共同偿还。夫妻一方的借款，出借人通常会同时起诉夫妻双方，要求被告（夫妻双方）共同偿还借款。但是，婚姻关系存续期间，夫妻一方以个人名义对外借款，另一方能够证明存在下列情形之一的，由借款人个人对出借人承担偿还责任：（1）夫妻双方对于婚姻关系存续期间所得财产约定各自所有，出借人知道或应当知道该约定的；（2）出借人与借款人明确约定为个人债务的；（3）借款人所借款项未用于夫妻共同生活，并且出借人出借款项时知道或应当知道的；（4）借款人的借款行为违法，且违法所得未用于夫妻共同生活的；（5）借款的用途有悖公序良俗，违反夫妻共同生活的基本目的；（6）出借人与借款人恶意串通，损害配偶利益的。

法规链接

《最高人民法院关于适用〈中华人民共和国婚姻法〉
若干问题的解释（二）》

第24条　债权人就婚姻关系存续期间夫妻一方以个人名义所负债务主张权利的，应当按夫妻共同债务处理。但夫妻一方能够证明债权人与债务人明确约定为个人债务，或者能够证明属于婚姻法第19条第3款规定情形的除外。

《婚姻法》

第19条第3款　夫妻对婚姻关系存续期间所得的财产约定归各自所有的，夫或妻一方对外所负的债务，第三人知道该约定的，以夫或妻一方所有的财产清偿。

《最高人民法院关于审理涉及夫妻债务纠纷案件
适用法律有关问题的解释》

第3条　夫妻一方在婚姻关系存续期间以个人名义超出家庭日常生活需要所负的债务，债权人以属于夫妻共同债务为由主张权利的，人民法院不予支持，但债权人能够证明该债务用于夫妻共同生活、共同生产经营或者基于夫妻双方共同意思表示的除外。

13.债务人去世后，债权人如何实现债权？

案例

2013年10月16日，周某（其妻张某，子周某某）向其朋友罗某借款10万元人民币用于其家中经营活动，约定利息按同期贷款利率计算，未约定还款期限。之后此款一直未偿还。2017年5月18日，周某突发疾病死亡。罗某向其家人主张债权，没有结果，无奈之下向法院提起诉讼，要求张某、周某某偿还欠款及利息。人民法院在审理过程中查明欠款属实，另查明周某的父母均在其之前死亡，周某生前未留下遗嘱，诉讼时其遗产没有被分割，张某、罗某均表示要继承周某的遗产。

解答

如果夫妻一方死亡，根据《最高人民法院关于适用〈中华人民共和国婚姻法〉若干问题的解释（二）》第26条规定，"夫或妻一方死亡的，生存一方应当对婚姻关系存续期间的共同债务承担连带清偿责任"，债权人可以要求夫妻中的生存一方承担还款责任。根据此案例情况，应首先确定该债务是否属于夫妻共同债务，如果属于夫妻共同债务应当由夫妻共同偿还。另外，《继承法》第33条规定："继承遗产应当清偿被继承人依法应当缴纳的税款和债务，缴纳税款和清偿债务以他的遗产实际价值为限。超过遗产实际价值部分，继承人自愿偿还的不在此限。继承人放弃继承的，对被继承人依法应当缴纳的税款和债务可以不负偿还责任。"根据该条规定，我国对债务继承实行限定继承原则：如果继承人放弃继承，则不承担该债务；如果继承人未放弃继承，在实际继承财产内清偿；如果在继承人继承前对遗产清算，以遗产清偿债务，遗产不足以清偿债务的部分则不用偿还。

本案中，被告张某和其夫周某在婚姻关系存续期间，向他人借款10万元，应该由夫妻共同偿还。对于原告的欠款，应当由张某和周某承担连带清偿责任。由于周某意外死亡，其生前所欠债务应由其遗产继承人在遗产实际价值内清偿。周某的遗产继承人张某、周某某均未表示放弃遗产继承，视为接受继承。因此，张某、周某某应当在遗产继承的范围内清偿周某生前所欠债务。

14.借款时借款人没有写借据，怎样认定借贷关系存在？

借款人虽然没有给出借人写借据，但认可借款事实的，则应认定双方借贷关系存在；出借人主张借款事实存在，但却提供不出借款人所写借据或者借款人根本就没有写下借据的，如果借款人不认可借款事实、不承认借款的，只要出借人能提供证明借款事实发生的证据（如有借款时现场目击证人的证言，借款人认可关于借款事实的录音资料、银行转账资料等），就应认定借贷关系存在。

（1）与对方协商，要求对方提供一个还款计划，同时补一个欠条。因碍于面子，生活中很多人借款都没有借条，彼此都是通过诚信来完成借贷关系的，其实大部分人最后都会遵守信用，所以可以与对方开诚布公地说明情况，同时也给对方一个缓冲期。

但是也有一些人因为没办法还钱，或者存心想赖钱，结果推三阻四地找理由赖账，也不肯补充提供欠条，对这种人应该防备。

（2）对方非善意欠债的，应对的方法就是取证，做好起诉准备：

①手机短信——证实有借钱的事。借钱后，几次口头催款无果，就可以用短信方式，让对方承认了借钱的事实。然后把对方的回复短信保存起来，这个就是证据。

②录音录像——多方承认借过钱。催款期间，多次给对方打电话并录下通话内容，随后刻录光盘保存。

③证人证言——证实借钱金额。寻找借钱时，是否有人看到，提供证人和证言。

将证据提供给法院审查，法官如果认为提交的手机短信、录音录像、证人证言等证据来源合法、内容符合客观事实、证据真实有效，那么对方就必须承担还款责任，还要赔偿其他损失。

法规链接

《民事诉讼法》

第63条 证据包括：

（一）当事人的陈述；

（二）书证；

（三）物证；

（四）视听资料；

（五）电子数据；

（六）证人证言；

（七）鉴定意见；

（八）勘验笔录。

证据必须查证属实，才能作为认定事实的根据。

第64条 当事人对自己提出的主张，有责任提供证据。

当事人及其诉讼代理人因客观原因不能自行收集的证据，或者人民法院认为审理案件需要的证据，人民法院应当调查收集。

人民法院应当按照法定程序，全面地、客观地审查核实证据。

15.民间借贷中担保人是否应认定为保证人?

在大部分民间借贷中,大多数担保人对保证责任并不清楚,大部分人理解为给人担保只是做一个证明,欠的钱仍由债务人来偿还,债务人还不能偿还时,法院应该去找债务人追究,不应该找担保人追究,或者理解为只有当借款人确实没有偿还能力时,才负保证责任,并不真正清楚保证人所负的保证责任与保证风险,更不清楚一般保证与连带保证的区别,而且大部分保证人只在借条中写明担保人或者保证人字样。

案例

2006年11月27日,被告罗某、范某向原告借款5万元,并出具借据一张,约定借款利息每月500元,担保人为黄某。被告罗某借款后,按月给付利息至2010年7月。后原告多次向被告催讨,被告都以各种理由推诿。原告诉至法院,要求被告偿还本金5万元、利息11 000元(计算至2012年5月)。在本案中,被告黄某以担保人的名义在借据上签字,是否应认定为保证人,对债务是否要承担连带清偿责任?

解答

《最高人民法院关于人民法院审理借贷案件的若干意见》第13条规定,在借贷关系中,仅起联系、介绍作用的人,不承担保证责任。对债务的履行确有保证意思表示的,应认定为保证人,承担保证责任。《最高人民法院关于审理民间借贷案件适用法律若干问题的规定》第21条规定,他人在借据、收据、欠条等债权凭证或者借款合同上签字或者盖章,但未表明其保证人身份或者承担保证责任,或者通过其他事实不能推定其为保证人,出借人请求其承担保证责任的,人民法院不予支持。

《担保法》第7条对担保人资格做了明确的规定,具有代为清偿债务能力的法人、其他组织或者公民,可以做保证人。本案中,黄某作为具有代为清偿债务能力的公民,符合《担保法》对适格担保人的规定,而且对债务的履行有保证的意思表示。所以,应认定黄某为保证人。

根据《担保法》第16条至19条的规定,保证的方式有一般保证与连带责任保证两种。当事人在保证合同中约定,债务人不能履行债务时,由保证人承担保证责任的，为一般保证。一般保证的保证人在主合同纠纷未经审判或者仲裁，并就债务人财产依法强制执行仍不能履行债务前，对债权人可以拒绝承担保证责任。当事人在保证合同中约定保证人与债务人对债务承担连带责任的，为连带责任保证人。连带责任保证的债务人在主合同规定的债务履行期届满没有履行债务的，债权人可以要求债务人履行债务，也可以要求保证人在其保证范围内承担保证责任。当事人对保证方式没有约定或者约定不明确的，按照连带责任保证承担保证责任。此时，债权人可以要求债务人在其保证范围内承担保证责任，也可以要求保证人在其保证范围内承担保证责任，还可以将债务人和保证人作为共同被告提起诉讼，也可以单独起诉债务人或保证人。本案中，黄某以担保人的名义在借据上签字，且当事人之间并未约定担保的方式，所以，应认定黄某对债务承担连带保证责任。

16. 当事人之间签订借款协议，未约定借款期限内的利息，该利息是否应该予以支持？

根据《最高人民法院关于审理民间借贷案件适用法律若干问题的规定》第25条的规定，借贷双方没有约定利息，出借人主张支付借期内利息的，人民法院不予支持。自然人之间借贷对利息约定不明，出借人主张支付利息的，人民法院不予支持。除自然人之间借贷的外，借贷双方对借贷利息约定不明，出借人主张利息的，人民法院应当结合民间借贷合同的内容，并根据当地或者当事人的交易方式、交易习惯、市场利率等因素确定利息。

案例

王某向张某借款6万元，但双方未约定支付利息，因王某逾期未还款，张某起诉，要求张某返还本金并按央行同期利率支付利息，法院判决未支持王某要求对方支付利息的请求。

解答

民间借贷可以有偿，也可以无偿，借贷双方对支付利息没有约定或者约定不明确的，根据《合同法》第211条的规定，应视为不支付利息。

17.什么是高利贷，民间借贷的利率应当如何约定？

高利贷是超过国家法定最高借款利率限度的违法借款活动。根据《合同法》第211条规定，自然人之间的借款合同约定支付利息的，借款的利率不得违反国家有关限制借款利率的规定。民间借贷中，可以放弃利息，也可以约定利息支付，借贷的利率可以自由约定，但不得违反我国法律规定的上限。在司法实践中，民间借贷的利率不能超过同期银行贷款利率的4倍，超过同期银行贷款利率的4倍以上的借贷则属于高利贷。但按照2015年《最高人民法院关于审理民间借贷案件适用法律若干问题的规定》第26条的规定，借贷双方约定的利率未超过年利率24%，出借人请求借款人按照约定的利率支付利息的，人民法院应予支持。借贷双方约定的利率超过年利率36%，超过部分的利息约定无效。借款人请求出借人返还已支付的超过年利率36%部分的利息的，人民法院应予支持。

据此，24%和36%这两个关键数字，实际上是设定了民间借贷利率的三个区间：第一个是依法受到司法保护的区间，即年利率24%以下的民间借贷依法受到法律的保护；第二个区间是不受司法保护的区间，即年利率超过36%的民间借贷，超过年利率36%的部分法院将认定无效，不受法律保护；第三个区间是自然债务区间，即年利率24%到36%之间，这个区间的债务属于自然债务，当事人自愿履行该区间的债务，法院不反对，但如果提起诉讼，要求法院保护该区间内的债务，法院不会保护。因此，当事人在约定利率时，不得突破法律规定的利率限制，否则不受法律保护。

案例

2014年3月18日，杨某某与重庆某建材有限公司签订《借款合同》，约定：重庆某建材有限公司向杨某某借款1000万元，每月按借款金额的2%支付借款利息，同时每月按借款金额的2%支付综合服务费；借款到期未偿还则按借款金额的每日5‰支付违约金；王某某和张某某为借款提供保证担保。签订合同当日，杨某某向王某某账户转账支付借款500万元。同日，张某某向案外人陈某某账户转账支付20万元。2014年4月10日和4月17日，杨某某与重庆某建材有限公司、王某某和张某某再次签订两份《借款合同》，金额分别为200万元和300万元，合同其他条款内容与2014年3月18日签订的《借款合同》相同。杨某某分别于合同签订当日向王某某账户转账支付借款200万元和300万元。同日，张某某向案外人陈某某账户转账支付8万元和20万元。2014年4月18日至7月17日，张某某、王某某又陆续向案外人陈某某账户转账支付共计132万元。庭审中，杨某某认可陈某某账户收到王某某和张某某支付的所有款项为利息。2014年12月29日，杨某某起诉至法院要求判决重庆某建材有限公司、王某某、张某某连带偿还借款本金1 000万元及相应利息、综合服务费等。

解答

法院认为，合同中既约定2%的月利率，又约定每月2%的综合服务费，其目的是为了规避法律规定收取高息，法院对此不予保护。借款人已经支付的利息超出法律规定的部分应冲抵本金。另外，杨某某向借款人提供借款的当日，即通过案外人陈某某的账户收取了共计48万元的利息，属于预扣利息的行为。该48万元应从借款本金中扣除。

法规链接

《最高人民法院关于审理民间借贷案件
适用法律若干问题的规定》

第26条　借贷双方约定的利率未超过年利率24%，出借人请求借款人按照约定的利率支付利息的，人民法院应予支持。

借贷双方约定的利率超过年利率36%，超过部分的利息约定无效。借款人请求出借人返还已支付的超过年利率36%部分的利息的，人民法院应予支持。

第27条　借据、收据、欠条等债权凭证载明的借款金额，一般认定为本金。预先在本金中扣除利息的，人民法院应当将实际出借的金额认定为本金。

18.约定的利息出借人提前在本金中予以扣除，借据上仍然书写借款本金的数额，这种情况该如何处理？

预先扣除利息，是出借人在向借款人交付本金时就从中扣除利息的行为。《合同法》第200条规定："借款的利息不得预先在本金中扣除。利息预先在本金中扣除的，应当按照实际借款数额返还借款并计算利息。"《最高人民法院关于审理民间借贷案件适用法律若干问题的规定》第27条规定："借据、收据、欠条等债权凭证载明的借款金额，一般认定为本金。预先在本金中扣除利息的，人民法院应当将实际出借的金额认定为本金。"出借人预先扣除利息，无论借款人是否愿意，都是违反国家法律禁止性规定的无效行为。

在现实生活中，借款先扣除利息的做法大量存在，但根据相关规定，借款利息不得预先在本金中扣除，否则，按照实际借款数额返还借款并计算利息。

案例

柳某向徐某借款500万元，在徐某交付了这笔钱的当天，柳某就向其预先支付利息28万元。此后，双方因利息如何支付发生争议。

解答

法院认为，徐某在交付借款当天即收到利息28万元，只能认定其向对方实际交付借款472万元，利息也应以此为基数计算。

19."利滚利"是否被准许？

在借贷中，出借人将到期应付而未付的利息计入本金再计算利息，称为复利，是与单利相对应的概念，又叫"利滚利"，民间俗称"驴打滚"，是"高利贷"中常见的形式。以复利计算的利息明显高于单利。按照《最高人民法院关于审理民间借贷案件适用法律若干问题的规定》第28条的规定："借贷双方对前期借款本息结算后将利息计入后期借款本金并重新出具债权凭证，如果前期利率没有超过年利率24%，重新出具的债权凭证载明的金额可认定为后期借款本金；超过部分的利息不能计入后期借款本金。约定的利率超过年利率24%，当事人主张超过部分的利息不能计入后期借款本金的，人民法院应予支持。按前款计算，借款人在借款期间届满后应当支付的本息之和，不能超过最初借款本金与以最初借款本金为基数，以年利率24%计算的整个借款期间的利息之和。出借人请求借款人支付超过部分的，人民法院不予支持。"这一规定告诉我们：双方当事人在借贷发生时自愿约定复利，且在最后还本付息时，复利没有超过法定最高限度的，是应当准许的。

20.借款人逾期还款，利息应如何计付？

根据《合同法》第207条的规定："借款人未按照约定的期限返还借款的，

应当按照约定或者国家有关规定支付逾期利息。"

《最高人民法院关于审理民间借贷案件适用法律若干问题的规定》第29条关于逾期利息做了如下规定：借贷双方对逾期利率有约定的，从其约定，但以不超过年利率24%为限。未约定逾期利率或者约定不明的，人民法院可以区分不同情况处理：（一）既未约定借期内的利率，也未约定逾期利率，出借人主张借款人自逾期还款之日起按照年利率6%支付资金占用期间利息的，人民法院应予支持；（二）约定了借期内的利率但未约定逾期利率，出借人主张借款人自逾期还款之日起按照借期内的利率支付资金占用期间利息的，人民法院应予支持。

21. 借款人未按照约定的借款用途使用借款，该如何处理？

在农村民间借贷中，借款人未按照约定的借款用途使用借款，这种问题比较常见。例如：借款时借款人说借款是用来购买化肥种子和农药，其实款到手之后却用来做小生意搞经营；借款时说是给孩子上学交学费，实际上是用来给家里添置家具、电器……《合同法》第203条规定，借款人未按照约定的借款用途使用借款的，贷款人可以停止发放借款、提前收回借款或者解除合同。在这种情况下，根据相关法律规定，贷款人可以要求借款人提前归还借款或者解除合同。

案例

2010年，张某向某信贷公司借款60万元，双方签订了《抵押担保借款合同》一份，合同约定借款金额60万元，价款用途为工程款，借款期限12个月，按月清息，到期还本，以某房产作为抵押。合同约定如果借款人擅自改变借款用途，贷款人有权提前收回未到期的贷款。合同签订后，信贷公司依约拨付了60万元借款给张某，但张某擅自改变借款用途，也没有依约还款付息。信贷公司多次向张某催收无果，遂诉至法院，请求判决张某提前还清借款及未付利息，信贷公司对抵押物享有优先受偿权。

解答

本案涉及的是借款合同的生效、履行以及借款使用的限制问题。本案中，张某与信贷公司签订的《抵押担保借款合同》合法有效，张某理应依约履行，但张某擅自改变借款用途，没有按合同约定使用贷款，也没有按合同约定还款付息，属违约行为，应负违约责任，信贷公司的诉讼请求合理合法，法院应当予以支持。

22.借款没到期，出借人能提前要回借款吗？

《合同法》规定了预期违约的违约责任。预期违约分为明示违约和默示违约。所谓明示违约，指合同履行期到来之前，一方当事人明确肯定地向另一方当事人表示他将不履行合同。所谓默示违约，指合同履行期限到来前，一方当事人有确凿的证据证明另一方当事人在履行期限到来时，将不履行或者不能履行合同，而其又不愿提供必要的履行担保。由于出现预期违约，降低了另一方享有的合同权利的价值，如果在一方当事人预期违约的情况下，仍然要求另一方当事人在履行期间届满才能主张补救，将给另一方造成损失。

案例

王某经营一家农资公司，系该农资公司法定代表人。2016年3月，王某因公司资金周转困难向朋友程某提出借款10万元，次年3月31日前归还借款并按照银行同期贷款利率2倍支付利息，程某同意后于3月10日将该款项打入农资公司账户，公司为王某出具了收款证明和还款承诺书。2016年6月，该公司被报道经营伪劣农资产品并被工商部门处罚。之后，由于无力归还供货商货款，被迫关门停业，王某外出躲债，无法联系。在与王某多次联系无结果后，2016年10月，程某书面通知该公司解除"还款承诺"，要求公司立即还款。同年11月2日，程某向当地法院提起诉讼，要求法院判令公司归还借款并支付利息。王某未到庭应诉，只书面答辩称该借款未到期，不应当提前归还全部借款。

解答

本案中，当事人约定了合同履行期限，按照约定，借款人应当在2017年3月31日前归还欠款及利息，如果逾期归还才算违约。但根据合同履行过程中发生种种迹象表明，被告人及其公司已经无力履行还款义务，如果待合同约定期限到来再主张权利，可能会给出借人造成更大损失。所以，原告方按照法律规定履行了解除权，要求解除合同，提前归还借款。法院最终会支持原告的诉讼请求。

法规链接

《合同法》

第108条　当事人一方明确表示或者以自己的行为表明不履行合同义务的，对方可以在履行期限届满之前要求其承担违约责任。

23.借贷双方对借款期限没有约定或约定不明的，该如何处理？

《合同法》第62条第4款规定，履行期限不明确的，债务人可以随时履行，债权人也可以随时要求履行，但应当给对方必要的准备时间。第206条规定，借款人应当按照约定的期限返还借款。对借款期限没有约定或者约定不明确，依照本法第61条的规定仍不能确定的，借款人可以随时返还；贷款人可以催告借款人在合理期限内返还。

根据以上规定，借款人应按照约定的借款期限归还借款，对借款期限没有约定的或者约定不明确的，出借人可以依据《合同法》第206条的规定，和借款人进行协议补充，不能达成补充协议的，按照合同有关条款或者交易习惯确定。确定不了的，可以随时要求出借人偿还借款，但需给借款人一个合理的期限。这个合理的期限法律没有明确规定，出借人可以根据具体情况进行把握。

法规链接

《合同法》

第61条　合同生效后，当事人就质量、价款或者报酬、履行地点等内容没有约定或者约定不明确的，可以协议补充；不能达成补充协议的，按照合同有关条款或者交易习惯确定。

第206条　借款人应当按照约定的期限返还借款。对借款期限没有约定或者约定不明确，依照本法第61条的规定仍不能确定的，借款人可以随时返还；贷款人可以催告借款人在合理期限内返还。

24.仅凭"银行汇款单"能不能证明存在民间借贷关系？

《最高人民法院关于审理民间借贷案件适用法律若干问题的规定》对缺乏书面借款协议的情况下在案件中如何分配举证责任作出了明确规定，如果原告只能提供金融机构的转账凭证，被告抗辩转账系偿还双方之前借款或其他债务，被告对其主张有义务提供相应证据予以证明。被告提供相应证据证明其主张后，原告仍应就借贷关系的成立承担举证责任，如果不能充分证明与借款人之间的借贷关系的成立，则可能会面临败诉风险。

案例

2007年12月至2008年9月，纪某向郭某的银行账户分三次转账420万元。2009年1月，纪某向郭某出具借条一份，载明：今向郭某借人民币80万元，每月息一分计算，5月归还。郭某在借条下方加注：2009年7月27日收回借款40万元，8月26日收回借款30万元，11月6日收回借款10万元。2011年7月12日，纪某持三张银行汇款凭证诉至法院，要求郭某偿还420万元。

解答

法院经审理后认为，纪某称其因对郭某信任，碍于情面未要求郭某出具借条，与2009年纪某向郭某出具80万元借条的事实不符；诉争420万元发生于80万元借款之前，纪某没有要求郭某先行偿还420万元或予以相应抵扣，对80万元予以清偿与常理不符；郭某虽没有直接证据证明420万元系还款，但郭某负有一定的举证责任，并不能免除纪某的举证证明责任。法院驳回了纪某的诉讼请求。

法规链接

《最高人民法院关于审理民间借贷案件
适用法律若干问题的规定》

第17条　原告仅依据金融机构的转账凭证提起民间借贷诉讼，被告抗辩转账系偿还双方之前借款或其他债务，被告应当对其主张提供证据证明。被告提供相应证据证明其主张后，原告仍应就借贷关系的成立承担举证证明责任。

25.如果已经超过诉讼时效，债权人应如何处理？

一般来说，债权只有在法律规定的诉讼时效期限内主张，才会得到法律的保护。如果无法找到诉讼时效中断的证据，只能寻找其他的救济方式。

（1）尽量考虑通过友好协的方式，争取债务人自愿还款或达成还款协议。

首先，争取债务人自愿还款。按照我国《民法总则》的规定，超过诉讼时效的债权，消灭的仅仅是债权人的胜诉权，权利并没有丧失。超过诉讼时效后，如果债务人自愿履行债务，债权人便可接受债务人的清偿而使债权得到满足。债务人在清偿债务后，不得以债权已过诉讼时效为由，要求债权人返还财产。当债务人偿还部分债务后又停止履行债务，应将债务人的履行视为诉讼时效重新计算的事由，债务人履行部分债务意味着债务人对此笔债务的认可，债权人可以要求债务人履行未完成的部分债务，债权人也有权请求法院强制债务人履行债务，而不论债务人是否意识到债权是否已过诉讼时效。

其次，争取债务人与债权人达成还款协议。《最高人民法院关于审理民事案件适用诉讼时效制度若干问题的规定》（法释〔2008〕11号）第16条指出，义务人作出分期履行、部分履行、提供担保、请求延期履行、制订清偿债务计划等承诺或者行为的，应当认定为当事人一方"同意履行义务"。双方当事人在超过诉讼时效后达成还款协议的，视为对此笔债务的重新确认，债务人的还款意思表示可以导致诉讼时效的重新计算。

（2）无法协商的，债权人一方可考虑向对方发出催收到期款项通知单。向借款人发出催收到期款项通知单，债务人在该通知单上签字或者盖章的，可以视为对原债务的重新确认，该债权债务关系应受法律保护。

实践中，双方达成还款协议、债务人在催收单上签章和为原债务提供担保，均构成对原债务（权）的承认。但民间借贷超过诉讼时效后可采取的救济方法并不多，并且具有很大的风险。因此，债权人要重视借条的诉讼时效问题，采用定期催收（要求借款人在催收通知书上签章）、宽限期（不超过3个月为宜）等手段延续时效，如果发生借款纠纷，债权人需要做好提起诉讼的准备。

第五章
宅基地、相邻纠纷

1.什么是宅基地?

我国《宪法》第10条规定，我国的土地所有权制度为公有制，即城市土地为国家所有，农村和城市郊区的土地为集体组织所有。宅基地的使用制度与国有土地制度同样采取土地所有权和使用权分离的制度，即宅基地的所有权为集体组织拥有，而宅基地使用权为私人享有。随着城镇化的发展，土地的需求量急剧增加，由此引发的土地和房屋拆迁纠纷开始受到广泛关注。

农村宅基地是农村居民用作住宅基地而占有、利用本集体所有的土地。宅基地的所有权属于农村集体经济组织，包括三种类型：建了房屋、建过房屋或者决定用于建造房屋的土地；建了房屋的土地、建过房屋但已无上盖物或不能居住的土地；准备建房用的规划地。

在我国广大农村，宅基地的管理实行的是所有权与使用权相分离的使用制度。宅基地使用权是指村民依法取得的在集体的宅基地上所享有的建造房屋、居住使用的权利，宅基地所有权作为土地所有权的一部分，归当地的农村经济组织（村委会）所有，但村民可以依法取得对宅基地的使用权。同时，我国农村宅基地具有一定的福利性质，农民一般无偿取得宅基地使用权，在取得使用权后，享有长期占有、使用的权利。它包括建筑物的基地以及附属于建筑物的空白基地，一般是指自然辅助用房、庭院和历年来不用于耕种的生活用地以及生活用房中的生产场地。农村的宅基地是中国特色的土地制度，农村宅基地政策的出台，是为了保障农民的土地使用权，保障农村居民的住房需求。

农村宅基地的取得是具有一定限制的，在我国主要是限于集体经济组织内部符合规定的成员，享受农村宅基地必须按照法律规定的标准使用，用于建造自己居住房屋的农村土地。但农村村民一户只能拥有一处宅基地，并需要经过申请，通过申请之后才可以作为宅基地使用。

2.农村村民申请宅基地需要哪些条件？

农村村民有下列情形之一的，可以申请宅基地：

（1）年满20周岁的本村村民，因结婚等原因确需建设新房分户，缺少宅基地的（包括男方到女方落户的）；

（2）因发生或者防御自然灾害、实施村庄和集镇规划以及进行乡（镇）村公共设施和公益事业建设或因国家建设征用土地等原因需要搬迁的；

（3）外来人口落户，成为本集体经济组织成员，没有宅基地的；

（4）城镇居民经县级以上人民政府批准回原籍落户，农村确无住宅的；

（5）县级以上人民政府规定的其他条件。

3.申请宅基地的程序有哪些？

具备宅基地申请条件的农村村民在土地利用总体规划确定的村庄、集镇建设用地规模范围内申请使用宅基地修建住宅的程序：（1）应先向本集体经济组织提出申请；（2）经村民会议或村民代表会议讨论通过后；（3）报乡（镇）人民政府审核，由县级人民政府批准后；（4）本人携带相关材料到所在的乡（镇）、办事处国土资源所申请确权登记发证（其中，涉及占用农用地的，依法办理农用地转用审批手续）。

4.农村宅基地使用权确权登记发证工作对广大农民群众有什么好处？

宅基地使用权确权登记涉及农村千家万户，关系到广大农民的切身利益。国家、省、市加快推进农村宅基地使用权登记发证工作，是依法保护宅基地使用权人合法权益的重要措施，是加强农村宅基地管理的重要手段，也是农村集体土地使用制度改革和不动产统一登记的重要基础和保障。开展农村宅基地使用权登记发证，可以有效规范农村住宅建设，防止乱占滥用耕地，维护社会的和谐与稳定。

通过农村土地确权登记发证，依法确认农民集体土地权利，保护广大农民群众的合法财产权，强化农民群众的土地物权意识，有助于在城镇化、工业化和农业现代化推进过程中，切实维护农民权益，更是维护农民与土地长期稳定的产权关系，将农民与土地物权密切联系起来，可以进一步激发农民保护耕地、节约集约用地的积极性。

5. 申请农村宅基地使用权登记需要提交哪些资料？

申请农村宅基地应向乡镇政府、办事处提交下列资料：

（1）村民个人申请宅基地的申请书；

（2）申请人基本情况（包括姓名、性别、年龄、身份证、家庭成员、户口是否本村集体户口等）；

（3）村民委员会或农村集体经济组织应出具的材料：

①申请人现有的宅基地情况；

②对申请人拟发放宅基地的位置、面积、宗地草图等；

③村民会议或村集体经济组织成员讨论情况，在村集体公布情况的说明等；

④乡镇土地利用总体规划图、现状图等，并注明拟占用土地地类；

（4）属于建新交旧的，申请人与村委会签订的建新交旧协议书；

（5）其他需要提交的材料。

6. 怎样认定村民"一户一宅"的问题？

对村民"一户"认定，原则是根据公安部门管理的户籍来认定。如果在户口本上登记的是一家人，那么该户口本所登记的家庭就是一户，一户只能申请一处宅基地。但具有以下情形的，可独立作为特殊村民"户"对待：

（1）已婚且已分家单独居住生活的；

（2）未婚但年龄已满20周岁且已单独居住生活的；

（3）依法继承宅基地上房屋所有权的未成年人；

（4）通过司法仲裁依法取得的，可按照司法文件进行登记。

（5）因婚嫁关系居住在外村，但户籍仍在本村的，夫妻双方只能选择在其中一方拥有宅基地，申请确权登记。

7.村民能在自家承包地上建住宅吗?

案例

村民老李有两个儿子,两人都到了结婚的年龄,也都找到了心仪的对象。但老李却犯了愁,因为家里只有一处住宅,如果两个儿子都结婚,显然住不下。于是,老李便擅自在自家的承包地上建了一处住宅,用于儿子结婚。

解答

根据我国《土地管理法》的规定,农村村民未经批准或者采取欺骗手段骗取批准,非法占用土地建住宅的,由县级以上人民政府土地行政主管部门责令退还非法占用的土地,限期拆除在非法占用的土地上新建的房屋。此外,超过省、自治区、直辖市规定标准的,多占的土地以非法占用土地论处。也就是说,老李无权在自家承包地上擅自建住宅。未经批准在自家承包地上修建房屋住宅的,政府土地行政主管部门会责令其退还非法占用的土地,限期拆除在非法占用的土地上新建的房屋。

法规链接

《土地管理法》

第77条 农村村民未经批准或者采取欺骗手段骗取批准,非法占用土地建住宅的,由县级以上人民政府土地行政主管部门责令退还非法占用的土地,限期拆除在非法占用的土地上新建的房屋。

超过省、自治区、直辖市规定的标准,多占的土地以非法占用土地论处。

8.外出打工归乡后房屋被占能否要回?

案例

村民王某是单身汉,外出打工多年未归,在村里有一处空闲的宅基地。邻居张某因其儿子结婚,在王某的宅基地上建房用作儿子新房。新房刚建好,王某打工挣了一大笔钱从城里回来了,想定居成家。问:该新房应归谁所有?

解答

张某在未经王某同意的情况下，在王某的空闲宅基地上盖起了新房，且双方对于该新房的归属事先并无任何约定。那么，对于该新房的归属，双方可以协商解决。协商达不成一致时，王某有权要求张某予以拆除，该新房也可以折价后归王某所有。由此若造成王某的损失，张某应当负赔偿责任。

法规链接

《最高人民法院关于贯彻执行〈中华人民共和国民法通则〉
若干问题的意见（试行）》

第86条　非产权人在使用他人的财产上增添附属物，财产所有人同意增添，并就财产返还时附属物如何处理有约定的，按约定办理；没有约定又协商不成，能够拆除的，可以责令拆除，不能拆除的，也可以折价归财产所有人；造成财产所有人损失的，应当负赔偿责任。

9.农村宅基地能否继承？

农村宅基地不能单独继承。依据我国法律规定，宅基地的所有权和使用权是分离的，宅基地的所有权属于村集体，使用权属于村内房屋所有权人，村民只有宅基地使用权，不能随意对宅基地进行处置。所以宅基地不属于遗产，不能被继承，但宅基地上的房屋可以继承。需特别指出的是，将来继承的房屋灭失后（村民一户一宅外），不能进行重建或者以其他方式继续使用这块宅基地，由村集体经济组织按法定程序收回其宅基地使用权，另行安排。

案例

王某的父亲以一家三口人（夫妻、儿子王某）的名义，向本村村委会申请宅基地建房。后王某考上一所大学，户口随之迁出，毕业后分配到距离家乡不远的一座城市里的机关工作，婚后在该市居住，老家的住宅一直由王某的父母居住。此后，王某的父母先后去世，老宅已无人居住，房屋破败不堪。2013年8月，当地村委会通知王某，因其父母已经去世，村里按规定要将其老宅的宅基地使用权收回，要求王某在规定时间里将宅基地上的附着物拆除清理，或者按规定将该处住宅卖给本村没有宅基地使用权的村民，但遭到王某的拒绝。王某认为其父母的房屋连同土地应作为遗产由其继承。双方争执不下，最后村委会将王某告到法院。

解答

宅基地使用权受到法律的严格限制。农村宅基地使用权与农民个人的集体组织成员资格紧密相关，必须因具有农村集体经济组织成员资格而取得，具有很强的人身依附性。基于身份关系，无偿从村集体经济组织获得的宅基地使用权，应作为一种特殊物权。本案中，随着王某户口的迁出，其宅基地使用权资格就随之丧失，而其父母的土地使用权也因他们的死亡而丧失。因此，无论是王某还是其父母，都不再是该宅基地使用权的主体。根据法律规定，农民对宅基地有依法使用的权利，而遗产必须是公民的合法财产。因此，公民不能将宅基地作为遗产继承。本案中，王某老宅已破败，没有继承价值，王某只能将房屋拆除，将宅基地使用权返还给村委会。因此，根据我国现行法律，农村宅基地不能作为一般"财产"进行继承。故法院判决王某将该宅基地使用权返还给村委会。

法规链接

《土地管理法》

第6条 城市市区的土地属于国家所有。

农村和城市郊区的土地，除由法律规定属于国家所有的以外，属于农民集体所有；宅基地和自留地、自留山，属于农民集体所有。

《继承法》

第3条 遗产是公民死亡时遗留的个人合法财产，包括：

……

（二）公民的房屋、储蓄和生活用品；

……

10.可以将自己的宅基地使用权划分指标转让给他人吗？

案例

村民甲一直想在村里开家电器修理厂，但一直没有合适的地方。后来，甲听说同村的乙因家人得了重病，急需用钱治疗，打算将分得的两间宅基地使用权的指标转让出去。甲得知此事后，立即找到乙商量转让宅基地使用权指标一事，并表示自己愿意出5万元购买乙的宅基地使用权指标。双方经商议，达成协议并签订了宅基地使用权指标转让合同。请问这个转让合同有效吗？

解答

根据《物权法》的规定，村民基地使用权的取得、行使和转让适用《土地管理法》等法律有关规定。在我国目前的司法实践中，农村宅基地使用权必须与宅基地上的房产一起流转，空白宅基地使用权不得转让、抵押和继承。本案中，甲与乙签订的转让宅基地使用权指标的协议，转让实际上是空白的宅基地使用权，这样的转让行为是法律所禁止的，是无效的。因此，甲不能依法取得乙的宅基地使用权。

法规链接

《物权法》

第153条　宅基地使用权的取得、行使和转让，适用土地管理法等法律和国家有关规定。

《土地管理法》

第62条　农村村民一户只能拥有一处宅基地，其宅基地的面积不得超过省、自治区、直辖市规定的标准。

农村村民建住宅，应当符合乡（镇）土地利用总体规划，并尽量使用原有的宅基地和村内空闲地。

农村村民住宅用地，经乡（镇）人民政府审核，由县级人民政府批准；其中，涉及占用农用地的，依照本法第四十四条的规定办理审批手续。

农村村民出卖、出租住房后，再申请宅基地的，不予批准。

11.什么是农村土地相邻关系？

农村居住环境往往是村民比邻而居，平时的生产、生活均处于一个相对固定和封闭的小环境中，邻里之间因为日常生产、生活的需要经常发生各种联系，产生各种复杂的法律关系。农村生活中可能涉及的各种关系和纠纷，都有可能在邻里之间发生。因此，从广义上说，农村邻里纠纷的类型几乎包括了所有农村常见的纠纷。而在农村这个特殊的环境之中，因土地相邻关系产生的邻里纠纷则在日常生活中最为频发。

相邻关系，又称不动产相邻关系，是指相邻的不动产权利人在占有、使用、收益、处分不动产时，因相互间依法应当给予方便或接受限制而发生的权利义务关系。在农村，农民对归其所有或使用的宅基地、住房、承包地，乃至牲畜圈舍、作坊厂房等不动产都依法享有相应的不动产物权，作为不动产权利人，在利用上述不动产进行生产、生活的过程中，与相邻权利人发生的法律关系，都属于相邻关系。由此产生的纠纷，在法律上叫作相邻关系纠纷。相邻关系的实质是不动产相邻方各自权利的一种延伸或限制，给对方提供必要便利的不动产权利人是权利受限制的一方，因此取得必要便利的不动产权利人是权利得以延伸的一方。

相邻关系是法律直接规定，而非当事人约定的，不同主体的不动产地理位置上的毗邻是引起相邻关系发生的法定条件，这里的毗邻，既包括不同主体的不动产的相互"毗连"，又包括不同主体的不动产的相互"邻近"。相邻权应遵循的基本原则是根据《民法通则》第83条的规定及相邻关系的性质、特征，处理相邻关系应遵循"有利生产、方便生活的原则"。相邻关系无不涉及相邻各方的生产或生活，有利生产、方便生活、充分发挥不动产的使用效益是法律调整相邻关系的目的所在。中国自古有"远亲不如近邻"之说，应遵循"与人方便，自己方便"的古训，发扬团结互助的精神，建立睦邻友好关系。在行使不动产所有权、使用权与相邻权时，相互尊重邻人的权利，兼顾邻人的利益。在遇到问题时，要互谅互让，采取协商的办法，公平合理地解决问题。

12. 土地过道上的纠纷怎么解决？

案例

村民甲与邻居乙的房屋中间，以前有一条大约1米宽的过道，以这条过道为界区分两家的宅基地。后来，乙在此地上建盖房屋，侵占了这条过道的大部分面积，并且向其他方向延伸，占据了集体的土地大约15平方米，给甲带来了很大的不便。甲能不能申请对这条过道的权利，该如何申请？

解答

本案属相邻权纠纷，两个或两个以上相互毗邻的不动产所有人或占有使用人之间，一方行使不动产的占有、使用、收益、处分权时，享有要求另一方提供便利或接受限制的权利。甲乙双方可协商解决或由村委会进行调解，如果仍然不能解决纠纷，甲可以到法院起诉乙，要求对方拆除非法的建筑物，排除妨碍，恢复原状。

在涉及需要使用邻地通行的场合，双方还应当充分尊重历史习惯，对于历史中形成的必经通道，不论是否位于一方所有或使用的土地、房屋内，均不得以占用自己房地面积、影响自己使用为由擅自改变现状，对道路加以拆改、阻断，影响他人通行。

法规链接

《民法通则》

第83条 不动产的相邻各方，应当按照有利生产、方便生活、团结互助、公平合理的精神，正确处理截水、排水、通行、通风、采光等方面的相邻关系。给相邻方造成妨碍或者损失的，应当停止侵害，排除妨碍，赔偿损失。

《物权法》

第84条 不动产的相邻权利人应当按照有利生产、方便生活、团结互助、公平合理的原则，正确处理相邻关系。

第87条 不动产权利人对相邻权利人因通行等必须利用其土地的，应当提供必要的便利。

13.利用邻居山墙搭建房屋，影响邻居采光、通风怎么办?

案例

村民张某在自家北房西侧搭建一间南房，村民赵某在自家东房前搭建了两间东房和一间南房，赵某南房的南墙直接占用张某北房北山墙1米左右的距离。后赵某在对其东房和南房进行翻建时，擅自将南房进行了扩建，将南房南墙由东向西又多占用张某北房北山墙1米多的距离，致使张某北房北山墙2米多的墙体被赵某南房占用，影响了张某家的正常生活。张某起诉要求赵某拆除搭建在张某北房北山墙北侧的南房一间，并修复被该南房占用的张某北房北山墙墙体。

解答

本案中，被告赵某直接借用原告张某北房北山墙墙体搭建南房，已属不妥。赵某的搭建行为对张某正常使用和修缮自己的房屋造成了妨碍，还可能增加张某房屋后墙和地基的承重，造成安全隐患，并因排水等问题对张某造成损害。

法院经审理认为，赵某直接借用张某北房北山墙1.8米的墙体搭建南房，其行为对张某北房的通风、采光等均构成一定妨碍，理应予以拆除。据此判决：赵某将搭建于张某北山墙北侧的南房予以拆除；赵某在拆除张某北山墙北侧南房的同时，将铺贴于该墙体上的瓷砖予以拆除，并将被瓷砖毁损部分的墙体修复到北山墙未被赵某占用的墙体状态。

法规链接

《物权法》

第89条 建造建筑物，不得违反国家有关工程建设标准，妨碍相邻建筑物的通风、采光和日照。

《民法通则》

第83条 不动产的相邻各方，应当按照有利生产、方便生活、团结互助、公平合理的精神，正确处理截水、排水、通行、通风、采光等方面的相邻关系。给相邻方造成妨碍或者损失的，应当停止侵害，排除妨碍，赔偿损失。

14.房檐滴水导致邻居家房屋受损怎么办？

案例

村民钱某翻盖了自家的房屋，等房屋翻盖后比邻居张某家的房子高出了很多。一到下雨，钱某家房子上的水就会往张某家的房子上滴流，导致张某家的房子严重受潮，墙体出现裂缝。张某看到自家房子被损毁，担心房屋会倒塌，于是就找到钱某要求其赔偿。但钱某认为下雨是自然现象，自己也没有办法阻挡，根本就没有义务赔偿。钱某说得对吗？他应当赔偿张某的损失吗？

解答

钱某的说法是错误的，他应当赔偿张某的损失。本案涉及不动产相邻关系。对于相邻房屋滴水纠纷，有过错的一方造成他方损害的，应当责令其排除妨碍、赔偿损失。本案中，钱某家房檐滴水造成了张某家房屋的损坏，钱某应当排除妨碍，赔偿张某的损失。

法规链接

《物权法》

第84条　不动产的相邻权利人应当按照有利生产、方便生活、团结互助、公平合理的原则，正确处理相邻关系。

《最高人民法院关于贯彻执行〈中华人民共和国民法通则〉若干问题的意见（试行）》

第102条　处理相邻房屋滴水纠纷时，对有过错的一方造成他方损害的，应当责令其排除妨碍、赔偿损失。

15.因盖房搬运建材需要从邻居家经过，可以通行吗？

案例

李某外出打工，通过努力赚到很多钱，于是决定将父母住的房屋进行翻新。李某翻盖过程中，搬运建筑材料需要从邻居邵某家经过。李某便找邵某商量此事，邵某当即拒绝。后李某的父母又找邵某商量，邵某还是不同意，始终不让通过。邵某可以禁止李某通行吗？

解答

邵某不可以禁止李某通行。本案中，由于李某盖新房需要搬运的建筑材料必须经过邵某家，属于《物权法》中规定的"必须利用相邻土地、建筑物"的情况。因此，李某有权通行，邵某应该提供必要的便利。李某找邵某进行协商争取他的同意，是对邵某的尊重，如果邵某执意不肯，李某可以请求村委会出面予以协调，也可以通过诉讼途径解决。

相邻通行纠纷是相邻关系纠纷中最为基础的一类纠纷。公民都有在公共道路上通行的权利，任何人不得为了自己的利益侵占公共道路以至侵犯他人的通行权。不仅如此，公民在生活和生产经营过程中如果没有公共道路可供出行的，必须要从邻人的土地上通行的，邻地所有人或使用人依法负有容忍的义务，应当提供必要的便利。所谓必要的便利，是指在自身范围内无法解决，必须从相邻方得到便利。例如，从相邻的承包地上通行，必须是无其他道路可走，或者其他道路特别绕远、难行或有危险的情况下，才能要求相邻方给予便利，在必要时还要允许通行人在其土地上开辟道路。但享有邻地通行权的一方，相应地也应选择对邻人损害最小的线路通行，并对邻人因此所受的损失给予适当补偿，如果有其他替代道路和方法可以通行的，不得强行要求邻人提供便利。

在农村地区，除了上述常见的因为房屋、设施、管线建设施工需要利用邻地的情况之外，还可能发生一种因为寻找取回自己的动植物农产品而需要临时进入、使用邻地的情况。例如，邻居饲养的家禽、家畜因为篱笆损坏而进入自己的耕地、林地、院落时，应允许邻居进入自己的土地取回这些财产。

法规链接

《物权法》

第87条　不动产权利人对相邻权利人因通行等必须利用其土地的，应当提供必要的便利。

第88条　不动产权利人因建造、修缮建筑物以及铺设电线、电缆、水管、暖气和燃气管线等必须利用相邻土地、建筑物的，该土地、建筑物的权利人应当提供必要的便利。

16.相邻关系纠纷案件中的举证责任如何分配？

在农村，因为取水、排水、通行、建造修缮房屋、铺设管线等而需要相邻方提供便利的案件中，需要便利的一方应承担举证责任，证明其要求相邻方提供的便利具有必要性。

在相邻通风、采光纠纷案件中，通风、采光受到影响的一方应当对以下事实承担举证责任：（1）其通风、采光受到影响的事实和影响的程度；（2）其通风、采光受到影响的原因，即相邻方的建筑和农作物是不是影响了自己的通风、采光。建造建筑物的一方应该对其建筑施工行为没有违反国家有关工程建设标准承担举证责任。

在因为建筑施工、铺设管线、安装设备而危及相邻房屋安全的案件中，安全受到影响的一方应当对其房屋安全受到影响的事实承担举证责任。

在因为弃置废物，排放污染物、有毒物质而引发的相邻关系纠纷案件中，弃置、排放污染物、有毒物质的一方应该对其弃置和排放污染物的行为没有违反国家相关规定承担举证责任。相邻方应该对其受到污染物、有毒物质影响的损害事实和损害后果承担举证责任。

案例

甲、乙系同村村民，双方所承包的土地东西相邻。甲承租的土地东面与乙的土地及宅基地相邻，北面与历史形成的通道相邻。后来，区林业局把甲承包的土地中靠北的2.8亩及乙承租的土地列为绿色通道建设工程产业带，都栽种上了杨树。在甲承租的土地北侧系一条历史上形成的东西方向出入公共通道，也是甲出入土地的必经通道。乙在公共通道上堆放砖块等，将公共通道堵塞，导致甲无法前往自己的林地。经协商未果，甲起诉到法院，要求乙将甲某承包土地北侧与其房屋相邻的出入通道排除妨碍，恢复道路原状。

解答

按照证据规则的规定，当事人对自己提出的诉讼请求所依据的事实或者反驳对方诉讼请求所依据的事实有责任提供证据加以证明，没有证据或者证据不足以证明当事人的事实主张的，由负有举证责任的当事人承担不利后果。在本案中，甲提出的诉讼请求是要求乙将原告承包地北侧的公共通道恢复原状。甲对自己的这一诉讼请求所依据的事实是自己承租的土地北侧相邻处确有一条历史上形成的东西方向出入的公共通道。对此，甲应承担举证责任，证明该事实存在。经法院现场勘查，在原告甲承包地北侧未能发现该公共通道，甲也未能提交证据否定法院的现场勘查结果，证明曾经存在过该公共通道。因此，对于甲主张的这一事实，法院无法采信。原告甲据此要求恢复公共通道的诉讼请求，自然也无法得到支持。

法规链接

《最高人民法院关于民事诉讼证据的若干规定》

第2条　当事人对自己提出的诉讼请求所依据的事实或者反驳对方诉讼请求所依据的事实有责任提供证据加以证明。

没有证据或者证据不足以证明当事人的事实主张的，由负有举证责任的当事人承担不利后果。

《物权法》

第92条　不动产权利人因用水、排水、通行、铺设管线等利用相邻不动产的，应当尽量避免对相邻的不动产权利人造成损害；造成损害的，应当给予赔偿。

第六章
征地拆迁补偿

1.什么是征地拆迁补偿?

根据我国《宪法》和《土地管理法》的规定,我国实行土地的社会主义公有制,即全民所有制和劳动群众集体所有制,也就是国有和农村集体所有。除城市市区的土地属于国家所有外,下列农村的土地也属于国家所有:(1)农村和城市郊区中已经依法没收、征收、征购为国有的土地;(2)国家依法征用的土地;(3)依法不属于集体所有的林地、草地、荒地、滩涂及其他土地;(4)农村集体经济组织全部成员转为城镇居民后,原属于其成员集体所有的土地;(5)因国家组织移民、自然灾害等原因,农民集体迁移后不再使用的原属于迁移农民集体所有的土地。以上列举之外的土地为农村集体所有,包括农村和城市郊区的土地,除由法律规定属于国家所有的以外,属于农民集体所有。宅基地和自留地、自留山,属于农民集体所有。

建设用地使用农村土地时,必须依法征地。建设用地依法申请使用的国有土地,包括国家所有的土地和国家征收的原属于农民集体所有的土地。征收农用地的,应当依法先行办理农用地转用审批。其中,经国务院批准农用地转用的,同时办理征地审批手续,不再另行办理征地审批。经省、自治区、直辖市人民政府在征地批准权限内批准农用地转用的,同时办理征地审批手续,不再另行办理征地审批,超过征地批准权限的,应当报国务院另行办理征地审批。

征地补偿是指国家为了公共利益的需要,依法对农民集体所有土地实行征收或征用,并按照被征地的原用途给予补偿。

2017年,甘肃省政府根据全省经济社会发展情况,适时修订了《甘肃省征地补偿区片综合地价》和《甘肃省征地补偿统一年产值标准》，2012年颁布的补偿标准同时废止。

新的征地补偿标准由土地补偿费和安置补助费两部分构成。统一年产值标准适用于测算区域内征收农用地中的水浇地、旱地、牧区草地，征收林地按《甘肃省实施〈中华人民共和国森林法〉办法》规定的标准补偿，征收非牧区农用地中草地的按邻近耕地标准的40%倍补偿，征收其他农用地和建设用地的按邻近耕地标准补偿，征收未利用地的按邻近耕地统一年产值的2倍补偿。经依法批准占用基本农田的按统一年产值的40%补偿。区片综合地价适用于测算区域内的集体土地。占用国有农用地、国有建设用地（以划拨方式取得）的补偿，参照区域内征收集体土地的补偿标准执行，占用国有未利用地的不予补偿。

2.什么是征收？

征收是指征收主体，即国家，基于公共利益的需要，以行政权取得集体、个人财产所有权并给予适当补偿的行政行为，征收时需要依照法律规定的权限和程序进行。

案例

赵某承包了村里一片山地，在山上种植了核桃树、枣树等农作物。自2013年起，所有果树结果，赵某开始回收投资成本。但到了2015年8月，正当果实累累的时候，村里的干部便告知赵某，由于政府新建高铁，他承包的山地需要开通一条道路，这片山地要被政府征收。赵某非常苦恼，自己几年来的心血眼看就要付之东流，所以极力反对。于是，赵某到律师事务所去咨询政府是否有权征收自己的山地。

解答

我国法律保护公民合法的私有财产，不合法的私有财产不受保护。同时，为了保护公民的合法财产权不受侵犯，《宪法》规定国家有义务保护公民的私有财产权和继承权。但是，当国家基于公共利益的需要时，可以对公民的私有财产实行征收或征用，并要给予公民合理的补偿。本案中，山地的使用是赵某通过承包获得的，果树属于赵某的合法私有财产。政府修建高铁，是出于"公共利益的需要"，是为了发展交通，完善国家铁路网，也是为了给人民提供更加便捷的铁路运输服务。因此，当地政府有权依法对赵某承包的山地进行征收，需要按当地标准给予他合理的补偿，政府的征收行为完全符合法律规定，赵某应该顾全大局，为政府的征地活动提供便利。

法规链接

《宪法》

第13条　公民的合法的私有财产不受侵犯。

国家依照法律规定保护公民的私有财产权和继承权。

国家为了公共利益的需要，可以依照法律规定对公民的私有财产实行征收或者征用并给予补偿。

《物权法》

第132条　承包地被征收的，土地承包经营权人有权依照本法第42条第2款的规定获得相应补偿。

第42条　为了公共利益的需要，依照法律规定的权限和程序可以征收集体所有的土地和单位、个人的房屋及其他不动产。

征收集体所有的土地，应当依法足额支付土地补偿费、安置补助费、地上附着物和青苗的补偿费等费用，安排被征地农民的社会保障费用，保障被征地农民的生活，维护被征地农民的合法权益。

征收单位、个人的房屋及其他不动产，应当依法给予拆迁补偿，维护被征收人的合法权益；征收个人住宅的，还应当保障被征收人的居住条件。

任何单位和个人不得贪污、挪用、私分、截留、拖欠征收补偿费等费用。

3.征收和征用的区别是什么？

征用是指国家为了社会公共利益的需要，依据法律规定的程序和批准权限批准，并依法给予农村集体经济组织及农民补偿后，强制取得土地使用权的行政行为。国家行政机关有权依法征用公民、法人或者其他组织的财物、土地等。土地征用作为一种行政行为，在法律关系上具有以下几个特征：（1）土地征用法律关系主体双方是特定的，征用方只能是国家，被征用方只能是所征土地的所有者，即农民集体；（2）征用土地具有强制性；（3）征用土地具有补偿性；（4）征用土地将发生土地使用权转移，土地所有权仍然属于农民集体，征用条件结束需将土地交还给农民集体。

征收和征用的共同之处在于，都是为了公共利益需要，都要经过法定程序，都要依法给予补偿。不同之处在于，土地征收就是国家为了公共利益的需要，依法将集体所有的土地转变为国有土地的强制手段。征收的实质是强制收买，主要是土地所有权的改变，不存在返还的问题。征用的实质是强制使用，是有条件的使用权的改变，被征用的土地使用完毕，应当及时返还被征用人，这是一种临时使用土地的行为。因此，土地征收是土地所有权的改变，土地征用则是有条件的土地使用权的改变。

4.农村土地补偿费是怎样分配的？

根据《土地管理法》第47条的规定：征用耕地的补偿费包括土地补偿费、安置补助费以及地上附着物和青苗的补偿费；征用城市郊区的菜地，用地单位还应当按照国家有关规定缴纳新菜地开发建设基金。根据《土地管理法实施条例》第26条的规定：土地补偿费归农村集体经济组织所有；地上附着物及青苗补偿费归地上附着物及青苗的所有者所有；需要安置的人员由农村集体经济组织安置的，安置补助费支付给农村集体经济组织，由农村集体组织管理和使用；由其他单位安置的，安置补助费支付给安置单位；不需要统一安置的，安置补助费发放给被安置人员个人或者征得被安置人员同意后用于支付被安置人员的保险费用。

实践中，农民的土地被征用后，由于土地资源的有限性，农村集体经济组织一般无法及时调整其他土地给被征地农民，亦无法对需要安置的人员进行安置，通常将土地补偿费与安置补助费揉在一块，在提留30%后将其余70%（各地略有差异）分配给村民。如何将这些款项发放到村民手中呢？根据法律规定及实际情况，当前土地补偿费的支付方式有三种情形：以村民小组为集体土地经营管理单位时，可由村民小组组织分配；以村民委员会为集体土地经营管理单位时，可由村民委员会组织分配；经村民会议或村民代表会议讨论决定后，将分配方案提交征地单位的，征地单位也可根据该方案直接将土地补偿费支付给村民。而安置补助费的发放一般是根据法律规定，只能由征地单位直接支付给村民。

地上附着物和青苗补偿费的分配因产权人、种植人相对比较明确，一般不存在很大的争议，容易产生纠纷的主要是土地补偿费和安置补助费的分配。分配方式一般有两种：（1）由分有责任田的农村集体经济组织成员平均分配，无论其承包的责任田是否被征用；（2）谁承包的责任田被征用，就归谁所有。在实际分配中，农村集体经济组织经常以少数服从多数的"民主"原则决定少数人享有或不享有征地补偿费的分配权利，该部分人员如果服从，便能顺利分配下去，如果不服从，极易产生纠纷。

附件：甘肃各地农村征地拆迁补偿标准

1.房屋的补偿安置方式

（1）被征地的村或者村民小组建制撤销的补偿安置

①可以选择货币补偿，也可以选择与货币补偿金额同等价值的产权房屋调换。

②货币补偿金额计算公式为：（被拆除房屋建安重置单价结合成新+同区域新建多层商品住房每平方米建筑面积的土地使用权基价+价格补贴）×被拆除房屋的建筑面积。

③被拆除房屋评估如选用重置法的，按重置单价结合成新，由征地单位委托具有房屋拆迁评估资格的房地产估价机构评估；同区域新建多层商品住房每平方米建筑面积的土地使用权基价及价格补贴标准，由被拆除房屋所在地的市、县人民政府根据土地市场的实际情况制定并公布。

（2）被征地的村或者村民小组建制不撤销的补偿安置

对未转为城镇户籍的被拆迁人应当按下列规定予以补偿安置：

①具备易地建房条件的区域，可以在乡（镇）土地利用总体规划确定的中心村或居民点范围内申请宅基地新建住房，并获得相应的货币补偿；

②货币补偿金额计算公式为：（被拆除房屋建安重置单价结合成新+价格补贴）×被拆除房屋的建筑面积；被拆迁人使用新宅基地所需的费用，由建设单位支付给被征地的村或者村民小组。被拆迁人申请宅基地新建房屋的审批程序，按照国家和当地农村住房建设的有关规定执行。

③不具备易地建房条件的区域，可以选择货币补偿，也可以选择与货币补偿金额同等价值的产权房屋调换。被拆迁人不得再申请宅基地新建住房。其原则应当是使被拆迁人的居住水平不因拆迁而降低。

2.拆迁房屋其他补偿项目

除了以上几种补偿，还应当补偿被拆迁人搬家补助费、设备迁移费、过渡期内的临时安置补助费，并自过渡期逾期之日起增加临时安置补助费。

3. 拆迁非居民房屋的补偿

（1）拆除农村集体经济组织以土地使用权入股、联营等形式与其他单位、个人共同举办的企业所有的非居住房屋，货币补偿金额计算公式为：被拆除房屋的建安重置价+相应的土地使用权取得费用。

（2）被拆除房屋的建安重置价、相应的土地使用权取得费用，由房地产估价机构评估。

（3）其他补偿：还应当补偿被拆迁人下列费用：

①按国家和本市规定的货物运输价格、设备安装价格计算的设备搬迁和安装费用。

②无法恢复使用的设备按重置价结合成新结算的费用。

③因拆迁造成停产、停业的适当补偿。

（4）其他非居住房屋、居住房屋附属的棚舍，以及其他地上构筑物的补偿，按照当地有关地上附着物标准执行。

5. 对征地补偿标准有争议该如何处理？

案例

2009年9月，某区国土分局依据市国土局批文，按980元/亩的标准拟定了水泥厂建设用地补偿安置方案，请示区政府批复。2010年2月，区政府发文同意该补偿方案。由于区国土分局拟征地范围中包括了张某等600名村民的土地，张某等人认为区政府没有实地调查年产值数据，也未按基本农田给予补偿，补偿标准低于该市政府规定的1 200元/亩的标准。2010年7月，张某等村民向区法院提起诉讼，请求判令区政府批准的征地补偿安置方案无效。

解答

本案例纠纷属于征地补偿纠纷，应当先由区政府协调、裁决。为更好地化解纠纷，法律规定了征地补偿安置争议协调裁决制度，即对补偿标准有争议的，由县级以上地方人民政府协调，协调不成的，由批准征收土地的人民政府裁决。未经调解的案件，不能进行裁决。裁决机关受理裁决案件后，也要先行组织调解，调解意见书经双方当事人签字同意后，即发生法律效力，经协调不能达成一致意见的，依法作出裁决决定。征地补偿安置争议协调裁决主要是针对被征地农民与实施征地的市、县政府在补偿安置方面的争议，对土地征用及征用程序等方面的争议不予裁决，也不对经依法批准的征地合法性进行审查。

协调裁决的范围主要有：对市、县人民政府批准的征地补偿安置方案有异议的；对适用征地补偿安置方案涉及的对被征土地性质、人均耕地面积、被征土地前3年平均年产值的认定有异议的；实行区片综合地价计算征地补偿费的地区，对区片综合地价的适用标准和计算有异议的。协调主要是对市、县人民政府确定的征地补偿安置方案和实施过程进行合法性审查，同时兼顾合理性审查，确保被征地农民原有生活水平不降低、长远生计有保障。本案例属于典型的征地补偿争议，张某等村民应当先向拟定征地补偿安置方案的区人民政府的上一级人民政府申请协调，协调不成，可以申请批准征收土地的人民政府裁决。

法规链接

《土地管理法实施条例》

第25条第3款　市、县人民政府土地行政主管部门根据经批准的征用土地方案，会同有关部门拟订征地补偿、安置方案，在被征用土地所在地的乡（镇）、村予以公告，听取被征用土地的农村集体经济组织和农民的意见。征地补偿、安置方案报市、县人民政府批准后，由市、县人民政府土地行政主管部门组织实施。对补偿标准有争议的，由县级以上地方人民政府协调；协调不成的，由批准征用土地的人民政府裁决。征地补偿、安置争议不影响征用土地方案的实施。

6.拆迁补偿安置费用如何发放？

土地补偿费归农村集体经济组织所有，地上附着物及青苗补偿费归地上附着物及青苗的所有者所有。

征用土地的安置补助费必须专款专用，不得挪作他用；需要安置的人员由农村集体经济组织安置的，安置补助费支付给农村集体经济组织，由农村集体经济组织管理和使用；由其他单位安置的，安置补助费支付给安置单位；不需要统一安置的，安置补助费发放给被安置人员个人或者征得被安置人员同意后用于支付被安置人员的保险费用。市、县和乡（镇）人民政府有权对安置补助费使用情况进行监督。

7.农村房屋拆迁后如何安置？

集体土地房屋拆迁，可以实行货币补偿或者房屋安置，有条件地区也可以另行审批宅基地。

拆迁宅基地上房屋实行货币补偿的，拆迁人应当向被拆迁人支付补偿款。补偿款按照被拆除房屋的重置成新价和宅基地的区位补偿价确定。房屋重置成新价的评估规则和宅基地区位补偿价的计算办法由市国土房管局制定并公布。

拆除宅基地上房屋以国有土地上房屋安置的，拆迁人与被拆迁人应当按照规定确定拆迁补偿款，并与安置房屋的市场评估价款结算差价。

农村集体经济组织或者村民委员会作为拆迁人实施拆迁，以本集体建设用地范围内的房屋安置被拆迁人的，经村民会议或者村民代表会议讨论通过并报乡（民族乡）、镇人民政府批准后，可以按照被拆除房屋建筑面积安置，也可以结合被拆迁人家庭人口情况安置。

8.如何计算农村拆迁房屋建筑面积？

拆迁补偿中认定宅基地上房屋建筑面积，以房屋所有权证标明的面积为准；未取得房屋所有权证但具有规划行政主管部门批准的建房文件的，按照批准的建筑面积认定。属于征地拆迁房屋的，补偿标准由乡、镇人民政府根据当地实际情况确定，报区、县人民政府批准后执行。属于占地拆迁房屋的，补偿标准由农村集体经济组织或者村民委员会确定，报乡、镇人民政府批准后执行。

被征地的村或者村民小组建制撤销的，以及建制虽然不撤销，但不具备易地建房条件的，被拆迁人可以选择货币补偿，也可以选择与货币金额等价值的产权房屋调换。

9.土地征收程序有哪些？

（1）发布拟征地公告

由市、县国土资源局在被征收土地所在地的村、组范围内（如果系乡、镇农民集体所有的土地，还应在乡、镇）发布《拟征地公告》，以书面形式告知被征土地的农民集体经济组织和农户、征地范围、位置、补偿方式、补偿标准、安置途径以及征地用途等。通告后抢栽、抢种的农作物或者抢建的建筑物不列入补偿范围。

（2）确认征地调查结果

当地国土资源部门应委托相应资质的勘测单位对拟征地的权属、地类、面积以及地上附着物权属、种类、数量等现状进行调查，调查结果应与被征地农村集体经济组织、农户和地上附着物产权人共同确认。

（3）组织征地听证

在征地依法报批前，当地国土资源部门应告知被征地农村集体经济组织和农户，对拟征土地的补偿标准、安置途径有申请听证的权利。当事人申请听证的，应按照《国土资源听证规定》中规定的程序和有关要求组织听证。

（4）拟订"一书四方案"组卷上报审批

由县或市级国土资源局根据上述程序，按照《建设用地审批管理办法》对报批材料的要求拟订"一书四方案"，即"建设用地说明书，农用地转用方案，补充耕地方案，征收土地方案，供应土地方案"，并组卷向有批准权的机关报批。

（5）征收土地公告

征收土地的市、县人民政府应当在收到省级政府或国务院征地批复文件之日起10个工作日内在被征地所在地的乡（镇）村、组进行征收土地公告。征收土地公告的内容包括：批准征地机关、批准文号、征地用途、范围、面积以及征地补偿标准、农业人员安置办法和办理征地补偿的期限等。

（6）征地补偿登记

被征地的所有权人、使用权人应当在《征收土地公告》规定的期限内，持土地权属证书到公告指定的人民政府土地行政主管部门办理征地补偿登记手续。

被征地农村集体经济组织、农村村民或者其他权利人未如期办理征地补偿登记手续的，其补偿内容以市、县国土资源行政主管部门的调查结果为准。

（7）拟定征地补偿安置方案并公告

县或市级国土资源局根据省或国务院征用土地批准文件批准的《征收土地方案》在征用土地公告之日起45日内以被征地的所有权人为单位拟订征地补偿、安置方案并予以公告。《征地补偿、安置方案公告》内容包括：被征用土地的位置、地类、面积；地上附着物和青苗的种类、数量；需要安置的农业人口的数量；土地补偿费的标准、数额、支付对象和支付方式；安置补助费的标准、数额、支付对象和支付方式；地上附着物和青苗的补偿标准和支付方式；

农业人员的具体安置途径；其他有关征地补偿、安置的具体措施。

（8）征地补偿安置方案公告

县或市级国土资源局应当主动听取被征地农村集体经济组织、农村村民或者其他权利人对征地补偿、安置方案的不同意见。对当事人要求听证的，应当举行听证会。无须修改的，征地补偿安置方案报市、县人民政府批准后予以公告，由国土资源部门组织实施。确需修改征地补偿、安置方案的，应当依照有关法律、法规和批准的征用土地方案进行修改后公告。

（9）交出土地

任何单位或者个人违反土地管理法律、法规规定，阻挠国家建设征收土地的，由县级以上政府土地行政主管部门责令交出土地；拒不交出土地的，申请人民法院强制执行。

10.大学毕业返乡可以取得土地补偿款吗？

案例

李某出生于某村，其户口也登记在该村民小组。2000年，李某考入外地大学，户口也随之迁出，成为非农业人口。2004年，李某毕业后随即将户口迁回原籍，但户口性质仍为非农业人口。李某毕业后在原籍与其父母一起生活，并积极参与村中事务。2012年，因建设市民服务中心项目工程，县征地拆迁事务中心征收了村民小组的部分土地，补偿了该村民小组征地补偿款160万余元，但在分配土地征收补偿款时，村民小组的村民认为李某为非农业人口，不具有农村集体土地承包经营权，通过集体决议，将李某排除在补偿款分配名单之外。李某多次与所在村民小组协商未果，遂诉至法院。

解答

法院经审理认为，李某因出生而取得被告村组集体经济组织成员资格，考入大学后户口迁出，2004年返乡之后，将户口从学校迁回原籍，与其家庭共同经营承包的土地，并履行了村民义务，基本生活保障仍然是由其原集体经济组织提供，农民的身份没有改变。因此，原告李某的集体经济组织成员资格并未丧失，依法享有土地承包经营权，理所应当享受本集体经济组织成员的待遇，有权分得土地补偿款。

法规链接

《农村土地承包法》

第16条　承包方享有下列权利：

（一）依法享有承包地使用、收益和土地承包经营权流转的权利，有权自主组织生产经营和处置产品；

（二）承包地被依法征用、占用的，有权依法获得相应的补偿；

（三）法律、行政法规规定的其他权利。

11.城镇居民在农村建房受法律保护吗?

案例

刘某系某村农民，因全家在市内打工，自己名下的一处宅基地处于闲置状态。2010年初，刘某同城镇居民张某在村委会见证下签了一份宅基地建房合同，并约定以下事项：刘某同意张某使用自己名下的宅基地进行建房；张某出资20万元修建房屋，并对建成房屋享有所有权；将来因征地拆迁、规划拆迁、新农村建设等产生的一切拆迁补偿收益归张某所有。后张某在刘某宅基地上建成房屋并居住，但一直没有办理房屋产权登记。2012年底，因城市规划与土地征收拆迁，张某所建房屋及宅基地处于拆迁范围，按规定应得补偿款80万元。对补偿款的归属，刘某与张某产生争议。张某认为，先前签订的宅基地建房合同明确约定，将来拆迁款收益归张某所有。而刘某则主张先前签订的合同无效。张某遂诉至法院。

解答

法院依据《土地管理法》第63条和《合同法》第52条的规定，认定张某与刘某的建房合同无效。补偿款的约定与建房合同是密切关联的，补偿款条款并不独立存在。因此，合同全部无效，补偿款应归于刘某。法院判决如下：（1）判决刘某与张某签订的宅基地建房合同无效；（2）补偿款归刘某所有，刘某补偿张某20万元建房款。

法规链接

《土地管理法》

第63条　农民集体所有的土地的使用权不得出让、转让或者出租用于非农业建设；但是，符合土地利用总体规划并依法取得建设用地的企业，因破产、兼并等情形致使土地使用权依法发生转移的除外。

《合同法》

第52条　有下列情形之一的，合同无效：

（一）一方以欺诈、胁迫的手段订立合同，损害国家利益；

（二）恶意串通，损害国家、集体或者第三人利益；

（三）以合法形式掩盖非法目的；

（四）损害社会公共利益；

（五）违反法律、行政法规的强制性规定。

第七章
土地流转法规与政策

1.什么是农村土地流转?

农村土地流转是指农村家庭承包的土地通过合法的形式,保留承包权,将经营权转让给其他农户或其他经济组织的行为,是农村经济发展到一定阶段的产物。通过土地流转,可以开展规模化、集约化、现代化的农业经营模式。农村土地流转其实指的是土地使用权流转,指拥有土地承包经营权的农户将土地经营权(使用权)转让给其他农户或经济组织,即保留承包权,转让使用权。土地承包经营权的取得,分为原始取得和继受取得。原始取得主要是指承包人与发包人通过订立承包经营合同而取得承包经营权,分为家庭承包的方式进行承包,承包人于合同成立生效时取得土地承包经营权。县级以上地方人民政府应当向土地承包经营权人发放土地承包经营权证,并登记造册,确认土地承包经营权。继受取得是指在土地承包经营权的流转过程中,受让人通过转包、出租、互换、转让、入股等方式,依法从法定继承人在承包期内继续承包而取得的土地承包经营权。

2.党的十九大报告中关于土地制度改革是怎么规定的?

党的十九大报告相较于十八大报告的土地制度改革,更聚焦在产权方面,即农地产权制度改革,具体包括两个方面:

(1)一个"巩固"和两个"完善"定调未来农村土地制度改革的方向。十九大报告明确提出,巩固和完善农村基本经营制度,深化农村土地制度改革,完善承包地"三权"分置制度。需要指出的是,农村基本经营制度比"三权"

分置制度多了一个"巩固",这表明承包地"三权"分置制度已经得到认可,但需要不断探索,而农村基本经营制度较为完善。

承包权的"三权"分置制度是指农村承包地的所有权、承包权、经营权分置运营制度。在2016年10月30日中共中央办公厅国务院办公厅《关于完善农村土地所有权承包权经营权分置办法的意见》出台前,农村承包地只有所有权和承包权,其中土地所有权归属村集体所有,承包权归属承包土地的村集体成员,"三权"分置制度增加了承包地的经营权,而承包土地的经营权是土地经营权流转的前提,是农地入市的关键。

(2)农村土地承包权的"三权"分置制度。我国农村土地"三权分置"思想是指在坚持农村土地集体所有的前提下,促使承包权和经营权分离,形成所有权、承包权、经营权三权分置,经营权流转的格局。深化农村土地制度改革一个是稳定承包权,一个是放活经营权。对于农民较为关心的承包权的"三权"分置制度以及会不会造成现阶段农民进城落户后农村的承包地不能续期等问题,党的十九大报告给出了明确的答案:保持土地承包关系稳定并长久不变,第二轮土地承包到期后再延长30年。

农民在外出务工但没有稳定收入的前提下,耕地是他们最后的生存保障,农民可以续期承包土地,更通俗地说,确保了农民进城务工没有后顾之忧。这一点,党的十九大报告给出了明确信息。

因此,随着政府对农村土地流转引导和服务功能的逐步加强,农村土地流转的行为逐步趋于规范,主要体现在三个方面:一是由过去以农户间、业主与农户间的自发流转为主向当前的政府和市场引导与自发并重的自主流转转变;二是由过去无偿代耕向按市场规律的有偿流转转变;三是由过去依靠口头协议的不规范流转向签订书面协议的规范流转转变。同时,土地流转进程加快,规模逐年增大。而土地流转的日趋规范所依靠的是制度创新与突破:(1)建立农地产权交易市场。例如,山东省枣庄市通过给农民发放土地使用产权证,建立农地产权交易市场和推进农村合作社建设,在土地所有权、承包权和农地性质"三不变"的前提下,走出一条农村土地改革的新路子。(2)政府对流转行为进行规范。例如,在《农村土地承包法》《农村土地承包经营权流转管理办法》颁布实施后,甘肃省兰州市为规范全省农村土地流转,经过认真调研,制定下发了《兰州市农村土地承包经营权流转管理实施细则的通知》,从流转主体、流转方式、流转程序等方面对农户的土地流转行为进行了规范。同时,制作并向农户提供了全省统一的转让、转包、出租、互换及流转委托书等不同的合同示范文本。对流转双方可能涉及的一些权利、义务、违约责任等作出明确规定。

3.2018 年中央一号文件提出要"增强贫困群众获得感"，具体内容有哪些？

（1）巩固和完善农村基本经营制度。落实农村土地承包关系稳定并长久不变政策，衔接落实好第二轮土地承包到期后再延长 30 年的政策，让农民吃上长效"定心丸"。全面完成土地承包经营权确权登记颁证工作，实现承包土地信息联通共享。完善农村承包地"三权分置"制度，在依法保护集体土地所有权和农户承包权前提下，平等保护土地经营权。农村承包土地经营权可以依法向金融机构融资担保，入股从事农业产业化经营。实施新型农业经营主体培育工程，培育发展家庭农场、合作社、龙头企业、社会化服务组织和农业产业化联合体，发展多种形式适度规模经营。

（2）深化农村土地制度改革。系统总结农村土地征收、集体经营性建设用地入市、宅基地制度改革试点经验，逐步扩大试点，加快《土地管理法》修改，完善农村土地利用管理政策体系。扎实推进房地一体的农村集体建设用地和宅基地使用权确权登记颁证。完善农民闲置宅基地和闲置农房政策，探索宅基地所有权、资格权、使用权"三权分置"，落实宅基地集体所有权，保障宅基地农户资格权和农民房屋财产权，适度放活宅基地和农民房屋使用权，不得违规违法买卖宅基地，严格实行土地用途管制，严格禁止下乡利用农村宅基地建设别墅大院和私人会馆。在符合土地利用总体规划前提下，允许县级政府通过村土地利用规划，调整优化村庄用地布局，有效利用农村零星分散的存量建设用地，预留部分规划建设用地指标用于单独选址的农业设施和休闲旅游设施等建设。对利用收储农村闲置建设用地发展农村新产业新业态的，给予新增建设用地指标奖励。进一步完善设施农用地政策。

（3）深入推进农村集体产权制度改革。全面开展农村集体资产清产核资、集体成员身份确认，加快推进集体经营性资产股份合作制改革。推动资源变资产、资金变股金、农民变股东，探索农村集体经济新的实现形式和运行机制。坚持农村集体产权制度改革正确方向，发挥村党组织对集体经济组织的领导核心作用，防止内部少数人控制和外部资本侵占集体资产。维护进城落户农民土地承包权、宅基地使用权、集体收益分配权，引导进城落户农民依法自愿有偿转让上述权益。研究制定农村集体经济组织法，充实农村集体产权权能。全面深化供销合作社综合改革，深入推进集体林权、水利设施产权等领域改革，做好农村综合改革、农村改革试验区等工作。

4.什么是农村土地承包经营权？

土地承包经营权是指土地承包经营权人以耕作、养殖或者畜牧等为农业生产方式，并以从事种植业、林业、渔业、畜牧业等为农业目的，对国家或者农民集体所有的农用土地直接支配的权利。土地承包经营权具有以下特征：（1）具体体现为对土地的占有、使用、收益权能；（2）以农业生产为目的，禁止利用承包的土地从事其他活动，包括建房、设厂等；（3）建立在国家或集体所有的土地之上。

土地承包经营权可以分为家庭承包和其他方式的承包。家庭承包是指农村集体组织内部的家庭对集体所有的土地或国家所有的由农村集体组织使用的土地，依法进行的承包经营。在这种承包中，发包方是农村集体经济组织、村民委员会或村民小组，承包方是本经济组织的农户。承包的土地是集体所有的土地或国家所有的土地，依法由农民集体使用的土地。其他方式的承包是指通过招标、拍卖、公开协商等形式承包经营农村土地。发包方是农村集体经济组织或村民委员会，承包方可以是个人，也可以是企业，并且个人和企业不限于集体组织的成员。承包的土地限于不宜采取家庭承包形式经营的荒山、荒丘、荒沟、荒滩等农村土地。

家庭承包经营双方的权利义务关系主要包括：（1）发包方权利：发包的权利、监督的权力、处理的权力、法律行政法规规定的其他权利；（2）发包方的义务：维护承包方的土地经营权，尊重承包方的生产经营自主权，为承包方提供必要的服务，组织农业基础设施建设；（3）承包方的权利：土地承包经营、土地承包经营的流转、承包地被征用、占有时依法获得补偿的权利、法律行政法规规定的其他权利；（4）承包方的义务：维持土地的农业用途，保护和合理利用土地，法律行政法规规定的其他义务。

土地承包应当遵循以下原则：（1）按照规定统一组织承包时，本集体经济组织成员依法平等地行使承包土地的权利，也可以自愿放弃承包土地的权利；（2）民主协商，公平合理；（3）承包方案应当依法经本集体经济组织成员的村民会议2/3以上成员或者2/3以上村民代表的同意；（4）承包程序合法。

5."土地承包合同"与"土地流转合同"的区别是什么?

承包合同一般包括以下内容:(1)发包方、承包方的名称,发包方负责人和承包方代表的姓名、住所;(2)承包土地的名称、坐落、面积、质量等级;(3)承包期限和起止日期;(4)承包土地的用途;(5)发包方和承包方的权利和义务;(6)违约责任。

承包合同自成立之日起生效。承包方自承包合同生效时取得土地承包经营权。

土地流转合同一般包括以下内容:(1)双方当事人的姓名、住所;(2)流转土地的名称、坐落、面积和质量等级;(3)流转的期限和起止日期;(4)流转土地的用途;(5)双方当事人的权利和义务;(6)流转价款及支付方式;(7)违约责任。

土地承包经营权凡采取转让方式流转的,应当经发包方(村集体经济组织)同意;采取转包、租赁、互换或者其他方式流转的,应当报发包方备案。包括发包方在内的其他任何单位和个人均不得成为土地承包经营权的流转主体。不享有土地承包经营权的人,不具备土地承包经营权流转的主体资格。土地流转合同要经过乡镇农村经营管理部门鉴证。有条件的经双方同意,可由公证机关进行公证。

法规链接

《农村土地承包法》

第21条第1款　发包方应当与承包方签订书面承包合同。

第34条　土地承包经营权流转的主体是承包方。承包方有权依法自主决定土地承包经营权是否流转和流转的方式。

第37条第1款　土地承包经营权采取转包、出租、互换、转让或者其他方式流转,当事人双方应当签订书面合同。采取转让方式流转的,应当经发包方同意;采取转包、出租、互换或者其他方式流转的,应当报发包方备案。

《物权法》

第127条　土地承包经营权自土地承包经营权合同生效时设立。

县级以上地方人民政府应当向土地承包经营权人发放土地承包经营权证、林权证、草原使用权证,并登记造册,确认土地承包经营权。

6. 终于农转非了，承包地还能留下吗？

承包期内，承包方全家迁入小城镇落户的，应当按照承包方的意愿，保留其土地承包经营权或者允许其依法进行土地承包经营权流转。承包期内，承包方全家迁入设区的市，转为非农业户户口的，应当将承包的耕地和草地交回发包方。承包方不交回的，发包方可以收回承包的耕地和草地。承包期内，承包方交回承包地或者发包方依法收回承包地时，承包方对其在承包地上投入而提高土地生产能力的，有权获得相应的补偿。

法规链接

《农村土地承包法》

第26条第1款　承包期内，发包方不得收回承包地。

7. 同村不同组村民之间的土地流转协议是否有效？

农村土地承包经营权转让时，没有经发包方同意，在没有法定理由和充分证据下，不能推定发包方同意，认定土地转让合同有效。

案例

甲和乙分别是同村不同组的村民。二轮土地承包时，乙家庭承包耕地10亩。2006年1月，甲与乙签订协议，乙将其家庭承包的土地中的6亩一次性永久转让给甲耕作。此后，发包方村委会没有与甲签订新的承包合同，也没有解除与乙的承包合同及收回相关的经营权证书。甲乙签订协议后，甲一直耕种上述土地至今，并领取相应的粮食补贴。2012年，乙向县农村土地承包仲裁委员会申请仲裁，要求甲返还6亩耕地。该县农村土地承包仲裁委员会经仲裁，以甲和乙不是同一经济组织成员，并没有经过发包方同意为由，裁决：甲于2013年农作物收获结束时返还乙6亩承包耕地。

甲辩称，诉争的6亩土地是乙自愿转让的，双方签订了书面的土地流转协议，约定永远属于甲耕种，况且甲还承担了相关费用，一直耕种至今。村委会至今没有出面干涉，应视为对双方转让土地行为的认可，故双方的土地转让协议是有效的。甲请求依法确认其对争议的6亩土地享有承包经营权。

乙辩称，其与甲争议的6亩土地，是甲从自己手里直接取得耕种的，双方在2006年签订的土地流转协议没有经发包方村委会同意，是无效的协议，双方也不是同一组的村员，并且争议的土地承包经营权一直属于乙。乙请求驳回甲的诉讼请求。

解答

法院认为，甲与乙虽然签订了土地承包经营权转让协议，但乙仍是居住在该村的村民，依靠农业生产维持生计，甲也未提供证据证明发包方村委会同意乙转让土地承包经营权，故甲与乙的转让协议无效。甲要求确认其对争议的6亩土地享有承包经营权的诉讼请求，依法不予支持。

从乙提供的土地承包合同来看，甲和乙虽不是同一村民小组经济组织的成员，但都是一个村的村民，属同一"村集体经济组织的成员"，不能以不同组简单否定双方签订的土地流转协议的效力。农村集体经济组织成员具有享受集体基本土地保障的权利，集体经济组织对集体财产有管理、分配的内在职能。依据《物权法》《土地管理法》的规定，我国集体土地分为乡镇、村、组三级集体所有。区分同村不同组的村民是否属于同一农村集体经济组织成员的标准，根据一物一权的物权法原则，判断同村不同村民小组的村民是否属同一农村集体经济组织成员时，应依据集体土地的物权归属、发包主体等来综合认定。从本案来看，土地的发包方和管理者均为村集体经济组织，如果以此来认定双方签订的转让协议无效，显然不当。

因此，本案双方当事人之间签订的是土地承包经营权转让合同，乙未经发包方村委会同意，将土地承包经营权转让给甲，转让合同应无效。对甲提出的确认其享有对争议的6亩土地承包经营权的诉请，依法应当驳回。

法规链接

《农村土地承包法》

第12条 农民集体所有的土地依法属于村农民集体所有的，由村集体经济组织或者村民委员会发包；已经分别属于村内两个以上农村集体经济组织的农民集体所有的，由村内各该农村集体经济组织或者村民小组发包。村集体经济组织或者村民委员会发包的，不得改变村内各集体经济组织农民集体所有的土地的所有权。

第37条第1款 土地承包经营权采取转包、出租、互换、转让或者其他方式流转，当事人双方应当签订书面合同。采取转让方式流转的，应当经发包方同意；采取转包、出租、互换或者其他方式流转的，应当报发包方备案。

《最高人民法院关于审理涉及农村土地承包纠纷案件
适用法律问题的解释》

第13条　承包方未经发包方同意，采取转让方式流转其土地承包经营权的，转让合同无效。但发包方无法定理由不同意或者拖延表态的除外。

8.农村土地承包权未经村委会同意，流转是否有效?

案例

2004年5月，刘某与甲村签订了耕地承包合同，并依法办理了相关证件。合同约定刘某承包土地6.5亩，承包期为30年。同年9月，刘某又与王某签订了承包权转让协议书，约定刘某将其承包的耕地部分（4.6亩）土地经营权以每亩0.5万元有偿转让给王某所有，并由王某承担每年向甲村委会交纳土地承包费用，期限为30年。合同签订后，王某一次性给付刘某转让费2.53万元。王某每年按时向村委会交纳土地承包费，村委会均开具了专用收款收据。

2007年6月，王某将刘某诉至法院，请求法院判令刘某将转让其耕种的4.6亩耕地的使用权变更为王某所有。而刘某此时却想收回该转让的土地，即以承包经营权转让未经村委会同意为由，请求法院判决该项转让无效。

解答

本案是一起典型的农村土地承包经营权流转案件，其核心问题在于承包经营权的转让方式和程序是否合法有效。刘某已与甲村签订了耕地承包合同，并办理了相关证件，实际上已经合法取得了该地块的承包经营权。按照刘某在依法取得合同约定地块的承包经营权后，可以合法进行土地承包经营权流转。刘某与王某签订的土地承包权转让合同系基于双方真实的意愿，未违反法律、行政法规的强制性规定。刘某采取转让的流转方式虽未事先取得村委会的同意，但是双方当事人签订合同之后，王某如约按时向村委会交纳土地承包费用，村委会也予以认可并开具了专用收款收据。依据《最高人民法院关于审理农村土地承包纠纷案件使用法律问题的解释》第13条规定：承包方未经发包方同意，采取转让方式流转其土地承包经营权的，转让合同无效。但发包方无法定理由不同意或者拖延表态的除外。本案中，作为发包方的村委会对双方当事人进行土地承包经营权的流转没有法定的理由不同意，同时在知晓双方当事人之间土地承包经营权流转的情况，未表示反对，故应当排除刘某提出的未经村委会同意导致该合同无效的主张。

关于王某要求刘某协助其办理土地使用权转让手续的请求，根据相关法律规定，结合《农村土地承包经营权证管理办法》之规定，刘某与王某签订合法有效的土地承包经营权流转合同后，应当依法办理土地承包经营权证的主体变更。

法规链接

《农村土地承包法》

第10条 国家保护承包方依法、自愿、有偿地进行土地承包经营权流转。

《农村土地承包经营权流转管理办法》

第6条 承包方有权依法自主决定承包土地是否流转、流转的对象和方式。任何单位和个人不得强迫或者阻碍承包方依法流转其承包土地。

9.土地流转的方式有哪些?

土地流转是家庭承包经营制度的延伸和发展。其主要形式有：（1）代耕代种：这是指暂时无力或不愿经营承包地的农户，经自行协商临时把承包地交由别人（大多是亲友）代耕代种，原承包合同关系不变，时间、条件一般由双方口头约定。（2）转包、转让：以此种方式流转土地的主体一方是农户或农民集体组织。（3）出租、反租倒包：出租是指农户或集体组织将土地的使用权有偿让与他人的行为。反租倒包是指乡镇政府或村组组织先从农户或集体组织那里租赁土地，然后进行转租并从中谋利的行为。（4）互换：单个或者一部分承包户主动或在集体组织指导下与本集体中的其他承包户自愿调整地块，使承包地连片集中的行为。

10.转包合同到期,承包户不愿还地怎么办?

案例

2010年，土地承包户主赵某把面积为1.3亩的土地，经村干部安排，转给本组另一村民杨某代种2年。2年后，合同到期，赵某的儿子返乡讨要土地，可是杨某却不愿归还，双方争执不下。问：赵某该怎样维护自己的权利？

解答

转包是指承包方将部分或全部土地承包经营权以一定期限转给同一集体经济组织的其他农户从事农业生产经营。转包后，原土地承包关系不变，原承包方继续履行原土地承包合同规定的权利和义务，接包方按转包时约定的条件对转包方（原承包方）负责。承包方将土地交他人代耕不足一年的除外。

本案中，如果赵某反映情况属实，代种户杨某应归还这块承包地。如果杨某不愿归还，赵某可以到县土地仲裁委员会申请土地纠纷仲裁。如果杨某不愿执行仲裁决定，赵某可以向当地法院申请强制执行。如果赵某对仲裁决定有异议，还可以到当地法院起诉维权。

11. 转包土地改变农业用途可否收回？

案例

张某与刘某为同村村民，2007年，两人签订了农村土地转包协议，张某将其承包的3亩责任田转包给刘某。协议签订后，张某依约将责任田交于刘某。2013年，刘某与他人在上述土地上开始从事红砖生产经营。张某发现后表示反对，认为刘某擅自改变土地性质，严重破坏了耕地，要求退还责任田，但刘某不同意，双方为此发生纠纷。那么，转包后私自改变土地用途，承包人是否有权收回土地？

解答

张某将自己承包的3亩责任田转包给刘某，由刘某经营承包地，双方为此签订转包合同，不违反有关法律、法规规定，转包合同应属有效。但刘某未按照法律的规定合理使用承包地，擅自改变土地原有的农业用途，与他人合伙在承包地上从事红砖生产经营活动，这是明显的违法行为。由于刘某在承包地上从事破坏性经营，并且在张某要求其改正时仍然不改，显然对于张某来说已经无法实现合同的目的。因此，根据《合同法》的规定，张某可以解除合同，要求刘某返还承包地。

法规链接

《农村土地承包法》

第33条　土地承包经营权流转应当遵循以下原则：

……

（二）不得改变土地所有权的性质和土地的农业用途；

……

12.孩子外出上学，承包地可不可以收回？

案例

某村于1999年进行二轮承包，当时村民每人2亩地，但至今该村村民没有拿到二轮承包证书。现在村民要求重新分地，把2000年以后外出上大学的12人的地收回重分。那么，对于该村在外上大学的人，村里可以收回他们的地吗？没有土地承包经营权证书，该村的承包地有法律依据吗？

解答

我国实行家庭承包责任制，以农户为单位进行承包，按照每个农户家庭的人口、劳动力数量等计算承包地面积。在承包期内，实行"增人不增地，减人不减地"原则。孩子外出上大学，村里无权收回他的承包地重新发包。根据《农村土地承包法》第27条规定，承包期内，发包方不得调整承包地。承包期内，因自然灾害严重损毁承包地等特殊情形对个别农户之间承包的耕地和草地需要适当调整的，必须经本集体经济组织成员的村民会议2/3以上成员或者2/3以上村民代表的同意，并报乡（镇）人民政府和县级人民政府农业等行政主管部门批准。该村已经实行了二轮承包，在承包期内，村里无权擅自调整土地。承包方自承包合同生效时取得土地承包经营权。所以，该村村民可以请求县政府发放土地承包经营权证书。

法规链接

《农村土地承包法》

第27条　承包期内，发包方不得调整承包地。

承包期内，因自然灾害严重毁损承包地等特殊情形对个别农户之间承包的耕地和草地需要适当调整的，必须经本集体经济组织成员的村民会议2/3以上成员或者2/3以上村民代表的同意，并报乡（镇）人民政府和县级人民政府农业等行政主管部门批准。承包合同中约定不得调整的，按照其约定。

13.政府能强行流转承包地吗?

案例

某村村民称，村委会、乡政府和区林业局合股投资当地的竹林项目，在大多数村民都不愿意的情况下，强迫流转200多亩承包山场，共涉及3个村民组20多户。村主任等在区林业局、乡政府的支持下，毁掉以前的树木，重新改种毛竹。用招商的形式强行租用农民土地，并且给农民的租金较低。请问：政府能否强行流转承包地?

解答

土地流转应按照"依法、自愿、有偿"的原则，承包方可以依法采取转包、出租、互换、转让或者其他方式进行土地承包经营权流转，任何单位和个人不得强迫或者阻碍流转。因此，政府不能强征流转承包地。

法规链接

《农村土地承包法》

第33条　土地承包经营权流转应当遵循以下原则：

（一）平等协商、自愿、有偿，任何组织和个人不得强迫或者阻碍承包方进行土地承包经营权流转；

……

第57条　任何组织和个人强迫承包方进行土地承包经营权流转的，该流转无效。

参考文献：

［1］邓博：《农民身边的法律故事——侵权损害维权》，中国计量出版社，2010年版。

［2］《最新农村土地法律政策全书》，中国法制出版社，2009年版。

［3］黄健雄、韩荣和：《农村宅基地法律政策解答》，法律出版社，2010年版。

［4］孝丽红、王鹏农：《村常见纠纷解决100例》，中国人民大学出版社，2011年版。

［5］《常用纠纷法律手册》编写组：《宅基地纠纷实用法律手册》，中国法制出版社，2010年版。

［6］李智：《农村土地120问》，上海大学出版社有限公司，2010年版。

［7］《农村经济技术社会知识丛书》编委会：《农村常用法律法规选编》，中国农业出版社，1999年版。

第八章
进城务工如何维护自身权益

1. 进城务工人员指哪些人?

农民工是指户籍仍在农村,进入城市务工并在当地或异地从事非农产业劳动6个月及以上的劳动者。2017年2月28日,国家统计局发布2016年国民经济和社会发展统计公报数据显示:2016年,全国农民工总量28 171万人,比上年增长1.5%。其中:外出农民工16 934万人,增长0.3%;本地农民工11 237万人,增长3.4%。一般以建筑行业、搬运行业、家政行业等技术含量较低,危险系数较高,体力劳动为主,并且工资待遇较低。由于大多数人受教育程度较低,法律保护意识不强,所以是弱势群体。这些人一般从事基层的最辛苦的工作,同时也是为城市基础设施建设贡献最大的群体。他们是有农村户口、有承包土地,但离开户籍所在地,主要从事非农产业的人员。

2. 外出务工时需携带哪些证件、材料?

(1)居民身份证。农民外出务工时,一定要携带能证明自己身份的居民身份证。(2)流动人口婚育证明。该证明是由县(区)计划生育部门制作颁发的,用以记载本人计划生育情况的证明。(3)外出人员就业登记卡。该卡是由县(区)劳动和社会保障机关制作颁发的,准备外出务工的人员持居民身份证即可前往办理。此外,参加过职业技能培训的农民,应携带其所取得的职业技能培训证明,以便进城后增加就业务工的机会,提高工资待遇。

3.居民身份证有何用处？

居民身份证是证明我国公民身份的法定证件。凡是年满16周岁的中国公民，都应向常住户口所在地的户口登记机关申领居民身份证。公民在办理下列事务、需要证明身份时，应当出示居民身份证：（1）选民登记；（2）户口登记；（3）兵役登记；（4）婚姻登记、收养登记；（5）入学、就业；（6）办理公证事务；（7）前往边境管理区；（8）办理申请出境手续；（9）参与诉讼活动；（10）办理机动车、船驾驶证和行驶证，非机动车执照；（11）办理个体营业执照；（12）办理个人信贷事务；（13）参加社会保险，领取社会救济；（14）办理搭乘民航飞机手续；（15）投宿旅店办理登记手续；（16）提取汇款、邮件；（17）法律、行政法规规定需要用居民身份证证明身份的其他情形。

公民遗失居民身份证时，应当立即向公安机关报告，并向常住户口所在地的户口登记机关申请补领新证。申请补领新证时需填写《常住人口登记表》，并交近期标准相片2张。

4.公安机关在什么情况下可以查验公民的居民身份证？

公安机关在下列情况下，有权查验公民的居民身份证，被查验的公民不得拒绝：（1）对有违法犯罪嫌疑的人员，需要查明身份的；（2）依法实施现场管制时，需要查明有关人员身份的；（3）发生严重危害社会治安突发事件时，需要查明现场有关人员身份的；（4）法律规定需要查明身份的其他情形。公安人员依法执行公务需要查验公民的居民身份证时，应当首先出示自己的执法证件。除公安机关依法对犯罪嫌疑人执行监视居住强制措施的情形，其他任何组织和个人不得扣押公民的居民身份证或者将身份证作为抵押物。

5.进城务工可能遇到哪些问题？

（1）劳动关系不规范。部分用人单位没有按《劳动法》要求与劳动者签订劳动合同，或合同到期后没有及时续签。部分已签订的劳动合同也存在着许多"不平等"和"不合理"的内容和条款，比如一些从事建筑、采矿等危险行业的用工单位私下与农民工签订"事故责任自负"的"生死合同"。

（2）部分农民工劳动权利受到侵害。主要表现在：一是加班不给或少给加班工资。多数农民工劳动时间长、强度大、待遇低。一些私营企业，每天工作时间在10个小时以上，有的高达18个小时，超时工作现象严重。二是拖欠甚至拒绝给付工资和其他福利待遇。在农民工合法权益保护方面存在不少问题，如非法使用童工，不与农民工签订劳动合同，拖欠工资，收取抵押金，强迫劳动等行为。三是休息休假权利没有落实。不少用人单位在元旦、春节和国际劳动节等国家法定的节假日不让农民工休息。四是工作环境恶劣，缺乏劳动保护。有的用人单位不给农民工配发必要的劳动保护用品，农民工经常进行"没遮拦"作业，导致农民工职业病发病率较高，容易造成伤亡事故。

（3）社会保障权利缺失。目前，大部分用人单位还没有为农民工进行社会保险登记，不给农民工买社会保险，农民工没有在年老、患病、工伤、失业的情况下获得社会保障的权利保证。

6.农民工怎样才能保护好自己的合法权益？

（1）办理流动就业证。被用人单位跨省招收的农村劳动者，外出之前，须持身份证和其他必要的证明，在本人户口所在地的劳动就业服务机构进行登记并领取外出人员就业登记卡。自行离开农村常住户口所在地跨地区务工经商人员，外出前也须按规定在常住户口所在地劳动保障部门办理外出人员就业登记卡。到达目的地后，在当地公安机关办理暂住证。凭出省就业登记卡到当地劳动保障部门领取外来人员就业证。

（2）到合法职业介绍机构求职。人力资源社会保障部《就业服务与就业管理规定》第2条第1款规定："劳动者求职与就业，用人单位招用人员，劳动保障行政部门举办的公共就业服务机构和经劳动保障行政部门审批的职业中介机构从事就业服务活动，适用本规定。"职业中介实行行政许可制度。设立职业中介机构或其他机构开展职业中介活动须经劳动保障行政部门批准并获得职业中介许可证。

《就业服务与就业管理规定》第52条规定："职业中介机构可以从事下列业务：（一）为劳动者介绍用人单位；（二）为用人单位和居民家庭推荐劳动者；（三）开展职业指导、人力资源管理咨询服务；（四）收集和发布职业供求信息；（五）根据国家有关规定从事互联网职业信息服务；（六）组织职业招聘洽谈会；（七）经劳动保障行政部门核准的其他服务项目。"

职业中介机构应当在服务场所明示营业执照、职业中介许可证、服务项目、收费标准、监督机关名称和监督电话等，并接受劳动保障行政部门及其他有关部门的监督检查。职业中介机构应当建立服务台账记录服务对象、服务过程、服务结果和收费情况等，并接受劳动保障行政部门的监督检查。

《就业服务与就业管理规定》第58条规定："禁止职业中介机构有下列行为：（一）提供虚假就业信息；（二）发布的就业信息中包含歧视性内容；（三）伪造、涂改、转让职业中介许可证；（四）为无合法证照的用人单位提供职业中介服务；（五）介绍未满16周岁的未成年人就业；（六）为无合法身份证件的劳动者提供职业中介服务；（七）介绍劳动者从事法律、法规禁止从事的职业；（八）扣押劳动者的居民身份证和其他证件，或者向劳动者收取押金；（九）以暴力、胁迫、欺诈等方式进行职业中介活动；（十）超出核准的业务范围经营；（十一）其他违反法律、法规规定的行为。"

职业介绍机构违反上述规定的，由劳动保障行政部门责令改正，并可处以10 000元以下罚款；有违法所得的，可处以不超过违法所得3倍的罚款，但最高不超过30 000元；情节严重的，提请工商部门吊销其营业执照，或提请原登记管理机关办理撤销登记；对当事人造成损害的，应承担赔偿责任。

农民工在求职时受到职业介绍机构以上违法行为侵害的，可以向劳动保障部门投诉，依法维护自身权益。

（3）与用人单位或雇主签订劳动合同。劳动合同的主要内容包括：①劳动合同期限；②工作内容；③劳动保护和劳动条件；④劳动报酬；⑤劳动纪律；⑥劳动合同终止的条件；⑦违反劳动合同的责任等。

（4）询问并牢记当地劳动保障部门的举报、投诉电话。

（5）合法权益受到侵犯的解决途径。若是自己的合法权益受到侵犯，可以主动要求与对方协商解决，使矛盾及时化解，可以向调解组织（如果有的话）申请调解，还可以直接向劳动争议仲裁委员会申请仲裁，对裁决不服的，可以向人民法院提起诉讼。申请仲裁应当自劳动争议发生或自己的合法权益受到侵犯之日起1年内向劳动争议仲裁委员会提出书面申请。仲裁裁决一般应在收到仲裁申请的45日内作出。对仲裁裁决如果不服，可以自收到仲裁裁决书之日起15日内向人民法院提起诉讼。自己对仲裁裁决无异议，而用人单位或雇主在法定期间内不起诉又不履行仲裁裁决的，可以申请人民法院强制执行。

（6）劳动者在平时的工作中应注意保留有关证据。劳动者通过劳动保障监察、劳动争议仲裁、行政复议等法律途径维护自身合法权益，或者申请工伤认定、职业病诊断与鉴定等，都需要提供证明自己主张或案件事实的证据。如果劳动者不能提供有关证据，可能会影响自身权益。因此，劳动者在平时的工作中，应该注意保留有关证据。主要的证据包括：

第一，来源于用人单位的证据，如与用人单位签订的劳动合同或者与用人单位存在事实劳动关系的证明材料、工资单、用人单位签订劳动合同时收取押金等的收条、用人单位解除或终止劳动关系通知书、出勤记录等。

第二，来源于其他主体的证据，如职业中介机构的收费单据。

第三，来源于有关社会机构的证据，如发生工伤或职业病后的医疗诊断证明或者职业病诊断证明书、职业病诊断鉴定书、向劳动保障行政部门寄出举报材料等的邮局回执。

第四，来源于劳动保障部门的证据，如劳动保障部门告知投诉受理结果或查处结果的通知书等。

另外，《工伤保险条例》第19条规定，职工或者其直系亲属认为是工伤，用人单位不认为是工伤的，由用人单位承担举证责任。《最高人民法院关于审理劳动争议案件适用法律若干问题的解释》（法释〔2001〕14号）第13条规定，因用人单位作出的开除、除名、辞退、解除劳动合同、减少劳动报酬、计算劳动者工作年限等决定而发生的劳动争议，用人单位负举证责任。

（7）劳动者通过法律途径维护自身权益一定要注意不能超过法律规定的时限。劳动者通过劳动争议仲裁、行政复议等法律途径维护自身合法权益，或者申请工伤认定、职业病诊断与鉴定等，一定要注意在法定的时限内提出申请。如果超过了法定时限，有关申请可能不会被受理，致使自身权益难以得到保护。主要的时限包括：

第一，申请劳动争议仲裁的，应当在劳动争议发生之日（即当事人知道或应当知道其权利被侵害之日）起60日内向劳动争议仲裁委员会申请仲裁。

第二，对劳动争议仲裁裁决不服，提起诉讼的，应当自收到仲裁裁决书之日起15日内，向人民法院提起诉讼。

第三，申请行政复议的，应当自知道该具体行政行为之日起60日内提出行政复议申请。

第四，对行政复议决定不服，提起行政诉讼的，应当自收到行政复议决定书之日起15日内，向人民法院提起行政诉讼。

第五，直接向人民法院提起行政诉讼的，应当在知道作出具体行政行为之日起3个月内提出，法律另有规定的除外。因不可抗力或者其他特殊情况耽误法定期限的，在障碍消除后的10日内，可以申请延长期限，由人民法院决定。

第六，申请工伤认定的，所在单位应当自事故伤害发生之日或者被诊断、鉴定为职业病之日起30日内，向统筹地区劳动保障行政部门提出工伤认定申请。遇有特殊情况，经报劳动保障行政部门同意，申请时限可以适当延长。用人单位未按前款规定提出工伤认定申请的，工伤职工或者其直系亲属、工会组织在事故伤害发生之日或者被诊断、鉴定为职业病之日起1年内，可以直接向用人单位所在地统筹地区劳动保障行政部门提出工伤认定申请。

7.哪些手段不能用来维护劳动者自身的合法权利？

农民进城务工时，如果自己的合法权益遭受侵害，比如遇到干完活拿不到工资、被别人欠债不还等情况，一定要注意通过合法的手段，依靠法律解决自己的问题。千万不能一时冲动，采用过激的、违法的手段来讨说法，讨公道。有的民工朋友为了讨要工资，以爬铁塔、上楼顶等违反治安管理的不恰当方式要求解决问题，往往是问题得不到解决，还可能受到治安管理的行政处罚。有些法制观念淡薄的外出务工人员采取触犯刑法的手段，如绑架、非法拘禁、故意伤害等方式，以求解决问题，岂不知上述行为都是严重的违法犯罪行为，不但要受到法律的严惩，也使自己从一名受害人沦为犯罪人。因此，进城务工的农民工朋友们在维权时一定要注意采用合法的方式。

8.招聘会能收取费用吗？

职业中介机构必须凭劳动和社会保障部统一发放的许可证方能营业，收费标准、监督电话应当和营业执照、职介许可证等一起在店内明示出来。《就业服务与就业管理规定》第55条指出，职业中介机构提供职业中介服务不成功的，应当退还向劳动者收取的中介服务费，否则将由劳动保障行政部门责令改正，并可处以1000元以下的罚款。

《就业服务与就业管理规定》第25条规定："公共就业服务机构应当免费为劳动者提供以下服务：（一）就业政策法规咨询；（二）职业供求信息、市场工资指导价位信息和职业培训信息发布；（三）职业指导和职业介绍；（四）对就业困难人员实施就业援助；（五）办理就业登记、失业登记等事务；（六）其他公共就业服务。"第38条规定："公共就业服务机构不得从事经营性活动。公共就业服务机构举办的招聘会，不得向劳动者收取费用。"

一旦违反以上规定，由劳动保障行政部门责令限期改正，将违法收取的费用退还劳动者，并对直接负责的主管人员和其他直接责任人员依法给予处分。

9.订立劳动合同时，用人单位能否向劳动者收取定金、保证金或扣留居民身份证？

国家法律明令禁止用人单位招用人员时向求职者收取招聘费用，禁止向被录用人员收取保证金或抵押金等任何费用，禁止扣押被录用人员的身份证等证件。一旦用人单位有以上非法行为，劳动者应及时向劳动保障监察机构举报。用人单位违反规定的，由劳动保障行政部门责令改正，并可处以1 000元以下罚款。对当事人造成损害的，应承担赔偿责任。

案例

农民付某为了减轻生活压力，来到某市打工，正值一家钢管制造厂招人，条件是每人先交5 000元押金，才签劳动合同。付某考虑到工作来之不易，便回家凑足了5 000元钱交了押金。于是，付某便如愿以偿地和这家钢管制造厂签订了5年的劳动合同。过了3年，付某觉得这家工厂的管理制度有问题，想离开工厂，于是便以工作不合适为由向厂里提出书面辞职申请。厂里很快做了批复，批准其辞职，但押金作为违约金扣除，不予退还。问：单位有权收取或扣押"押金"吗？

解答

首先，某钢管制造厂签订劳动合同时收取"押金"的行为违法。根据劳动保障部颁布的《就业服务与就业管理规定》第10条和第34条的规定，用人单位违反规定，以任何形式向劳动者收取保证金、风险金（物）或者扣押身份证等行为，由劳动保障行政部门责令改正，并可处以1 000元以下罚款，对当事人造成损害的，应承担赔偿责任。因此，某钢管制造厂在开始时与付某订立劳动合同时，收取押金的行为本身就是违法的。其次，付某可以提前解除与钢管制造厂签订的劳动合同。我国《劳动法》第24条规定："经劳动合同当事人协商一致，劳动合同可以解除。"同时，第31条规定："劳动者解除合同，应当提前30日以书面形式通知单位。"由此，付某可以依法定程序解除劳动合同，提前30日向用人单位书面提出解除劳动合同，待30日后再要求单位办理解除劳动合同手续。而且，按照《劳动合同法》第25条的规定，付某的劳动合同不涉及培训服务期条款责任以及保密条款，不能约定违约金。因此，只要付某按照上述程序提出解除劳动合同，也没有给单位造成直接经济损失，就不需要承担赔偿责任。

法规链接

《就业服务与就业管理规定》

第14条　用人单位招用人员不得有下列行为：

（一）提供虚假招聘信息，发布虚假招聘广告；

（二）扣押被录用人员的居民身份证和其他证件；

（三）以担保或者其他名义向劳动者收取财物；

（四）招用未满16周岁的未成年人以及国家法律、行政法规规定不得招用的其他人员；

（五）招用无合法身份证件的人员；

（六）以招用人员为名牟取不正当利益或进行其他违法活动。

10.什么是劳动合同?

根据《中华人民共和国劳动法》（以下简称《劳动法》）第16条第1款的规定，劳动合同是劳动者与用工单位之间确立劳动关系，明确双方权利和义务的协议。劳动合同依法订立即具有法律约束力，当事人必须履行劳动合同规定的义务。劳动合同的主体即劳动法律关系当事人：劳动者和用人单位。劳动合同的主体与其他合同关系的主体不同：其一，劳动合同的主体是由法律规定的具有特定性，不具有法律资格的公民与不具有用工权的组织不能签订劳动合同；其二，劳动合同签订后，其主体之间具有行政隶属性，劳动者必须依法服从用人单位的行政管理。

根据《劳动合同法》第10条的规定，建立劳动关系的，应当及时订立书面劳动合同。已经建立劳动关系，但未同时订立书面劳动合同的，应当自用工之日起1个月内订立书面劳动合同。用人单位与劳动者在用工前订立劳动合同的，劳动关系自用工之日起建立。因此，劳动关系包括了劳动合同关系和事实劳动关系两种形态。根据《劳动合同法实施条例》第18条、第19条规定，劳动合同有"固定期限劳动合同""无固定期限劳动合同"和"单项劳动合同"。

固定期限劳动合同，是指用人单位与劳动者约定合同终止时间的劳动合同。用人单位与劳动者协商一致，可以订立固定期限劳动合同。

无固定期限劳动合同，是指用人单位与劳动者约定无确定终止时间的劳动合同。

单项劳动合同，即没有固定期限，以完成一定工作任务为期限的劳动合同，是指用人单位与劳动者约定以某项工作的完成为合同期限的劳动合同。

《劳动合同法》第17条规定："劳动合同应当具备以下条款：（一）用人单位的名称、住所和法定代表人或者主要负责人；（二）劳动者的姓名、住址和居民身份证或者其他有效身份证件号码；（三）劳动合同期限；（四）工作内容和工作地点；（五）工作时间和休息休假；（六）劳动报酬；（七）社会保险；（八）劳动保护、劳动条件和职业危害防护；（九）法律、法规规定应当纳入劳动合同的其他事项。劳动合同除前款规定的必备条款外，用人单位与劳动者可以约定试用期、培训、保守秘密、补充保险和福利待遇等其他事项。"

这类约定条款的内容，是当国家法律规定不明确，或者国家尚无法律规定的情况下，用人单位与劳动者根据双方的实际情况协商约定的一些随机性的条款。劳动行政部门印制的劳动合同样本，一般都将必备条款写得很具体，同时留出一定的空白由双方随机约定一些内容。例如：可以约定试用期、保守用人单位商业秘密的事项、用人单位内部的一些福利待遇、房屋分配或购置等内容。随着《劳动合同法》的实施，人们的法律意识、合同观念会越来越强，劳动合同中的约定条款的内容会越来越多。这是改变劳动合同千篇一律状况、提高合同质量的一个重要体现。

案例

杨某系外埠农业户口，1999年10月1日，杨某入职某印刷公司，担任副主管。入职后，公司没有为杨某缴纳社会保险，直至2010年1月，公司才开始为杨某缴纳社会保险。2015年12月31日，因劳动合同到期，双方协商一致签订劳动合同终止补偿协议，约定公司一次性支付杨某经济补偿金13.6万元，双方对于此次劳动合同到期终止，并且与劳动合同履行相关的事宜无其他任何经济和劳动争议，杨某不再向公司提起任何诉求。后公司将13.6万元补偿金支付给杨某。杨某以该经济补偿金中不包含未缴纳社会保险的补偿为由诉至法院，要求公司给付未缴纳社会保险的补偿金。

第八章　进城务工如何维护自身权益

解答

本案争议焦点为"双方再无其他任何争议"的条款是否有效。根据查明的事实，劳动合同终止补偿协议系双方真实意思表示，不违反法律强制性规定，并且不存在欺诈、胁迫或乘人之危的情形，故应属有效。该协议载有双方再无其他任何经济和劳动争议，视为杨某放弃权利的意思表示，并且公司已经实际履行支付义务，不存在侵害杨某利益的情形，故根据诚实信用原则，法院依法判决驳回杨某要求支付未缴纳社会保险补偿的诉讼请求。用人单位与劳动者之间达成的协议属于权利人对具体权利的处分和对实际利益的放弃，只要不具有法定的无效情形，应当认定为有效。实际履行后，如果当事人违反诚实信用原则而另行起诉，很难得到支持。

法规链接

《劳动法》

第16条　劳动合同是劳动者与用人单位确立劳动关系、明确双方权利和义务的协议。建立劳动关系应当订立劳动合同。

第17条　订立和变更劳动合同，应当遵循平等自愿、协商一致的原则，不得违反法律、行政法规的规定。

劳动合同依法订立即具有法律约束力，当事人必须履行劳动合同规定的义务。

《劳动合同法》

第17条　劳动合同应当具备以下条款：

（一）用人单位的名称、住所和法定代表人或者主要负责人；

（二）劳动者的姓名、住址和居民身份证或者其他有效身份证件号码；

（三）劳动合同期限；

（四）工作内容和工作地点；

（五）工作时间和休息休假；

（六）劳动报酬；

（七）社会保险；

（八）劳动保护、劳动条件和职业危害防护；

（九）法律、法规规定应当纳入劳动合同的其他事项。

劳动合同除前款规定的必备条款外，用人单位与劳动者可以约定试用期、培训、保守秘密、补充保险和福利待遇等其他事项。

附件：劳动合同样本

劳动合同

甲方（用人单位）＿＿＿＿＿＿＿＿（名称、地址、所有制性质、法定代表人）。

乙方（劳动者）＿＿＿＿＿＿＿＿（姓名、性别、出生年月、民族、住址、文化程度、籍贯、居民身份证号码、职称或技术等级、技术专长、本人简历等）。

一、劳动合同期限

第一条　固定期限：本合同期限自＿＿＿＿＿年＿＿＿月＿＿＿日起至＿＿＿＿＿年＿＿＿月＿＿＿日止。其中，试用期自＿＿＿＿＿年＿＿＿月＿＿＿日起至＿＿＿＿＿年＿＿＿月＿＿＿日止。

无固定期限：本合同期限自＿＿＿＿＿年＿＿＿月＿＿＿日起至＿＿＿＿＿年＿＿＿月＿＿＿日止。其中，试用期自＿＿＿＿＿年＿＿＿月＿＿＿日起至＿＿＿＿＿年＿＿＿月＿＿＿日止。

以完成＿＿＿＿＿＿＿＿＿＿＿＿＿等工作任务为期限：本合同自＿＿＿年＿＿＿月＿＿＿日起，预计至＿＿＿年＿＿＿月＿＿＿日止。工作任务完成经甲方验收后，则本合同即行终止。

二、工作内容和工作地点

第二条　甲方安排乙方的工作岗位（工种）为＿＿＿＿＿＿＿＿，工作地点为＿＿＿＿＿＿＿＿，因生产工作需要，甲乙双方协商一致，可以变更岗位（工种）以及工作地点。

三、劳动保护、劳动条件和职业危害防护

第三条　甲方应当遵守国家法律法规，依法建立和完善劳动规章制度，保障乙方享有劳动权利，履行劳动义务。乙方应当自觉维护国家利益和甲方的合法权益，遵守甲方依照国家法律法规制定的各项规章制度，在本岗位的职责范围内，服从甲方的工作安排。

第四条　甲方依法为乙方提供符合国家规定的劳动安全卫生条件和必要的

劳动防护用品。对从事有职业危害作业的，按国家规定进行定期健康检查。乙方应当认真履行工作职责，爱护生产工具和设备，按时、按质、按量地完成甲方规定的工作任务或劳动定额。

第五条　甲方对乙方进行安全教育，为乙方提供本职工作所必需的职业技能培训。

第六条　乙方应当保守甲方的商业秘密。对违反保密义务给甲方造成损失的，要承担经济赔偿责任。

四、工作时间和休息休假

第七条　甲方安排乙方执行＿＿＿＿＿＿＿＿＿＿＿工作制。

执行标准工作制的，甲方安排乙方每日工作时间不超过8小时，平均每周不超过40小时。甲方保证乙方每周至少休息1日。甲方由于工作需要，经与工会和乙方协商后可以延长工作时间，一般每日不得超过1小时，因特殊原因需要延长工作时间的，在保障乙方身体健康的条件下延长工作时间每日不得超过3小时，每月不得超过36小时。

执行综合计算工时工作制的，平均日和平均周工作时间不超过法定标准工作时间。

执行不定时工作制的，在保证完成甲方工作任务情况下，工作和休息休假由乙方自行安排。

第八条　甲方执行《中华人民共和国劳动法》第四章及国家关于休息休假的相关规定，保障乙方的休息休假权利。

五、劳动报酬

第九条　乙方在法定工作时间内为甲方提供了正常劳动后，甲方以货币形式按时支付不低于省人民政府规定的最低工资标准的工资。在履行合同期间，甲方支付给乙方的工资为：＿＿＿＿＿＿＿。其中，试用期工资为：＿＿＿＿＿＿＿＿。

第十条　非乙方原因造成的待岗，在待岗期间，甲方支付给乙方基本生活费，其标准为：＿＿＿＿＿＿＿＿。

第十一条　履行劳动合同期间，甲方视生产经营情况和乙方的工作实绩，按甲方的有关规定调整乙方的劳动报酬。

六、社会保险和福利待遇

第十二条　甲方依法为乙方缴纳各种社会保险，属乙方个人缴纳部分，由甲方从乙方工资中代为扣缴，甲方接受乙方对缴纳情况的查询。

第十三条　乙方履行合同期间，患病、负伤、因工伤残、患职业病、退休、死亡以及女职工生育等社会保险及福利待遇，按照国家法律法规及甲方依法制定的劳动规章制度执行。

七、劳动合同的解除、终止和续订

第十四条　履行合同期间，甲乙双方若需解除或者终止劳动合同，应当按《中华人民共和国劳动合同法》第四章的有关条款执行。

第十五条　符合《中华人民共和国劳动合同法》第46条规定情形的，甲方应当向乙方支付经济补偿。经济补偿在双方当事人办理工作交接时支付。

第十六条　固定期限的劳动合同期满前30日，甲方应将终止或续订劳动合同的意向通知乙方。届时办理终止或续订手续。

第十七条　甲方在解除或者终止劳动合同时为乙方出具解除或者终止劳动合同的证明，并在15日内为劳动者办结档案和社会保险关系转移手续。乙方应当按照双方约定办理工作交接。

八、约定事项

第十八条　经双方协商一致，约定以下款项：

（一）_____。（二）_____。

九、其他

第十九条　甲乙双方履行本合同期间如发生劳动争议，应当平等协商解决，协商无效时，可按法定程序申请调解、仲裁、提起诉讼。

第二十条　合同期内，所定条款与国家颁布的劳动法律法规不符的，甲乙双方均应按新规定执行。

第二十一条　本劳动合同一式三份，甲乙双方各执一份，存乙方档案一份，自签订之日起生效。

甲方：（盖章）　　　　　　　乙方：（签字）

　　　　　　　　　　　　　法定代表人（委托代理人）：（签章）

　　　　　　　　　　　　　　　　　____年____月____日

11.如何签订劳动合同？

（1）签订时间

《劳动合同法》第7条规定，用人单位自用工之日起即与劳动者建立劳动关系。用人单位应当建立职工名册备查。

（2）签订要求

《劳动合同法》第8条规定，用人单位招用劳动者时，应当如实告知劳动者工作内容、工作条件、工作地点、职业危害、安全生产状况、劳动报酬，以及劳动者要求了解的其他情况；用人单位有权了解劳动者与劳动合同直接相关的基本情况，劳动者应当如实说明。

《劳动合同法》第9条规定，用人单位招用劳动者，不得扣押劳动者的居民身份证和其他证件，不得要求劳动者提供担保或者以其他名义向劳动者收取财物。

（3）劳动合同应当具备条款

《劳动合同法》第17条规定，劳动合同应当具备以下条款：（一）用人单位的名称、住所和法定代表人或者主要负责人；（二）劳动者的姓名、住址和居民身份证或者其他有效身份证件号码；（三）劳动合同期限；（四）工作内容和工作地点；（五）工作时间和休息休假；（六）劳动报酬；（七）社会保险；（八）劳动保护、劳动条件和职业危害防护；（九）法律、法规规定应当纳入劳动合同的其他事项。

（4）合同形式

《劳动合同法》第10条规定，建立劳动关系，应当订立书面劳动合同。已建立劳动关系，未同时订立书面劳动合同的，应当自用工之日起1个月内订立书面劳动合同。用人单位与劳动者在用工前订立劳动合同的，劳动关系自用工之日起建立。

《劳动合同法》第12条规定，劳动合同分为固定期限劳动合同、无固定期限劳动合同和以完成一定工作任务为期限的劳动合同。

12. 企业拒不签订劳动合同产生纠纷怎么办？

用人单位与劳动者已建立劳动关系，未同时订立书面劳动合同的，应当自用工之日起1个月内订立书面劳动合同。也就是说，用人单位在用工之日未能同时以书面形式订立劳动合同，但是自用工之日起1个月内订立了书面劳动合同，不属于违法行为。如果用人单位自用工之日起超过1个月仍然不与劳动者订立书面劳动合同，则属于违法行为。用人单位自用工之日起超过1个月仍然不与劳动者订立书面劳动合同的，应当承担加倍支付工资的责任，即用人单位违法期间（其起始时日为用工之日，终止时日为违法行为终止之日，即用人单位与劳动者订立劳动合同之日），应当向劳动者每月支付2倍的工资，但按照2倍标准支付工资的期限最长不超过12个月，即该期间最长至自用工之日起满1年的时日。

如果用人单位自用工之日起满1年仍然不与劳动者订立书面劳动合同，视为用人单位与劳动者已订立无固定期限的劳动合同。因此，在这种情形下，用人单位不仅应当在12个月内（自用工之日起至第12个月）向劳动者每月支付2倍的工资，还应当与劳动者补订书面劳动合同，并且将劳动合同期限约定为无固定期限。这其中一倍的工资是劳动者正常劳动所得，另一倍的工资是惩罚性的赔偿金。对劳动者的工资约定不明确的，应当根据《劳动合同法》第11条规定确定，即应当按照集体合同规定的标准执行，没有集体合同的或者集体合同未约定的，按同工同酬确定。如果用人单位没有在违法期间向劳动者每月支付2倍工资，劳动者可以向劳动保障行政部门（监察机构）投诉或者依法申请劳动争议仲裁，还可以向人民法院提起诉讼。

案例

周某于2009年3月到泉州市某物业管理有限公司工作，物业公司始终未与其签订书面劳动合同，但有为他办理养老保险。2011年6月，物业公司与南平市某保健院的物业管理承包合同到期，物业公司安排周某回建瓯分公司工作，周某拒绝，并通过劳务派遣仍留在南平市某保健院从事物业管理工作。2012年6月12日，周某向南平市劳动争议仲裁委员会提起劳动仲裁，请求裁定物业公司：（1）立即支付2011年6月份工资5 135.65元；（2）立即支付2010年8月至2011年6月，因未签订劳动合同的补偿款48 422元；（3）为申请人出具解除劳动关系证明书，并为申请人办理档案和社会保险转移手续。开庭时，周某当庭增加一项仲裁请求：为申请人补缴2009年3月至5月的养老保险费。

解答

在本案中，该企业与周某在建立劳动关系超过1年的时间里一直未签订劳动合同，违反了《劳动合同法》的规定。对于用人单位来说，及时与劳动者签订书面劳动合同非常重要，否则要承担两种法律后果：（1）用人单位自用工之日起超过1个月不满1年未与劳动者订立书面劳动合同的，应当向劳动者每月支付2倍的工资。（《劳动合同法》第82条第1款）；（2）用人单位自用工之日起满1年不与劳动者订立书面劳动合同的，视为用人单位与劳动者已订立无固定期限劳动合同。（《劳动合同法》第14条第3款）。

法规链接

《劳动合同法》

第7条　用人单位自用工之日起即与劳动者建立劳动关系。用人单位应当建立职工名册备查。

第10条　建立劳动关系，应当订立书面劳动合同。

已建立劳动关系，未同时订立书面劳动合同的，应当自用工之日起1个月内订立书面劳动合同。

用人单位与劳动者在用工前订立劳动合同的，劳动关系自用工之日起建立。

第14条　无固定期限劳动合同，是指用人单位与劳动者约定无确定终止时间的劳动合同。

用人单位与劳动者协商一致，可以订立无固定期限劳动合同。有下列情形之一，劳动者提出或者同意续订、订立劳动合同的，除劳动者提出订立固定期限劳动合同外，应当订立无固定期限劳动合同：

（一）劳动者在该用人单位连续工作满10年的；

（二）用人单位初次实行劳动合同制度或者国有企业改制重新订立劳动合同时，劳动者在该用人单位连续工作满10年且距法定退休年龄不足10年的；

（三）连续订立2次固定期限劳动合同，且劳动者没有本法第39条和第40条第1项、第2项规定的情形，续订劳动合同的。

用人单位自用工之日起满1年不与劳动者订立书面劳动合同的，视为用人单位与劳动者已订立无固定期限劳动合同。

13.什么是双倍赔偿金？

用人单位自用工之日起即与劳动者建立劳动关系，用人单位要与劳动者签订劳动合同。作为用人单位，应当对劳动者的劳动合同等人事材料予以留存，并且对签订事实负举证责任。也就是说，企业若未与劳动者签订劳动合同，或者无法证明已和劳动者签订劳动合同，用人单位需要承担相关法律责任，向劳动者支付双倍的报酬。

案例

王某是河南郑州人，在上海打拼多年。2017年12月，他应聘进入一家房产公司，从事销售工作。该公司正好在郑州有房产业务，王某也有回老家继续发展的想法，双方一拍即合，公司就派王某到郑州担任房产销售经理。2018年7月，王某回到上海，向公司提出辞职，双方也办妥了离职手续。这时，王某向公司提出，因工作期间公司一直未与他签订劳动合同，所以公司应当支付2倍工资。公司却说，之前早已与他签过合同，并已把合同交给了王某本人，所以不同意其要求。王某感到不解，自己从没拿到劳动合同，公司怎么会说已经签过了呢？于是，他向劳动争议仲裁委员会提出仲裁申请，要求公司支付未签订劳动合同的2倍工资。公司答辩时提出：王某先生进公司后，立即被派往外地工作，直到2018年1月中旬才首次回沪，当时企业就把已经盖好章的合同给了王某签字。王某说要核对条款之后再签字，于是带走了两份劳动合同，没几天就又回到了郑州工作。由于人事人员疏忽，一直未发现没有要回合同，整理人事档案时，发现少了王某的劳动合同，才向王某提出交还劳动合同一份，或者双方再次补签一份。但是直到王某离职，公司仍没有追回劳动合同，也没有补签新合同。事实上并不是公司不与王某签订劳动合同，所以认为责任不在公司，无须支付2倍工资。

解答

本案中，由于公司自身管理疏忽，导致相关证据灭失，只能由公司自行承担后果。《劳动合同法实施条例》中规定，自用工之日起1个月内，经用人单位书面通知后，劳动者不与用人单位订立书面劳动合同的，用人单位应当书面通知劳动者终止劳动关系，无须向劳动者支付经济补偿，但是应当依法向劳动者支付其实际工作时间的劳动报酬。可见，法律已经赋予公司相应的权利，如果公司不及时行使自身权利，那么公司仍将承担不签订劳动合同的赔偿责任。

法规链接

《劳动争议调解仲裁法》

第39条第2款　劳动者无法提供由用人单位掌握管理的与仲裁请求有关的证据，仲裁庭可以要求用人单位在指定期限内提供。用人单位在指定期限内不提供的，应当承担不利后果。

《劳动合同法》

第82条　用人单位自用工之日起超过1个月不满1年未与劳动者订立书面劳动合同的，应当向劳动者每月支付2倍的工资。

用人单位违反本法规定不与劳动者订立无固定期限劳动合同的，自应当订立无固定期限劳动合同之日起向劳动者每月支付2倍的工资。

14.什么是事实劳动关系?

事实劳动关系，指的是用人单位招用劳动者后不按规定订立劳动合同，或者用人单位与劳动者以前签订过劳动合同，但是劳动合同到期后，用人单位同意劳动者继续在本单位工作却没有与其及时续订劳动合同。事实劳动关系的双方当事人之间也存在劳动关系，因此，双方均享有劳动保障法律法规所规定的一切权利，并应履行劳动保障法律法规所规定的一切义务。存在事实劳动关系的劳动者在劳动保障权益受到用人单位侵害时，同签订劳动合同的劳动者一样，可以通过劳动保障监察、劳动争议仲裁、向人民法院起诉等途径，依法维护自身合法权益。

如果劳动者发现用人单位没有与自己签订劳动合同的，就要注意收集以下证据了，以备不时之需：（1）工资支付凭证或记录（职工工资发放花名册）、缴纳各项社会保险费的记录；（2）用人单位向劳动者发放"工作证""服务证"等能够证明身份的证件；（3）劳动者填写的用人单位招工招聘登记表、报名表等招用记录；（4）考勤记录；（5）其他劳动者的证言等。

案例

赵某是某企业锅炉工，至今已工作6年，但当时并没有签订劳动合同。某天工作时，由于锅炉出现故障造成赵某大拇指缺失。赵某认为，双方虽然没有签订劳动合同，但是自己一直在锅炉岗位上工作至今，有企业负责人孙某出具的证明，这足以证明他与企业存在事实上的劳动关系。所以，他要求企业承担工伤赔偿责任。企业认为，赵某不是其企业的工作人员，与单位无任何劳动关系。负责人孙某所出具的证明，只能证明被告当时受伤的情况，而不能证实被告是企业的工作人员。

解答

本案是关于用人单位雇用临时工的一个案例，法院最终按照劳动关系来处理是合理的。因为原告虽然不是被告单位的正式员工，但在被告处定期领取报酬，与被告形成了人身隶属关系，也当然构成事实劳动关系。在雇佣关系中，尽管劳动者在一定程度上也要接受用人单位的监督、管理和支配，但用人单位的各项规章制度对劳动者通常不具有约束力，劳动者不需要遵从用人单位的考勤管理、奖惩管理、晋升管理、工资晋级管理等，劳动者在实际工作中是相对独立的，两者之间不存在隶属关系。法院经审理认为，原告赵某被被告方招用为临时工，在被告方从事锅炉工作，被告方给付原告一定的报酬，判决原、被告双方形成了事实劳动合同关系，支持了赵某要求被告支付工伤赔偿待遇的诉讼请求。

法规链接

《最高人民法院关于审理劳动争议案件
适用法律若干问题的解释》（法释〔2001〕14号）

第16条第1款　劳动合同期满后，劳动者仍在原用人单位工作，原用人单位未表示异议的，视为双方同意以原条件继续履行劳动合同。一方提出终止劳动关系的，人民法院应当支持。

《劳动合同法》

第28条　劳动合同被确认无效，劳动者已付出劳动的，用人单位应当向劳动者支付劳动报酬。劳动报酬的数额，参照本单位相同或者相近岗位劳动者的劳动报酬确定。

《工伤保险条例》

第18条第1款　提出工伤认定申请应当提交下列材料：

（一）工伤认定申请表；

（二）与用人单位存在劳动关系（包括事实劳动关系）的证明材料；

（三）医疗诊断证明或者职业病诊断证明书（或者职业病诊断鉴定书）。

15.劳动报酬约定不明产生纠纷怎么办？

劳动报酬事关劳动者的切身利益，是劳动合同的重要内容，用人单位在与劳动者订立劳动合同时必须对劳动报酬的标准作出约定，以免将来发生争议时不利于劳动者。《劳动合同法》第17条将劳动报酬规定为劳动合同必须具备的内容。劳动合同对劳动报酬和劳动条件等标准约定不明确，引发争议的，可以按照下列程序进行：（1）用人单位与劳动者重新协商。劳动报酬和劳动条件约定不明确，并不会导致劳动合同无效。允许双方进行重新协商，有助于用人单位与劳动者之间形成良性互动，减少对抗性矛盾的发生。（2）适用集体合同规定。按照我国法律的规定，用人单位与劳动者订立的劳动合同中劳动条件和劳动报酬等标准不得低于集体合同规定的标准。因此，在双方协商不成的情况下，有集体合同的则适用集体合同。（3）没有集体合同或集体合同未规定劳动报酬的，用人单位应当对劳动者实行同工同酬。

案例

2010年6月，王某到广东打工，被某服装公司招聘为车位工。同时，服装公司与王某订立了一份劳动合同，但在劳动合同中双方却没有明确约定工资标准，也没有明确要求发放工资的时间，只是在劳动合同中约定：服装公司根据王某的工作情况发放劳动报酬，劳动报酬不低于当地最低工资标准。王某上班后，公司按照惯例，于每月月底发放王某上个月的工资，每月800元到900元不等。王某发现其他工人的工资大都在1 000元到1 200元之间，而自己的工资最多才为900元。王某便向服装公司提出异议，要求提高自己的工资待遇。服装公司称，这是因为王某进入公司的时间不到1年，操作技术无法和其他员工相比，因而其工资不能达到1 000元以上，若王某认为工资不高可以辞职。与服装公司交涉失败后，王某于9月5日以服装公司支付工资过低为由向服装公司申请辞职，服装公司于王某申请辞职当天便批准了王某的辞职申请，但要求王某一直上班至9月30日，遂发生争议。问：争议如何解决？

解答

本案发生的主要原因是服装公司与王某订立劳动合同时对劳动报酬的约定不明确。《劳动合同法》规定，劳动合同对劳动报酬和劳动条件等标准约定不明确，引发争议的，用人单位与劳动者可以重新协商。协商不成的，适用集体合同规定，没有集体合同或者集体合同没有规定劳动报酬的，用人单位应当对劳动者实行同工同酬，没有集体合同或者集体合同未规定劳动条件等标准的，适用国家有关规定。根据这一规定，服装公司与王某首先应就劳动报酬重新协商，协商不成，实行同工同酬，可以参照其他工人工资来确定王某报酬。

法规链接

《劳动合同法》

第18条　劳动合同对劳动报酬和劳动条件等标准约定不明确，引发争议的，用人单位与劳动者可以重新协商；协商不成的，适用集体合同规定；没有集体合同或者集体合同未规定劳动报酬的，实行同工同酬；没有集体合同或者集体合同未规定劳动条件等标准的，适用国家有关规定。

16.什么是试用期？

试用期是用人单位与劳动者建立劳动关系后为相互了解、选择而约定的考察期，一般适用于初次就业或再次就业时改变劳动岗位或工种的劳动者。因此，劳动者在试用期内若被证明不符合录用条件，用人单位可随时解除合同，而劳动者在试用期内认为用人单位的工作不适合自己，也可随时解除合同。

案例

安某于2008年12月8日进入一家德资化学品公司，从事销售经理助理工作。该公司与其签订1年的劳动合同，并约定2008年12月8日至2009年2月7日期间为试用期，每月工资6 500元。试用期顺利结束了，但安某于2009年3月11日因工作上的一些琐事，与另一员工在食堂里发生争执，之后该员工多次向上司告状。1个月后，公司的人事主管来找安某，表明公司要对安某重新试用，还发了一份《试用结果通知书》，内容为：通过综合评审，你在试用期内的工作表现未能符合公司要求，公司决定将你的试用期延长2个月，至2009年4月8日。虽然安某口头提出她已是公司正式员工，公司这种做法不对，但她还是迫于压力签收了。此后，安某在工作中处处小心，但仍然在4月25日收到了公司发出的《试用期解除通知书》。公司以安某"在试用期内犯了计算货品错误，没有按规定的程序填请假单"为由，决定于4月25日在试用期内解除劳动合同。接到通知后，安某认为单位是违法解除合同，要求单位至少给予1个月工资作为补偿，但公司拒绝了。安某向仲裁提出要求恢复劳动关系，并每月按6 500元支付从2009年4月26日至恢复劳动关系期间的工资损失。

解答

（1）试用期的最长期限属法律的强制性规定。《劳动合同法》第19条规定："劳动合同的期限满1年不满3年的，试用期不得超过2个月。"这是《劳动法》的强制性规定，违反法律规定的约定或通知均属无效。本案中，双方的劳动合同期限为1年，试用期为2个月，那么从2月8日起安某就是单位的正式员工了。故而，单位解除劳动合同的前提条件，即在试用期内，根本不存在。同时，公司之后发放给安某的《试用结果通知书》也是无效行为，因为双方的试用期早在1个月前就已经结束了，并且不存在延长。

（2）"被证明不符合录用条件"是用人单位在试用期里解除劳动关系的法律依据。依据《劳动合同法》第39条的规定，在试用期被证明不符合录用条件的，用人单位可以解除劳动合同。因此，单位要在试用期内解除员工，首先要证明与员工有明确的录用条件，并且要证明员工经考核被证实不符合录用条件，方可解除劳动合同。而本案中，用人单位在解除通知中仅陈述了劳动者存在个别工作失误，始终无法证明与员工约定有明确录用条件，也无法证明员工经过考核不符合录用条件。故而，用人单位在解除通知中的理由不符合法律规定。最终，仲裁庭支持了安某的全部诉请。

法规链接

《劳动合同法》

第19条　劳动合同期限3个月以上不满1年的，试用期不得超过1个月；劳动合同期限1年以上不满3年的，试用期不得超过2个月；3年以上固定期限和无固定期限的劳动合同，试用期不得超过6个月。

同一用人单位与同一劳动者只能约定1次试用期。

以完成一定工作任务为期限的劳动合同或者劳动合同期限不满3个月的，不得约定试用期。

试用期包含在劳动合同期限内。劳动合同仅约定试用期的，试用期不成立，该期限为劳动合同期限。

第20条　劳动者在试用期的工资不得低于本单位相同岗位最低档工资或者劳动合同约定工资的80%，并不得低于用人单位所在地的最低工资标准。

第21条　在试用期中，除劳动者有本法第39条和第40条第1项、第2项规定的情形外，用人单位不得解除劳动合同。用人单位在试用期解除劳动合同的，应当向劳动者说明理由。

17. 用人单位在试用期内是否可以任意解除劳动合同？

根据《劳动合同法》的规定，试用期内双方的劳动合同解除权是不对等的。劳动者无须任何理由，只要在试用期内"提前3日"通知用人单位就可以解除劳动合同。而用人单位只有证明劳动者不符合用人条件时，才能行使随时解除权。

案例

张某于2007年6月前从上海一民营企业跳槽进入上海某跨国公司担任中国地区市场部经理，双方签订了无固定期限的劳动合同。该合同中约定，张某的月薪为3.5万元，另有丰厚的固定奖金和业绩奖金等，正常情况下年收入可达80万元。为了得到这份新工作，张某曾支付给原单位10万多元违约金，双方劳动合同中约定试用期为6个月。工作到第5个月时，公司总部的领导人员发生变动，新任领导对张某的工作方式表示不满，并表示原先合同的薪酬约定不尽合理。尽管张某极力表现，但就在6个月试用期即将结束时，他突然收到了公司解除劳动合同的通知，理由是在试用期内，公司认为他不适合这份工作，可以随时解除合同。对公司这样的无故解约，张某颇为不满，在多次交涉未果后，申请劳动争议仲裁：要求恢复劳动关系并支付违法解除劳动合同期间的工资损失及试用期的规定奖金等。

解答

本案中，单位因张某"不适合这份工作"于试用期结束之前解除劳动合同，但单位却不能就双方确认的录用条件、试用期考核标准等问题进行举证证明。显然，其解除劳动合同的行为是站不住脚的。最后，用人单位认识到自己的错误，主动与张某协商并一次性补偿张某25万元。

法规链接

《劳动合同法》

第21条 在试用期中，除劳动者有本法第39条和第40条第1项、第2项规定的情形外，用人单位不得解除劳动合同。用人单位在试用期解除劳动合同的，应当向劳动者说明理由。

第39条　劳动者有下列情形之一的，用人单位可以解除劳动合同：

（一）在试用期间被证明不符合录用条件的；

……

第40条　有下列情形之一的，用人单位提前30日以书面形式通知劳动者本人或者额外支付劳动者1个月工资后，可以解除劳动合同：

（一）劳动者患病或者非因工负伤，在规定的医疗期满后不能从事原工作，也不能从事由用人单位另行安排的工作的；

（二）劳动者不能胜任工作，经过培训或者调整工作岗位，仍不能胜任工作的；

……

18. 如何解除劳动合同？

劳动合同的解除包括双方解除和单方解除。双方解除是当事人双方为了消灭原有的合同而订立的新合同，即解除合同。单方解除是指当事人一方通过行使法定解除权或者约定解除权而使合同的效力消灭。

（1）劳动者与用人单位双方协商一致解除劳动合同。《劳动法》第24条规定，经劳动合同当事人协商一致，劳动合同可以解除。

（2）劳动者单方解除劳动合同。根据《劳动合同法实施条例》第18条规定，有下列情形之一的，依照劳动合同法规定的条件程序，劳动者可以与用人单位解除固定期限劳动合同、无固定期限劳动合同或者以完成一定工作任务为期限的劳动合同：（一）劳动者与用人单位协商一致的；（二）劳动者提前30日以书面形式通知用人单位的；（三）劳动者在试用期内提前3日通知用人单位的；（四）用人单位未按照劳动合同约定提供劳动保护或者劳动条件的；（五）用人单位未及时足额支付劳动报酬的；（六）用人单位未依法为劳动者缴纳社会保险费的；（七）用人单位的规章制度违反法律、法规的规定，损害劳动者权益的；（八）用人单位以欺诈、胁迫的手段或者乘人之危，使劳动者在违背真实意思的情况下订立或者变更劳动合同的；（九）用人单位在劳动合同中免除自己的法定责任、排除劳动者权利的；（十）用人单位违反法律、行政法规强制性规定的；（十一）用人单位以暴力、威胁或者非法限制人身自由的手段强迫劳动者劳动的；（十二）用人单位违章指挥、强令冒险作业危及劳动者人身安全的；（十三）法律、行政法规规定劳动者可以解除劳动合同的其他情形。

劳动者提前30日以书面形式通知用人单位，可以解除劳动合同。劳动者在试用期内提前3日通知用人单位，可以解除劳动合同。

（3）用人单位可以单方解除劳动合同的情形。根据《劳动合同法实施条例》第19条规定，有下列情形之一的，依照劳动合同法规定的条件、程序，用人单位可以与劳动者解除固定期限劳动合同、无固定期限劳动合同或者以完成一定工作任务为期限的劳动合同：（一）用人单位与劳动者协商一致的；（二）劳动者在试用期间被证明不符合录用条件的；（三）劳动者严重违反用人单位的规章制度的；（四）劳动者严重失职，营私舞弊，给用人单位造成重大损害的；（五）劳动者同时与其他用人单位建立劳动关系，给完成本单位的工作任务造成严重影响，或者经用人单位提出，拒不改正的；（六）劳动者以欺诈、胁迫的手段或者乘人之危，使用人单位在违背真实意思的情况下订立或者变更劳动合同的；（七）劳动者被依法追究刑事责任的；（八）劳动者患病或者非因工负伤，在规定的医疗期满后不能从事原工作，也不能从事由用人单位另行安排的工作的；（九）劳动者不能胜任工作，经过培训或者调整工作岗位，仍不能胜任工作的；（十）劳动合同订立时所依据的客观情况发生重大变化，致使劳动合同无法履行，经用人单位与劳动者协商，未能就变更劳动合同内容达成协议的；（十一）用人单位依照企业破产法规定进行重整的；（十二）用人单位生产经营发生严重困难的；（十三）企业转产、重大技术革新或者经营方式调整，经变更劳动合同后，仍需裁减人员的；（十四）其他因劳动合同订立时所依据的客观经济情况发生重大变化，致使劳动合同无法履行的。

19.试用期内辞职要提前多少天？

案例

王某于2009年10月进入一家工厂，与之签订了为期3年的劳动合同，约定试用期为2009年10月6日到2010年1月5日。1个月后，工厂还是比较看好王某的工作能力，于是对包括王某在内的3名员工进行培训。双方签订的培训协议中写明：培训分两次进行，第一次是岗前培训，主要内容是工作操作方面的培训，第二次则是技能提高的培训。11月15日，在第一次培训后，王某有了更好的发展，于是向工厂提出辞职，并得到了工厂的批准。3天后，王某就没有再来工厂。12月12日在发放工资的日子王某未能领到工资，在向工厂讨说法时，得到的答复是"双方签订的劳动合同中明确注明辞职要提前1个月通知单位"，以及"职工（包括试用期职工）连续15日未能到岗按旷工处罚1个月工资"。

解答

《劳动合同法》第37条做了明确规定："劳动者提前30日以书面形式通知用人单位，可以解除劳动合同。劳动者在试用期内提前3日通知用人单位，可以解除劳动合同。"试用期内双方只能是在3天的范围内约定提前通知时间，超出则无效，所以王某与工厂间关于辞职需提前1个月的约定因违法而无效。王某在第一次培训后，向工厂提出辞职，并得到了工厂的批准。也就是说，王某与工厂就解除双方的劳动关系已经达成了一致，王某在3天后离厂不仅符合双方的约定，也符合法律关于试用期辞职的规定，双方的劳动关系已解除，当然不可能再有所谓的旷工一说。姑且不论王某是否有旷工，即便有，扣减工资也没有法律依据。工资对于工人就好比土地对于农民，国家对工资给予了特别的保护，对于在何种情况下可以扣工资做了特别的规定。《工资支付暂行规定》第15条规定："用人单位不得克扣劳动者工资。有下列情况之一的，用人单位可以代扣劳动者工资：（一）用人单位代扣代缴的个人所得税；（二）用人单位代扣代缴的应由劳动者个人负担的各项社会保险费用；（三）法院判决、裁定中要求代扣的抚养费、赡养费；（四）法律、法规规定可以从劳动者工资中扣除的其他费用。"罚款属于财产罚的范畴，根据《立法法》和《行政处罚法》的规定，对财产的处罚只能由法律、法规和规章设定。所以，罚款只能由国家立法机关和政府行政部门决定。企业属于以营利为目的的经济组织，无权在规章制度中设定罚款条款。

为了充分保障劳动者的合法权益，根据《劳动合同法》第42条的规定，劳动者有下列情形之一的，用人单位不得依照本法第40条、第41条的规定解除劳动合同：（一）从事接触职业病危害作业的劳动者未进行离岗前职业健康检查，或者疑似职业病病人在诊断或者医学观察期间的；（二）在本单位患职业病或者因工负伤并被确认丧失或者部分丧失劳动能力的；（三）患病或者非因工负伤，在规定的医疗期内的；（四）女职工在孕期、产期、哺乳期的；（五）在本单位连续工作满15年，且距法定退休年龄不足5年的；（六）法律、行政法规规定的其他情形。

20.女职工怀孕后单位绝对不能解除合同吗？

案例

2002年11月6日，崔某入职某公司，双方签订无固定期限劳动合同。2014年5月21日至2015年6月25日，崔某一直休病假，履行了病假手续。2015年6月，崔某怀孕。2015年6月26日起，崔某一直休假，未履行请假手续亦未到岗出勤。2015年8月31日，公司向崔某发出《解除劳动合同通知书》，解除理由为崔某自2015年6月26日起至今，连续旷工2个月，违反公司的规章制度。崔某认可自2015年6月26日起未履行请假手续，原因是怀孕情绪不稳定。因此，崔某认为公司在自己孕期单方解除劳动合同系违法解除，故要求公司支付违法解除赔偿金。

解答

对女职工的特殊保护是劳动法律体系的一种基本制度，但这并不意味着"三期"（即怀孕期、产期、哺乳期）女职工可以无视用人单位的规章制度。本案中，双方均认可崔某自2015年6月26日起未向公司履行请假手续且未提供劳动的事实。崔某连续旷工的行为，违反了公司的规章制度，公司以此为由解除劳动合同，符合法律规定。故我院最终判决认定公司系合法解除劳动合同，无须支付崔某违法解除劳动合同赔偿金。实践中，经常有女职工存在认识误区，认为只要怀孕了，用人单位便不可与其解除劳动合同，其实不然。虽然，我国《劳动合同法》规定用人单位不得对"三期"女职工无过失性辞退和经济性裁员。但法律同时规定，劳动者严重违反用人单位规章制度的，用人单位可与其解除劳动合同。换言之，即使劳动者怀孕，如果其行为符合某些法定情形，用人单位同样可以解除劳动合同。

21.什么是劳动合同中的经济补偿金？

经济补偿金是指企业依据国家有关规定或劳动合同约定，以货币形式直接支付给职工的劳动报酬。经济补偿金一般根据劳动者在用人单位的工作年限和工资标准来计算具体金额。公式为：经济补偿金=工作年限×月工资。

用人单位支付经济补偿金的标准：

（1）经济补偿按劳动者在本单位工作的年限，每满1年支付1个月工资的标准向劳动者支付。6个月以上不满1年的，按1年计算。不满6个月的，向劳动者支付半个月工资的经济补偿。

（2）劳动者月工资高于用人单位所在直辖市、设区的市级人民政府公布的本地区上年度职工月平均工资3倍的，向其支付经济补偿的标准按职工月平均工资3倍的数额支付，向其支付经济补偿的年限最高不超过12年（注：若劳动者收入没有高于本条规定的3倍，则补偿年限不受最高12年的限制）。

（3）以上所称月工资，是指劳动者在劳动合同解除或者终止前12个月的平均工资。

解除或者终止劳动合同，用人单位依法应向劳动者支付经济补偿的，应当在劳动者按照约定与用人单位办结工作交接时支付。

案例

小丽是县里一家酒店的服务员，到2011年已工作3年，月工资1 000元。2011年春天，该酒店被原来的老板出售给了李某，李某在接收酒店之后，为了有更好的效益，对酒店工作人员进行了全面考查并进行部分更换。因为小丽只有初中文化水平，新招聘来的服务员都是高中或专科水平，于是李某以酒店的名义给小丽发了辞退通知。小丽觉得自己在酒店干得不错，接受不了李某的辞退理由，在协商没用的情况下，向劳动仲裁委员会提出了申诉。因为觉得李某的行为让自己很失望，小丽也不想继续在该酒店工作，所以要求酒店给予补偿。

解答

劳动合同的解除，需要依法进行，用人单位辞退劳动者，或者劳动者协商解除，或者提前30日以书面形式通知劳动者本人或者额外支付劳动者1个月工资，再或者有法定理由，否则就是违法解除劳动合同，劳动者可以要求继续履行劳动合同或者可以依法要求赔偿。本案中，小丽与酒店的劳动合同仍旧有效，尚未到期，没有特殊的情况需要解除劳动合同，而且小丽也没有和酒店协商过要解除劳动合同，那么酒店给小丽发出辞退通知不符合法律规定，属于违法解除劳动合同。根据《劳动合同法》第48条的规定，用人单位违反本法规定解除或者终止劳动合同，劳动者要求继续履行劳动合同的，用人单位应当继续履行，劳动者不要求继续履行劳动合同或者劳动合同已经不能继续履行的，用人单位应当支付赔偿金。本案中，因为小丽觉得李某的行为伤害了自己，不愿意继续履行劳动合同，那么用人单位违反相关法律规定解除或者终止劳动合同的，需要按照相应的经济补偿标准向劳动者支付赔偿金。

根据《劳动合同法》第47条的规定，经济补偿是按照劳动者在本单位工作的年限，每满1年支付1个月工资的标准向劳动者支付。其中：6个月以上不满1年的，按1年计算；不满6个月的，向劳动者支付半个月工资的经济补偿。同时，根据《劳动合同法》第87条的规定，用人单位违法解除或者终止劳动合同时，按照经济补偿标准的2倍进行赔偿。所以，小丽在酒店工作3年，可以获得的经济补偿是3个月的工资3000元，双倍的话就是6000元。

法规链接

《劳动合同法实施条例》

第27条　劳动合同法第47条规定的经济补偿的月工资按照劳动者应得工资计算，包括计时工资或者计件工资以及奖金、津贴和补贴等货币性收入。劳动者在劳动合同解除或者终止前12个月的平均工资低于当地最低工资标准的，按照当地最低工资标准计算。劳动者工作不满12个月的，按照实际工作的月数计算平均工资。

22.终止劳动关系后，用人单位应办理什么手续？

在司法实践中，一些用人单位在与劳动者解除或终止劳动合同时手续不规范，导致许多劳动者在维权时缺乏相应的证据。《劳动合同法》对劳动合同解除或终止后用人单位应当履行的义务进行了明确规定。用人单位应当在解除或者终止劳动合同时出具解除或者终止劳动合同的证明，并在15日内为劳动者办理档案和社会保险关系转移手续。劳动者应当按照双方约定，办理工作交接。

案例

老张在一家保安公司已工作9年，单位每年和他签一份期限为1年的劳动合同书。2010年3月，单位又和老张签订了为期1年的劳动合同书，劳动合同于2011年3月底到期。单位为了回避工作满10年要签无固定期限的劳动合同书的法律规定，将对工作接近10年的老职工进行清理。老张想知道，如果2010年5月合同到期后，单位辞退他的话，用人单位应当办些什么手续？

解答

保安公司应当出具终止劳动合同的证明，并为老张办理档案和社会保险关系转移手续。老张应当办理工作交接，并有权得到保安公司支付的经济补偿金。

法规链接

《劳动合同法》

第50条　用人单位应当在解除或者终止劳动合同时出具解除或者终止劳动合同的证明，并在15日内为劳动者办理档案和社会保险关系转移手续。

劳动者应当按照双方约定，办理工作交接。用人单位依照本法有关规定应当向劳动者支付经济补偿的，在办结工作交接时支付。

用人单位对已经解除或者终止的劳动合同的文本，至少保存2年备查。

第89条　用人单位违反本法规定未向劳动者出具解除或者终止劳动合同的书面证明，由劳动行政部门责令改正；给劳动者造成损害的，应当承担赔偿责任。

23. 法定的工作时间是多长？

《劳动法》、《国务院关于职工工作时间的规定》、原劳动部《关于企业实行不定时工作制和综合计算工时工作制的审批办法》（劳动部发〔1994〕503号）等规定：（1）劳动者每日工作不超过8小时，每周工作不超过40小时。企业因生产特点不能实行以上工时制度的，经劳动保障行政部门批准，可以实行综合计算工时工作制或不定时工作制。（2）综合计算工时工作制是针对因工作性质特殊，需连续作业或受季节及自然条件限制的企业部分职工，采用的以周、月、季、年等为周期综合计算工作时间的一种工时制度。在综合计算工作时间的周期内，具体某一天、某一周等的工作时间可以超过8小时或40小时等，但是，在综合计算工作时间周期内，平均日工作时间和平均周工作时间应与法定标准工作时间基本相同。（3）不定时工作制是指每一工作日没有固定的上下班时间限制的工作时间制度。它是针对因生产特点、工作特殊需要或职责范围的关系，无法按标准工作时间衡量或需要机动作业的职工所采用的一种工时制度。经批准实行不定时工作制的职工，不受《劳动法》第41条规定的日延长工作时间标准和月延长工作时间标准的限制，但用人单位应采用弹性工作时间等适当的工作和休息方式，确保职工的休息休假权利和生产、工作任务的完成。

案例

刘某自2006年2月起至某时装公司从事裁剪工作。2008年4月20日，该公司行政方与工会签订集体合同书，规定公司执行平均每周工作时间不超过40小时的工时制度，并保证职工每周至少休息一日，无论实行何种工作制，其平均日工作时间和平均周工作时间应与法定标准工作时间相同。2009年4月23日至2013年4月23日期间，市人社部门应某时装公司申请，许可其实行特殊工时工作制，其中综合计算工时制计算周期均为年，岗位包括编织、缝合、包装等。刘某从事的裁剪岗位属于手缝部门。2010年度特殊工时花名册载有"刘某、手工岗位、综合工作制"，2011年度和2012年度实行综合计算工时工作制和不定时工作制职工花名册中均载有"刘某、手缝岗位、特殊工时"，职工签名处有刘某的签字。2010年，刘某加班累计时长1 167.5小时。2011年，刘某加班累计时长1 106.5小时。2012年1至6月，刘某加班累计459.5小时。2011年6月至2012年5月，刘某上班天数共计306天，平均每周工作近6天。2012年9月3日，刘某以公司超时加班，未足额支付加班工资为由，向公司提出解除劳动合同。后双方于2012年9月10日解除劳动关系。刘某诉至法院，请求判令某时装公司支付加班工资。

解答

法律规定企业因生产特点不能实行劳动法规定的标准工时制的，可以实行不定时工作制或综合计算工时制。而企业实行特殊工时工作制除了必须报劳动行政部门审批外，还应当采用集中工作、集中休息、轮休调休、弹性工作时间等适当方式，确保职工的休息休假权利。实行综合计算工时工作制的，平均日工作时间和平均周工作时间应与法定标准工作时间基本相同。本案中，即使某时装公司已就刘某的工作岗位向劳动行政部门申请了实行综合计算工时工作制，但从刘某实际的工作情况来看，其在法定标准工作时间内均在上班，岗位的淡旺季之分仅体现在平时和周末加班时数的长短，某时装公司在生产淡季中未安排刘某轮休、调休，刘某的岗位作息制度已与标准工时制无异，刘某一直处于超时加班状态。故本案中，法院判令某时装公司按标准工时制向刘某支付加班工资。

24.劳动者加班加点有哪些法律规定？

加班加点，也称延长劳动时间，是指用人单位经过一定程序，要求劳动者超过法律、法规规定的最高限制的日工作时数和周工作天数而工作。一般分为正常情况下加班加点和非正常情况下加班加点两种形式。

正常情况下加班加点，按照《劳动法》的规定，需具备以下三个条件：（1）由于生产经营需要；（2）必须与工会协商；（3）必须与劳动者协商。正常情况下加班加点，一般每日不得超过1小时，因特殊原因需要延长工作时间的，在保障劳动者身体健康的条件下延长工作时间，每日不得超过3小时，但是每月不得超过36小时。

非正常情况下加班加点，是指依据《劳动法》第42条的规定，遇到下列情况，用人单位可以不受正常情况下的限制而安排劳动者加班加点：（1）发生自然灾害、事故或者因其他原因，威胁劳动者生命健康和财产安全，需要紧急处理的；（2）生产设备、交通运输线路、公共设施发生故障，影响生产和公众利益，必须及时抢修的；（3）法律、行政法规规定的其他情形。禁止安排怀孕7个月以上和在哺乳未满1周岁的婴儿期间的女职工加班加点和夜班劳动。

用人单位安排劳动者在休息日加班的，应安排补休；不能安排补休的，应依法支付加班工资。安排劳动者加点或在法定节日加班的，应依法支付加班加点工资。

25.农民工休假权利的内容有哪些？

农民工依法享有休假权利，主要包括：

（1）法定节假日。根据国务院《全国年节及纪念日放假办法》的规定，我国法定节假日包括三类。第一类是全体公民放假的节日，包括：新年（1月1日放假1天）、春节（农历正月初一、初二、初三放假3天）、劳动节（5月1日、2日、3日放假3天）和国庆节（10月1日、2日、3日放假3天）。第二类是部分公民放假的节日及纪念日，包括：妇女节（3月8日妇女放假半天）、青年节（5月4日14周岁以上的青年放假半天）等。第三类是少数民族习惯的节日，具体节日由各少数民族聚居地区的地方人民政府，按照各该民族习惯，规定放假日期。全体公民放假的假日，如果适逢星期六、星期日，应当在工作日补假。部分公民放假的假日，如果适逢星期六、星期日，则不补假。

（2）病假。根据劳动部《企业职工患病或非因工负伤医疗期规定》（劳动部发〔1994〕479号）等有关规定，任何企业职工因患病或非因工负伤，需要停止工作医疗时，企业应该根据职工本人实际参加工作年限和在本单位工作年限，给予一定的病假假期。职工实际工作年限10年以下的，在本单位工作5年以下的为3个月，5年以上的为6个月。实际工作年限在10年以上的，在本单位工作5年以下的为6个月，5年以上10年以下的为9个月，10年以上15年以下的为12个月，15年以上20年以下为18个月，20年以上的为24个月。医疗期3个月的按6个月内累计病休时间计算，6个月的按12个月内累计病休时间计算，9个月的按15个月内累计病休时间计算，12个月的按18个月内累计病休时间计算，18个月的按24个月内累计病休时间计算，24个月的按30个月内累计病休时间计算。

根据国家有关规定，职工疾病或非因工负伤停止工作连续医疗期间在6个月以内的，企业应该向其支付病假工资；医疗期限超过6个月时，病假工资停发，改由企业按月付给疾病或非因工负伤救济费。病假工资的支付标准是：本企业工龄不满2年者，为本人工资的60%；已满2年不满4年者，为本人工资的70%；已满4年不满6年者，为本人工资的80%；已满6年不满8年者，为本人工资的90%；已满8年及8年以上者，为本人工资的100%。疾病或非因工负伤救济费的支付标准是：本企业工龄不满1年者，为本人工资的40%；已满1年未满3年者，为本人工资的50%；3年及3年以上者，为本人工资的60%。病假工资或疾病救济费不能低于最低工资标准的80%。

此外，农民工还依法享有女职工产假、依法参加社会活动请假等。

26.劳动者在安全生产方面享有哪些权利和义务？

主要有以下权利：（1）签订劳动合同时，应载明有关保障劳动者劳动安全、防止职业危害、依法为劳动者办理工伤社会保险等事项。用人单位不得以任何形式与劳动者订立协议，免除或减轻其对劳动者因生产安全事故伤亡依法承担的责任。（2）劳动者有权了解其作业场所和工作岗位存在的危险因素、防范措施及事故应急措施，有权对本单位的安全生产工作提出建议。（3）劳动者有权对本单位安全生产工作中存在的问题提出批评、检举、控告，有权拒绝违章指挥和强令冒险作业。用人单位不得因此而降低劳动者的工资、福利等待遇或解除劳动合同。（4）劳动者发现直接危及人身安全的紧急情况时，有权停止作业或在采取应急措施后撤离作业场所。用人单位不得因此而降低其工资、福利等待遇或解除劳动合同。（5）因生产安全事故受到损害的劳动者，除依法享有工伤社会保险外，依照有关法律尚有获得赔偿权利的，有权向用工单位提出赔偿要求。

主要有以下义务：（1）劳动者在劳动过程中，应当严格遵守本单位的安全生产规章制度和操作规程，服从管理，正确佩戴和使用劳动防护用品。（2）劳动者应当接受安全生产教育和培训，掌握本职工作所需要的安全生产知识，提高安全生产技能，增强事故预防和应急处理能力。（3）劳动者发现事故隐患或者其他不安全因素，应当立即向现场安全生产管理人员或本单位负责人报告。

27. 什么是工伤？

工伤是指劳动者在从事职业活动或者与职业活动有关的活动时所遭受的不良因素的伤害和职业病伤害，又称为产业伤害、职业伤害、工业伤害、工作伤害。

《工伤保险条例》是为了保障因工作遭受事故伤害或者患职业病的职工获得医疗救治和经济补偿，促进工伤预防和职业康复，分散用人单位的工伤风险而制定的法律条例。根据《工伤保险条例》第2条的规定，中华人民共和国境内的企业、事业单位、社会团体、民办非企业单位、基金会、律师事务所、会计师事务所等组织和有雇工的个体工商户（以下称用人单位）应当依照本条例规定参加工伤保险，为本单位全部职工或者雇工（以下称职工）缴纳工伤保险费。中华人民共和国境内的企业、事业单位、社会团体、民办非企业单位、基金会、律师事务所、会计师事务所等组织的职工和个体工商户的雇工，均有依照本条例的规定享受工伤保险待遇的权利。第10条规定：用人单位应当按时缴纳工伤保险费。职工个人不缴纳工伤保险费。

《工伤保险条例》第14条规定："职工有下列情形之一的，应当认定为工伤：（一）在工作时间和工作场所内，因工作原因受到事故伤害的；（二）工作时间前后在工作场所内，从事与工作有关的预备性或者收尾性工作受到事故伤害的；（三）在工作时间和工作场所内，因履行工作职责受到暴力等意外伤害的；（四）患职业病的；（五）因工外出期间，由于工作原因受到伤害或者发生事故下落不明的；（六）在上下班途中，受到非本人主要责任的交通事故或者城市轨道交通、客运轮渡、火车事故伤害的；（七）法律、行政法规规定应当认定为工伤的其他情形。"

《工伤保险条例》第15条规定："职工有下列情形之一的，视同工伤：（一）在工作时间和工作岗位，突发疾病死亡或者在48小时之内经抢救无效死亡的；（二）在抢险救灾等维护国家利益、公共利益活动中受到伤害的；（三）职工原在军队服役，因战、因公负伤致残，已取得革命伤残军人证，到用人单位后旧伤复发的。职工有前款第（一）项、第（二）项情形的，按照本条例的有关规定享受工伤保险待遇；职工有前款第（三）项情形的，按照本条例的有关规定享受除一次性伤残补助金以外的工伤保险待遇。"

《工伤保险条例》第16条规定："职工符合本条例第14条、第15条的规定，但是有下列情形之一的，不得认定为工伤或者视同工伤：（一）故意犯罪的；（二）醉酒或者吸毒的；（三）自残或者自杀的。"

28.发生因工伤亡事故怎么办？

（1）提出工伤认定申请。《工伤保险条例》第17条规定，职工发生事故伤害或者按照职业病防治法规定被诊断、鉴定为职业病，所在单位应当自事故伤害发生之日或者被诊断、鉴定为职业病之日起30日内，向统筹地区社会保险行政部门提出工伤认定申请。遇有特殊情况，经报社会保险行政部门同意，申请时限可以适当延长。

用人单位未按前款规定提出工伤认定申请的，工伤职工或者其直系亲属、工会组织在事故伤害发生之日或者被诊断、鉴定为职业病之日起1年内，可以直接向用人单位所在地统筹地区劳动保障行政部门提出工伤认定申请。用人单位未在本条第1款规定的时限内提交工伤认定申请，在此期间发生符合本条例规定的工伤待遇等有关费用由该用人单位负担。

（2）提出工伤认定申请应当提交材料。《工伤保险条例》第18条规定，提出工伤认定申请应当提交下列材料：（一）工伤认定申请表；（二）与用人单位存在劳动关系（包括事实劳动关系）的证明材料；（三）医疗诊断证明或者职业病诊断证明书（或者职业病诊断鉴定书）。

工伤认定申请表应当包括事故发生的时间、地点、原因以及职工伤害程度等基本情况。

工伤认定申请人提供材料不完整的，社会保险行政部门应当一次性书面告知工伤认定申请人需要补正的全部材料。申请人按照书面告知要求补正材料后，社会保险行政部门应当受理。

（3）核实。《工伤保险条例》第19条规定，社会保险行政部门受理工伤认定申请后，根据审核需要可以对事故伤害进行调查核实，用人单位、职工、工会组织、医疗机构以及有关部门应当予以协助。职业病诊断和诊断争议的鉴定，依照职业病防治法的有关规定执行。对依法取得职业病诊断证明书或者职业病诊断鉴定书的，社会保险行政部门不再进行调查核实。

职工或者其近亲属认为是工伤，用人单位不认为是工伤的，由用人单位承担举证责任。

（4）作出决定。《工伤保险条例》第20条规定，社会保险行政部门应当自受理工伤认定申请之日起60日内作出工伤认定的决定，并书面通知申请工伤认定的职工或者其近亲属和该职工所在单位。社会保险行政部门对受理的事实清楚、权利义务明确的工伤认定申请，应当在15日内作出工伤认定的决定。

29.职工因工作遭受事故伤害或者患职业病的，可以享受什么待遇？

根据《工伤保险条例》的规定，职工因工作遭受事故伤害或者患职业病的，可享受以下工伤待遇：（1）治疗工伤所需费用符合工伤保险诊疗项目目录、工伤保险药品目录、工伤保险住院服务标准的，从工伤保险基金支付。（2）职工住院治疗工伤的，由所在单位按照本单位因公出差伙食补助标准的70%发给住院伙食补助费；经医疗机构出具证明，报经办机构同意，工伤职工到统筹地区以外就医的，所需交通、住宿费用由所在单位按照本单位因公出差标准报销。（3）工伤职工到签订服务协议的医疗机构进行康复性治疗的费用，从工伤保险基金支付。（4）工伤职工因日常生活或者就业需要，经劳动能力鉴定委员会确认，可以安装假肢、矫形器、假眼、假牙和配置轮椅等辅助器具，所需费用按照国家规定的标准从工伤保险基金支付。（5）职工因工作遭受事故伤害或者患职业病需要暂停工作接受工伤医疗的，在停工留薪期内，原工资福利待遇不变，由所在单位支付。停工留薪期一般不超过12个月，伤情严重或者情况特殊，经设区的市级劳动能力鉴定委员会确认，可以适当延长，但延长期不得超过12个月。工伤职工评定伤残等级后，停发原待遇，按照本章的有关规定享受伤残待遇。工伤职工在停工留薪期满后仍需治疗的，继续享受工伤医疗待遇。生活不能自理的工伤职工在停工留薪期需要护理的，由所在单位负责。（6）工伤职工已经评定伤残等级并经劳动能力鉴定委员会确认需要生活护理的，从工伤保险基金按月支付生活护理费。生活护理费按照生活完全不能自理、生活大部分不能自理或者生活部分不能自理三个不同等级支付，其标准分别为统筹地区上年度职工月平均工资的50%、40%或者30%。

30.职工工伤进行治疗，享受哪些工伤医疗待遇？

职工治疗工伤应当在签订服务协议的医疗机构就医，情况紧急时可以先到就近的医疗机构急救。治疗工伤费用符合工伤保险诊疗目录、工伤保险药品目录、工伤保险住院服务费标准的，从工伤保险金支付。住院治疗期间，由所在单位依照本单位因工出差伙食补助标准的70%发给住院伙食补助费。经医疗机构出具证明，报经办机构同意，工伤职工到统筹地区以外就医的，所需交通、食宿费用由所在单位按照本单位职工因公出差标准报销。

案例

孙某在一家印刷厂当印刷工。公司要求连续加班3天。一日夜里，孙某实在太累，在操作中不小心把双手轧进了机器滚筒里，经劳动能力鉴定委员会鉴定，孙某为三级伤残，完全丧失劳动能力，生活大部分不能自理。孙某的左手必须5年更换一次电动假肢，每更换一次需要2万元左右。孙某的右手可以转到外地大医院进行移植手术，费用需要2万元。孙某找到印刷厂，厂长却不愿承担孙某的费用。

解答

根据《工伤保险条例》第14条的规定，孙某在工作时间和工作场所内，因工作原因受到事故伤害应当被认定为工伤，并可以享受工伤待遇。

首先，职工因工作遭受事故伤害进行治疗的，享受工伤医疗待遇。孙某的全部医疗费用，包括孙某提出的右手进行移植手术的费用以及孙某住院伙食补助费全由单位报销。关于住院伙食费的标准，根据《工伤保险条例》第29条的规定，应为印刷厂因公出差伙食补助标准的70%，如果经医疗机构出具证明，并报经办事机构同意到外地就医的，所需交通、食宿费用由本单位按照职工出差标准报销。在治疗期内需要暂停工作，一般不超过12个月。如果伤情严重，经市级劳动能力鉴定委员会确认可以延长，但延长期不得超过12个月，在这段时间内，原工资福利待遇不变，由原单位按月支付。本案中，孙某可以通过办理相关手续，转院进行移植手术，手术费、护理费以及这段时间的工资福利全由印刷厂负责。

其次，孙某提出安装假肢的要求是合理的，相关费用也应由印刷厂支付。《工伤保险条例》第30条规定，工伤职工因日常生活或就业需要，经劳动能力鉴定委员会确认，可以安装假肢、矫形器、假眼、假牙和配置轮椅等辅助器具，所需费用按照国家规定的标准从工伤保险基金中支付。在以往的司法实践中，一般以70岁作为男性的预期寿命，应该由印刷厂一次性支付孙某10次的假肢更换费用。

最后，孙某还可以获得一次性伤残补助金、每月的伤残津贴以及生活护理费。孙某被劳动能力鉴定委员会鉴定为三级伤残，按照规定应当保留劳动关系，退出工作岗位，并可以从工伤保险基金中领取一次性伤残补助金，标准为孙某20个月的工资。另外，孙某还可以领取伤残津贴，三级伤残津贴的标准是孙某工资的80％，如果伤残津贴的实际金额低于本地最低工资标准，由工伤保险基金补足差额，经劳动能力鉴定委员会确认孙某的生活大部分不能自理，按照《工伤保险条例》第32条的规定，孙某还可以按月领取生活护理费，标准为本地区上年度职工月平均工资的40％。因此，孙某的主张是正确的，单位还应该向孙某支付不足的赔偿金。

31. 用人单位未参加工伤保险的，发生工伤怎么办？

用人单位应当参加工伤保险而未参加，职工发生工伤的，由该用人单位按照《工伤保险条例》规定的工伤保险待遇项目和标准向工伤职工支付待遇。如果用人单位拒不支付的，工伤职工或其近亲属可以向劳动争议仲裁委员会申请仲裁或向人民法院起诉。

32. 什么是劳动争议？

劳动争议是指劳动关系当事人之间因实现劳动权利和履行劳动义务而发生的劳动纠纷。它有如下特征：一是发生在劳动关系双方当事人之间，一方是用人单位，包括企业、机关、事业单位、团体、个体工商户等，另一方是该用人单位的职工。二是争议的内容是特定的，必须是实现劳动权利和义务方面的问题，如因开除、除名、辞退职工和职工辞职、自动离职及履行劳动合同发生的争议。

《劳动争议调解仲裁法》第2条规定，中华人民共和国境内的用人单位与劳动者发生的下列劳动争议，适用本法：（一）因确认劳动关系发生的争议；（二）因订立、履行、变更、解除和终止劳动合同发生的争议；（三）因除名、辞退和辞职、离职发生的争议；（四）因工作时间、休息休假、社会保险、福利、培训以及劳动保护发生的争议；（五）因劳动报酬、工伤医疗费、经济补偿或者赔偿金等发生的争议；（六）法律、法规规定的其他劳动争议。

33.劳动争议如何解决？

劳动仲裁是指由劳动争议仲裁委员会对当事人申请仲裁的劳动争议居中公断与裁决。在我国，劳动仲裁是劳动争议当事人向人民法院提起诉讼的必经程序。按照《劳动争议调解仲裁法》规定，提起劳动仲裁的一方应在劳动争议发生之日起1年内向劳动争议仲裁委员会提出书面申请。除非当事人是因不可抗力或有其他正当理由，否则超过法律规定的申请仲裁时效的，仲裁委员会不予受理。

《劳动争议调解仲裁法》第3条规定，解决劳动争议，应当根据事实，遵循合法、公正、及时、着重调解的原则，依法保护当事人的合法权益。第4条规定，发生劳动争议，劳动者可以与用人单位协商，也可以请工会或者第三方共同与用人单位协商，达成和解协议。第5条规定，发生劳动争议，当事人不愿协商、协商不成或者达成和解协议后不履行的，可以向调解组织申请调解；不愿调解、调解不成或者达成调解协议后不履行的，可以向劳动争议仲裁委员会申请仲裁；对仲裁裁决不服的，除本法另有规定的外，可以向人民法院提起诉讼。

《劳动合同法》第77条规定，劳动者合法权益受到侵害的，有权要求有关部门依法处理，或者依法申请仲裁、提起诉讼。

由此可见，我国解决劳动争议适用途径有：协商、调解、仲裁、诉讼。

（1）协商。由于劳动争议的当事人一方为用人单位，另一方为该单位的职工，因此，处理劳动争议最好首先经过充分的协商，以利于自愿达成协议，解决争议，消除双方隔阂，加强团结。如果争议双方协商达成一致，应将成立的协议报请当地劳动行政机关审查备案，劳动行政机关在审查过程中对于不合法的协议应令其修改或确认其无效。

当事人双方自行协商不是处理劳动争议的必经程序。双方当事人可以自愿进行协商，并提倡协商解决争议，但任何一方或他人都不能强迫进行协商。因此，不愿协商或者协商不成的，可以向本企业劳动争议调解委员会申请调解。

（2）调解。劳动争议调解组织调解解决劳动争议是一种非常有效并且有利于改善争议双方当事人关系的方式，因此，在劳动争议处理过程中，调解组织的调解占有很重要的地位。但是，调解并非解决劳动争议的必经途径，劳动争议发生后，当事人不愿协商或者协商不成的，可以向调解组织申请调解，也可以不向调解组织申请调解，而直接申请仲裁。调解组织进行的调解为群众性调解，不具有法律效力，完全依靠劳动争议当事人的自觉、自愿达成协议，并且双方达成的协议也要靠当事人的自我约束来履行，不能强制。若当事人反悔，并不妨碍其向仲裁机关申请仲裁。

（3）仲裁。劳动争议的仲裁是解决劳动争议的重要手段，它既具有劳动争议调解的灵活、快捷的特点，又具有可强制执行的特点。

劳动争议仲裁，是指经劳动争议当事人申请，由劳动争议仲裁委员会对劳动争议当事人因劳动权利、义务等问题产生的争议进行的评价、调解和裁决，其生效裁决具有国家强制力的一种处理劳动争议的方式。

（4）诉讼。人民法院的审判是劳动争议解决的最终途经。劳动争议案件在没有得到解决以前，当事人不服仲裁委员会仲裁的，有权向人民法院起诉，人民法院应当受理、审理并作出判决。法院的审理包括一审、二审及再审程序，最终的生效判决标志着这一劳动争议案件的最终解决。无论是生效的劳动争议案件的调解协议，还是仲裁裁决，或是人民法院的终审判决，都存在一个实际执行的问题，若一方当事人应当履行而拒不履行，则另一方当事人有权申请人民法院强制执行。法院的强制执行是劳动争议案件能够真正切实得以解决的保障。

34.劳动争议仲裁有什么特有原则?

（1）强制原则。根据《劳动合同法》和《劳动争议调解仲裁法》的规定，我国劳动争议的处理，实行选择调解、必经仲裁、最后诉讼的处理体制。其中，是否经过调解由当事人自由选择，而仲裁则是解决劳动争议的必经程序，当事人只有经过仲裁，才能向人民法院起诉。

此外，强制原则还体现在：仲裁的提出无须双方当事人一致申请，只要有一方当事人申请，仲裁委员会就可以受理；仲裁庭在调解无效时，依法行使裁决权，对劳动争议作出裁决；对发生法律效力的仲裁调解书和裁决书，当事人不履行的，劳动争议仲裁机关可以申请人民法院强制执行。

（2）独立仲裁原则。劳动争议仲裁机关依法独立对劳动争议案件行使仲裁权，不受其他任何组织和个人的干涉。仲裁委员会是国家授权，依法独立处理劳动争议案件的专门机构。劳动争议仲裁权统一由劳动争议仲裁机构行使，劳动争议仲裁机关行使仲裁权时，不受其他组织和个人的干涉。

（3）一次裁决原则。劳动争议仲裁实行一次裁决制，即当事人向仲裁委员会申请，仲裁委员会在作出仲裁调解书或仲裁裁决书后，仲裁程序即行结束，当事人如不服，不能再向上一级劳动争议仲裁委员会申请仲裁，只能在法定期限内向人民法院起诉，进入司法程序。按照我国现行劳动争议处理体制，劳动争议实行一调一裁两审制度，经过三种程序、四级或三级处理，调解、仲裁和诉讼有机结合，劳动争议基本能得到有效解决。

（4）不同举证责任。民事诉讼中，适用谁主张谁举证的原则。而在行政诉讼中，争议的标的是行政主体根据国家赋予的行政职权单方作出的具体行政行为，行政主体与公民、法人或其他组织在行政法律关系中的地位不平等，行政主体居于主导和支配地位，而公民、法人或其他组织则处于被动地位，因此，举证责任应由掌握证据作出具体行政行为的行政主体，即被告承担。

附件：劳动仲裁申请书范本

劳动仲裁申请书

申请人：_____，性别_____，民族_____，出生年月_____。现住×××市×××区×××路×××号。联系电话：×××。

被申请人：×××有限公司，住所地：×××市×××区×××路×××号。电话：×××。

法定代表人：××× 职务：×××

请求事项：

一、裁决被申请人向申请人支付解除劳动合同经济补偿金_____元。

二、裁决被申请人向申请人支付_____年_____月至_____年_____月加班费共_____元，其中：（1）延时工作时间加班费_____元及25%的经济补偿金_____元；（2）休息日加班费_____元及25%的经济补偿金_____元。

三、裁决被申请人向申请人支付年休假赔偿金_____元。

四、裁决被申请人向申请人支付高温补贴_____元。

五、裁决被申请人向申请人支付失业保险赔偿金_____元。

六、裁决被申请人向申请人支付未签署劳动合同的赔偿金_____元。

以上六项合计：_____元。

事实与理由：

申请人于_____年_____月进入被申请人单位工作，任_____一职至今，双方未签订劳动合同，被申请人未给申请人办理社会保险，_____年_____月_____日，申请人于_____年_____月_____日以被申请人"未签劳动合同、未买社会保险、未及时足额支付劳动报酬"为由向被申请人提出了解除劳动合同关系。

在职期间，申请人为_____职务，被申请人要求申请人除每周正常工作5天外，星期六、日还要求申请人加班，但被申请人却没有按《劳动法》的规定给申请人安排补休，也没有按规定支付申请人加班费。从被申请人发给申请人的工资条可以看出，申请人的加班时数、加班工资均为零，按照双方劳动合同约定的月工资_____元为基数计算，_____年_____月至_____年_____月间，被申请人拖欠申请人延时工作时间加班费_____未付，拖欠申请人休息日工作时间加班费_____元未付。

在职期间，申请人多次找被申请人协商要求签署劳动合同，办理社保，支付加班费，被申请人均予以拒绝。被申请人的行为严重违反了《劳动法》和《劳动合同法》的规定，为维护申请人的合法权益，特向贵会申请仲裁，请求仲裁委在查明事实的基础上支持申请人的仲裁请求，依法裁决。

此致

申请人：×××（签名）

_____年___月___日

35.何为劳务关系?

劳务关系是劳动者与用工者根据口头或书面约定，由劳动者向用工者提供一次性的或者是特定的劳动服务，用工者依约向劳动者支付劳务报酬的一种有偿服务的法律关系。劳务关系是由两个或两个以上的平等主体，通过劳务合同建立的一种民事权利义务关系。其主体是不确定的，可能是法人之间的关系，也可能是自然人之间的关系，还可能是法人与自然人之间的关系。劳务关系、劳务合同是一种顾名思义的通俗称呼，在《合同法》中是没有这类名词的。属于承包劳务情形的劳务合同似可归属法定的"承揽合同"，属于劳务人员输出情形的劳务合同似可归属法定的"租赁合同"。劳务合同与劳动合同不同，没有固定的格式，其内容可依照《合同法》第12条的规定，由当事人根据具体情况自主选择条款，具体约定。

36.劳务关系与劳动关系的区别是什么？

（1）主体不同。劳动关系的主体是确定的，一方必须是用人单位，另一方必然是劳动者。劳务关系的主体是不确定的。

（2）法律地位不同。劳动关系两个主体之间不仅存在经济关系，还存在人身关系，即行政隶属关系，劳动者除了提供劳动外，还要遵循用人单位的规章制度，接受用人单位的管理。劳务关系的主体之间只存在经济关系，不存在行政隶属关系。

（3）劳动主体的权利不同。劳动关系中的劳动者除享有劳动报酬权以外，还享有社会保险和福利、休息、休假、获得劳动安全卫生保护、接受职业技能培训、提起劳动争议处理等法定的权利。劳务关系中的自然人，一般只有获得劳动报酬的权利，无其他的法定权利。

（4）适用法律不同。劳动关系出现争议时适用劳动法，劳务关系则适用合同法。

（5）合同的法定形式不同。劳动关系用劳动合同确定，其法定形式是书面的。劳务关系用劳务合同来确定，其法定形式除书面形式外，也可以是口头形式。

（6）受国家干预程度不同。劳务关系作为一种民事关系，以意思自治为基本原则，当事人在合同中的约定有较大的自由，国家行政不予干预。国家对劳动关系经常以强行性的形式，规定劳动关系当事人的权利义务，干预劳动合同内容的确定。

案例

原告（女）自2009年8月起受雇为被告工作，主要工作是面食品加工。双方口头约定被告每月付给原告工资400元。2010年1月15日，被告指派原告搬运新购进的面粉。在搬运中，车上的面粉袋子滑落，砸在原告的身上，原告当日被送到医院治疗，经诊断为L2腰椎骨折。被告为原告承担了住院期间的医药费，便不再承担其他责任。2010年3月，原告出院，出院的诊断结论为L2腰椎骨折，需继续治疗。此后，原告继续治疗花费500多元。

解答

法院在审理中查明，被告没有工商行政管理部门颁发的个体工商户营业执照，不是依法成立的个体工商户，故不能作为劳动法律关系的主体。本案不是劳动法律关系，而是雇佣法律关系，因此定性为雇佣人损害赔偿诉讼。根据《最高人民法院关于审理人身损害赔偿案件适用法律若干问题的解释》第9条"雇员在从事雇佣活动中遭受人身损害，雇主应当承担赔偿责任"的规定，被告应当承担赔偿责任。本案适用无过错责任且被告也没任何证据证明原告有过错或重大过失，因此，本案被告应承担全部民事责任。人民法院判决被告承担全部民事责任，于判决生效后10日内一次付给原告医疗费、伤残抚恤金及误工费等各项费用共计26 382元。

37.何为雇佣关系？

所谓"雇"，是指劳动力的使用者"出钱让人给自己做事"。所谓"佣"，是指"受雇佣的人"，即劳动力的提供者。雇佣关系则是指劳动力所有者与劳动力使用者之间形成的一方有偿提供劳动力而另一方用于实现其利益的社会关系。在雇佣关系中，雇主与雇员之间存在一定的人身依附关系，雇员在工作时间、地点、程序等方面需要按雇主的安排工作，雇主可以随时干预雇员的工作，双方存在一定的人身依附关系。

雇佣关系中，雇员工作的目的只是单纯提供劳务。一般来说，在雇佣关系中，雇员提供的大都是简单的体力劳动，技术含量较低，报酬仅是其提供劳务的对价。雇佣关系中，雇员不能将应负的劳动义务转移给他人承担，必须亲自履行，除非得到雇主同意。雇佣关系中，报酬的确定是根据市场劳动力的价格，结合相应的行业标准确定的。报酬一经确定后，雇员一般能在长时期内取得稳定的报酬数额，不存在亏损的风险。雇佣合同中，雇员在完成工作过程中所产生的风险，如雇员受到伤害、致他人损害、工作物不符合质量要求等所造成的损失，均由雇主承担风险责任。

38. 劳务关系与雇佣关系有何区别？

劳务关系是指劳动者与用工者根据约定，由劳动者向用工者提供一次性的或者是特定的劳动服务，用工者依约向劳动者支付劳务报酬的法律关系。雇佣关系是指雇员在一定或不特定的期间内，接受雇主的指挥与安排，向雇主提供劳务，雇主向雇员支付报酬的权利义务关系。主要区别包括：

（1）关系主体是否特定。在劳务关系中，劳务关系的双方主体既可以是自然人，也可以法人或其他经济组织，其双方主体比较多元化。在雇佣关系中，雇员只可能是自然人，不存在法人或其他经济组织作为雇佣关系中的雇员。

（2）主体地位是否平等。劳务关系主体之间只存在经济关系，劳动者自主提供劳务服务，用工者支付报酬，彼此之间不存在人身隶属关系或依附关系。在雇佣关系中，雇员必须在雇主指示范围内进行劳务活动，雇员要服从雇主的指挥和管理，双方之间存在着一定的隶属关系与人身依附关系。

（3）工作条件由谁提供。劳务关系中的劳动方一般只提供简单的劳动力，在需要生产工具时也是自备，工作场所根据提供劳务的需要随时变动。雇佣关系中，雇员一般在雇主指定的工作场所，利用雇主提供的生产资料进行社会劳动。

（4）关系存续期间长短。劳务关系中，劳务需求方所要求的劳动服务往往是一次性或在某一特定期间就可以完成，在完成约定的劳务后，双方关系就自然解除。雇佣关系因为雇主所需要的劳务量一般相对比较大，技术含量也要高于劳务关系，因此，雇佣关系的存续期间一般要比劳务关系久。

（5）适用的归责原则。《侵权责任法》第35条规定，提供劳务一方因劳务自己受到伤害的，根据双方各自的过错承担相应的责任。《最高人民法院关于审理人身损害赔偿案件适用法律若干问题的解释》第11条规定，雇员在从事雇佣活动中遭受人身损害，雇主应当承担赔偿责任。由此可见，在劳务关系中，接受劳务的一方对于提供劳务的一方因劳务使自己受到损害的，承担的是过错责任。在雇佣关系中，雇主对雇员因雇佣活动遭受人身损害，要承担无过错责任。

39.村民在雇佣服务中受伤，损失由谁承担?

案例

2010年6月24日，洪某因家中盖房子封顶倒水泥，庄某提供搅拌机并组织工人施工，工钱每天结算，洪某将当天的费用支付给庄某，颜某等工人直接从庄某手里拿工钱。当天，颜某在扒石子过程中，被水泥压下受伤。颜某受伤后，家属向江园派出所报警。2014年1月1日，经司法鉴定中心鉴定：颜某所受损伤构成九级伤残；休息期为180日，营养期为90日，护理期为90日；后续医疗费约需人民币1万元。事故发生后，颜某从庄某处收取人民币11万元，其中有7.39万元系洪某支付。颜某向法院提起诉讼。

解答

农民自建房屋请工人进行施工，区分他们之间是构成劳务关系还是雇佣关系，对事后责任的认定具有很大影响。本案中，被告庄某组织原告及其他人到被告洪某家做工，每日工资均由被告庄某支付。事故发生当天，江园派出所出具的"接处警情况登记表"中也明确说明原告颜某系被告庄某雇佣的小工，结合本案其他证据，可以认定原告颜某与被告庄某之间形成雇佣关系。被告庄某作为雇主，应对原告颜某遭受的人身损害承担民事赔偿责任。由于被告庄某没有施工资质，被告洪某存在选任上的过失，根据规定，被告洪某应与被告庄某承担连带赔偿责任。原告在做工过程中缺乏安全注意意识，其受伤自身也有过失。《侵权责任法》第26条规定："被侵权人对损害的发生也有过错的，可以减轻侵权人的责任。"因此，原告因伤所受损失为人民币172 563元，原告自身应承担10%的责任，被告承担90%，即155 307元。被告已支付原告11万元，故尚需赔偿原告45 307元。

40.何为承揽关系?

所谓承揽关系，是指承揽人按照定作人的要求完成工作，交付工作成果，收取工作报酬，定作人给付报酬，收取工作成果的权利义务关系。承揽关系的定作人与承揽人之间是合同关系，双方地位平等，不存在人身依附关系，承揽人在其工作范围内有独立的自主权，定作人无权干预承揽人的工作。承揽关系中，承揽人提供劳务仅仅是完成工作的手段，工作的目的是提供工作成果。在承揽关系中，承揽人提供的劳务有一定的技术含量，报酬比较雇员要高。承揽关系中，承揽人可以独立完成工作，也可以将部分工作交付给他人完成。承揽合同的劳动报酬是基于自身的技能或生产规模、原材料的价格等确定的。而且，承揽方还要承担亏损的风险。

41. 雇佣法律关系与承揽法律关系有何区别？

（1）雇佣关系中，雇佣人与雇工之间存在着一定的人身依附关系，雇工对于工作如何安排没有自主选择权，雇佣人可以随时干预雇工的工作，雇工的劳动系一种从属性劳动。承揽关系中，定作人与承揽人地位平等，承揽人对工作如何安排拥有完全的自主权，定作人无权干预，承揽人的劳动是一种独立劳动。

（2）雇佣关系中，雇佣合同的标的注重雇工无形的劳务给付，以供给劳务本身为目的。在承揽关系中，承揽合同的标的着重表现为物化的劳动成果，重在有形工作的完成，是以提供通过劳务产生的工作成果为目的的。可见，雇佣关系侧重于劳动者出卖劳动力的行为，承揽关系则侧重于通过劳动完成的劳动成果。

（3）债务不履行时，两者是否构成违约的标准不同。承揽合同属于交付劳动成果型的合同，没有交付成果或交付的成果不符合约定，即构成违约。雇佣不涉及工作成果的交付，侧重于提供的劳务是否合格，雇工未按照雇佣人的要求提供劳务即构成违约。

（4）合同义务可否转移不同。在承揽关系中，承揽人可将承揽的工作部分交给第三人完成，《合同法》第254条就明确规定，"承揽人可以将其承揽的辅助工作交由第三人完成"。雇佣法律关系中，雇工不能将自己应负的劳动义务转移给他人承担，必须以自己的技能亲自履行。

（5）报酬的支付标准有区别。雇佣关系中，雇工的工资系计时工资。承揽法律关系中，承揽人的报酬则系计件报酬。

42. 村民在有偿委托服务中受伤，损失由谁承担？

案例

2008年8月，刘某承揽定边农行贺圈分理处南房顶修缮，在修缮时雇佣王某干活，由马某承揽吊运混凝土。在吊运过程中，吊车将正在干活的王某打落在地致伤，王某经治疗恢复正常后，经法院调解由刘某垫付王某87 012.61元。刘某认为王某的人身损害是由承揽人马某造成的，故涉诉法院，请求法院判令马某支付垫付给王某的治疗费及诉讼费。吊车是马某自己操作，劳动报酬180元，马某没有驾驶吊车的资质。

解答

法院认为，原告刘某与受害人王某属雇主与雇员关系。被告马某是依其技术和设备，给原告吊运混凝土，双方约定了工作量，并约定完成工作后给付180元的报酬，彼此之间形成了承揽关系。因此，被告马某就成了上述雇佣关系以外的第三人。马某在吊运混凝土的过程中将原告雇员王某从房顶上打下，致其受伤。根据《最高人民法院人身损害赔偿司法解释》第11条规定，雇佣关系以外的第三人造成雇员人身损害的，赔偿权利人可以请求第三人承担赔偿责任，还可以请求雇主承担赔偿责任。雇主承担赔偿责任后，可以向第三人追偿。本案的原告刘某已向遭受人身损害的雇员王某履行了雇主赔偿责任，现在要求被告马某支付其已垫付给王某的赔偿款是行使其合法的追偿权，依法应予以支持。据此，依照最高人民法院公布的《关于审理人身损害赔偿案件适用法律若干问题的解释》《最高人民法院关于人身损害赔偿的司法解释》第11条之规定，判决如下：被告马某于判决生效后5日内一次性给原告刘某已支付王某人身损害赔偿费87 012.61元。案件受理费445元，由被告马某承担。

43.在承揽关系中受伤谁负责？

案例

陈某是一名保洁工，所在物业公司指派其负责一商务办公楼的保洁工作。前段时间，八楼一家公司购置一批家具，陈某跟他们商量达成一致：陈某替他们搬运家具，家具包装物归陈某。在搬运过程中，陈某由于自己不慎扭伤了腰，治疗花费了1000多元，又耽误半个月不能上班。就这些医疗费，陈某要求物业公司报销，但被告知其替人搬运东西属于干私活，受伤与工作没关系，不是工伤，不能报销。陈某找八楼那家公司，被告知其在承揽中由于自己原因受伤，他们没有责任。请问，陈某属于工伤吗？什么是承揽？在承揽中受伤谁负责？

解答

首先，该伤不属于工伤，因为工伤通常是指在工作时间内或工作场所，员工因工作原因受伤。根据《工伤保险条例》的规定，应当被认定为工伤或视为工伤的情形有十种，而陈某的受伤不属于其中任何一种，因此，不属于工伤，物业公司不承担责任。

其次，与八楼那家公司之间存在承揽关系。承揽关系是承揽人按照定作人的要求完成工作，交付工作成果，定作人给付报酬的权利义务关系。按照《合同法》第251条的规定，是承揽人按照定作人的要求完成工作，交付工作成果，定作人给付报酬的合同。承揽包括加工、定作、修理、复制、测试、检验等工作。(1) 雇佣合同是以直接提供劳务为目的，承揽合同则是以完成工作成果为目的，提供劳务仅是完成工作成果的手段。(2) 承揽合同履行中所生风险由完成工作成果的承揽人承担，而雇佣合同履行中所生风险由接受劳务的雇佣人承担。(3) 承揽合同的当事人之间不存在支配与服从的关系，承揽人在完成工作中具有独立性，雇佣合同的受雇人在一定程度上要受雇佣人的支配，在完成工作中要听从雇佣人的安排、指挥。

雇佣关系中，雇工在从事雇佣活动中遭受人身损害，雇主应当承担赔偿责任。加工承揽关系中，承揽人在完成工作过程中造成自身损害的，定作人不承担赔偿责任，但定作人对承揽人的定作、约定或者选任有过失的，应当承担相应的赔偿责任。

由此可见，陈某与八楼那家公司之间存在承揽关系，并且由于自己的原因受伤，所以，陈某要自行承担后果。

44.农忙帮工期间意外受伤，责任由谁承担？

案例

2012年9月，某乡村为满足村民要求，计划建造一个篮球场，口头约定将工程承包给有建筑资质的村民赵某，待完工后，工人工资由村里通过拉赞助等方式解决，而赵某将无偿为村里服务。之后，赵某将平时在他手下当小工的村民王某等人召集到一起浇筑篮球场，而王某则负责与另一名工人将浇好后的水泥用拉滚筒的方式抹平。结果开工后3天，当王某在施工工地等待浇水泥时，突然慢慢跌倒在地，当即被送往医院，经抢救无效于当日死亡，门诊病例载明的诊断为"猝死待查"，尸体于两日后火化。火化后，双方均未提出进行尸检的要求。此后，死者家属与雇主多次就赔偿问题进行协商，但均未达成一致的意见，死者的继承人遂将雇主诉至法院，要求赔偿各项损失，合计40万余元。

解答

最高人民法院《关于审理劳动争议案件适用法律若干问题的解释（二）》第7条规定："下列纠纷不属于劳动争议：（一）劳动者请求社会保险经办机构发放社会保险金的纠纷；（二）劳动者与用人单位因住房制度改革产生的公有住房转让纠纷；（三）劳动者对劳动能力鉴定委员会的伤残等级鉴定结论或者对职业病诊断鉴定委员会的职业病诊断鉴定结论的异议纠纷；（四）家庭或个人与家政服务人员之间的纠纷；（五）个体工匠与帮工、学徒之间的纠纷；（六）农村承包经营户与受雇人之间的纠纷。"

根据上述司法解释的规定，农村承包经营户与受雇人之间的纠纷不属于劳动争议，不需要先经劳动争议仲裁机构仲裁，可以直接向人民法院提起诉讼。将这种关系按照雇佣关系，由民法来调整，在目前条件下一样可以达到解决纠纷的目的，没有必要把其纳入劳动法的调整范围。

最高人民法院《关于审理人身损害赔偿案件适用法律若干问题的解释》第11条规定："雇员在从事雇佣活动中遭受人身损害的，雇主应当承担赔偿责任。"法院审理后认为，王某在从事雇佣活动中死亡，赵某作为雇主应当承担赔偿责任，但考虑到王某的死亡原因为"猝死"，可见，王某自身可能潜在的自然疾病突然发作或恶化是造成其死亡的重要原因，其所从事的雇佣活动只是其自身潜在的自然疾病突然发作的诱因。据此，对王某死亡造成的损失，由雇主赵某承担30%的赔偿责任，即赔偿11万余元。

雇员接受雇主的安排从事雇佣活动，无须确认雇主与他人是否存在有偿或无偿承包关系，雇员在从事雇佣活动中遭受人身损害，雇主应当承担赔偿责任，雇员对于损害的发生有过错的，可以减轻雇主的赔偿责任。本案中，雇员的死亡原因为"猝死"，而医学上讲的"猝死"是指平时貌似健康的人，因潜在的自然疾病突然发作或恶化而发生的突然死亡。可见，雇员猝死，其自身应承担主要责任。

45. 在公路上堆放农作物造成车祸，责任由谁承担？

案例

2013年4月2日，村民刘某骑三轮车上街，当车骑至公路某路段时，遇王某在路面上堆放的麦草。刘某为避让迎面驶来的一辆轿车，将三轮车压在麦草堆边的木板上，因木板翘起，造成刘某摔到路面上，被迎面驶来的轿车刮擦，当场死亡。问：刘某的死亡应当由谁来负责？

解答

本案中的交通事故应先经交警介入调查，认定各方的责任。从本案的实际情况来看，刘某的死亡是交通事故所致，而王某对这起交通事故负次要责任，应承担部分赔偿责任。

根据我国《公路法》第46条的规定，任何单位和个人不得在公路上及公路用地范围内摆摊设点、堆放物品、倾倒垃圾、设置障碍、挖沟引水、利用公路边沟排放污物或者进行其他损坏、污染公路和影响公路畅通的活动。因此，王某在公路上堆放麦草是违法的。

46. 保姆在雇主家擦玻璃时摔伤了腰，是否属于工伤？

保姆工作时意外受伤是否属于工伤，要具体分析：如果保姆是受家政服务公司委派从事工作的，工作中受伤属于工伤，享受工伤保险待遇；如果是经中介机构介绍或自行与雇主建立雇佣关系的，工作中受伤则不属于工伤，不能享受工伤保险待遇。

工伤者享受工伤保险是我国《劳动法》规定的劳动者的基本权利之一，国家和社会为工伤者提供医疗救治、生活保障、经济补偿、医疗和职业病康复等物质帮助。保姆在工作时意外受伤可以要求雇主给予赔偿，即雇主对保姆的人身损害按公平原则给予赔偿，《最高人民法院关于审理人身损害赔偿案件适用法律若干问题的解释》对雇员的人身权利保险适用做了解答，雇员在从事雇佣活动中遭受人身损害，雇主应承担赔偿责任，雇主以外的第三人造成雇员人身损害的，赔偿权利人可以请求第三人承担赔偿责任，也可以请求雇主负赔偿责任，雇主承担赔偿责任后，可以向第三人追偿。

参考文献

［1］孝丽红、王鹏：《农村常见纠纷解决 100 例》，中国人民大学出版社，2011 年版。

［2］黄健雄、韩荣和：《农村宅基地法律政策解答》，法律出版社，2010 年版。

［3］《最新农村土地法律政策全书》，中国法制出版社，2009 年版。

［4］江伟、肖建国：《民事诉讼法》，中国人民大学出版社，2013 年版。

［5］程荣斌等：《刑事诉讼法》，中国人民大学出版社，2005 年版。

［6］刘晓霞：《农村常见劳动纠纷与解决》，甘肃文化出版社，2009 年版。

［7］储洁印、李思川：《农村常见法律纠纷》，中国经济出版社，2013 年版。

［8］童飞：《农村常见损害赔偿纠纷案例说法》，中国法制出版社，2009 年版。

第九章
常见的侵权损害赔偿纠纷

1.什么是财产损害赔偿?

财产损害,是指侵权行为侵害财产权,使得受害人的财产遭到贬损、减少或者完全丧失;或者是破坏财产权人对于财产的支配关系,使财产权人的财产利益受到损失,从而导致权利人拥有的财产价值的减少和可得财产利益的丧失。财产损害赔偿数额的确定,以客观的财产、财产的利益所损失的价值为客观标准,损失多少,赔偿多少。因侵权损害赔偿的性质是补偿受害人的损失。既然这样,补偿就只能以财产损失的多少为依据:赔偿大于损失,就超过了补偿的意义;赔偿小于损失,就没有达到补偿的要求;只有全部补偿,才能完全体现损害赔偿的补偿性质。

在实际生活中,财产损害赔偿的诉讼请求是大量存在的,比如在打架过程中,加害人造成对方车辆、衣服等财产的损坏,作为受害人都可以向法院提出诉讼,要求加害方承担相应的赔偿责任。

案例

刘某规与刘某华是同胞兄弟,1971年分家时,被告刘某华分得自老房中堂线至现椿树地之间的两间房屋,并由其父母一直居住。1974年,刘某华建房居住。同年,刘某规夫妇在刘某华分得的房屋左侧牲畜栏边栽种椿树和玉米。二人母亲去世后,其父亲因生活不能自理与刘某规一家共同生活直至去世。2009年2月19日,刘某华带儿子、儿媳等人砍倒原牲畜栏旁边原告刘某规种植的2棵椿树,次日又刮剥其余5棵椿树树皮,导致树木枯死。该纠纷经村委调解未果，刘某规遂于2010年1月18日向法院起诉，请求判令刘某华赔偿7棵椿树的经济损失，即人民币3 000元。

解答

法院认为，原告刘某规夫妇与被告刘某华分家之后，在原分给被告刘某华所有但父母还一直居住的房屋旁边栽种椿树并管理至今，属于我国《森林法》规定的情形：农村居民在房前屋后种植的林木，归个人所有。被告未能提供证据证明本案双方当事人诉争的这7棵椿树为原、被告父母在世时种植的，不能认定为遗产。被告认为这7棵椿树因为生长在自己分得的房屋及宅基地边缘上，树随宅一起应由被告所有的诉讼主张不能成立。公民的合法财产受法律保护，损坏他人财产的，应当赔偿。被告刘某华损坏原告树木，导致其市场价值减少，依法应当赔偿损失。根据《民法通则》第75条、第117条第2款，《森林法》第27条第3款，《民事诉讼法》第64条的规定，判决如下：一、被告刘某华赔偿原告刘某规7棵椿树的经济损失人民币贰仟玖佰壹拾柒元（2 917元），限于本判决生效之日起10日内兑现。二、已砍伐、刮剥的7棵椿树由被告刘某华在付清贰仟玖佰壹拾柒元（2 917元）后自行处分。

2. 电视购物遇到欺诈怎么办？

案例

老王今年60岁，在某电视频道看到一则销售高清数码相机的电视购物广告，广告宣称数码相机高清、多功能，售价500元，性价比却超过市场上标价4 000多元的同类商品，并且保证是正品行货。经不住诱惑的老王通过电话下单订购。到货后，老王发现，机外包装无产品名称、厂名、厂址，属于"三无"产品，并且无中文标识说明，说明书、外包装全是英文。老王认为该相机明显为非正规厂家生产，担心产品质量无法保证，多次电话联系经销商要求退货，经销商均以无质量问题为由拒绝。

解答

本案中，老王以电视购物方式购买相机，只要是在"收到"相机7日内要求退货，无须说明理由，经销商应按法律规定予以退货。

《消费者权益保护法》第24条规定，经营者提供的商品或者服务不符合质量要求的，消费者可以依照国家规定、当事人约定退货，或者要求经营者履行更换、修理等义务。没有国家规定和当事人约定的，消费者可以自收到商品之日起7日内退货。7日后符合法定解除合同条件的，消费者可以及时退货，不符合法定解除合同条件的，可以要求经营者履行更换、修理等义务。

《消费者权益保护法》第25条规定，经营者采用网络、电视、电话、邮购等方式销售商品，消费者有权自收到商品之日起7日内退货，且无须说明理由，但下列商品除外：（一）消费者定作的；（二）鲜活易腐的；（三）在线下载或者消费者拆封的音像制品、计算机软件等数字化商品；（四）交付的报纸、期刊。除前款所列商品外，其他根据商品性质并经消费者在购买时确认不宜退货的商品，不适用无理由退货。

3.花重金雇婚庆结婚录像有影却没声怎么办?

案例

2016年11月，刘某因孩子结婚与某婚庆公司签订婚庆服务合同并交纳了相关的费用。婚庆结束后，刘某发现婚庆仪式录像没有声音。

解答

经调查，婚庆后期制作的录像没有现场声音。《消费者权益保护法》规定：经营者以预收款方式提供商品或者服务的，未按照约定提供的，应当按照消费者的要求履行约定或者退回预付款。经过调解，婚庆公司赔偿刘某4 000元。

法规链接

《消费者权益保护法》

第53条　经营者以预收款方式提供商品或者服务的，应当按照约定提供。未按照约定提供的，应当按照消费者的要求履行约定或者退回预付款；并应当承担预付款的利息、消费者必须支付的合理费用。

4.标价与实际结款额不符，消费者该怎么办？

案例

胡某于2016年3月在镇上某超市购买两套内衣，卖场售价的标价为59元，结账时发现电脑打印的小票价格为79元。

解答

经营者提供商品或者服务有欺诈行为的，应当按照消费者的要求增加赔偿其受到的损失，增加赔偿的金额为消费者购买商品的价格或者接受服务的费用的3倍，增加赔偿的金额不足500元的，为500元。超市同意赔偿消费者500元，并向消费者赔礼道歉。

法规链接

《消费者权益保护法》

第55条 经营者提供商品或者服务有欺诈行为的，应当按照消费者的要求增加赔偿其受到的损失，增加赔偿的金额为消费者购买商品的价款或者接受服务的费用的3倍；增加赔偿的金额不足500元的，为500元。法律另有规定的，依照其规定。

经营者明知商品或者服务存在缺陷，仍然向消费者提供，造成消费者或者其他受害人死亡或者健康严重损害的，受害人有权要求经营者依照本法第49条、第51条等法律规定赔偿损失，并有权要求所受损失2倍以下的惩罚性赔偿。

5.什么是人身损害赔偿？

人身损害赔偿指的是自然人的生命、健康、身体受到不法侵害，造成伤害、残疾、死亡及精神损害，要求赔偿义务人以财产进行赔偿的侵权法律制度。根据最高人民法院关于确定民事案由的规定，人身损害赔偿纠纷包括：道路交通事故人身损害赔偿纠纷；铁路旅客运输损害赔偿纠纷；水上旅客运输损害赔偿纠纷；航空旅客运输损害赔偿纠纷；航空器对地、水面上第三人损害赔偿纠纷；医疗事故损害赔偿纠纷；工伤事故损害赔偿纠纷；国家机关及其工作人员职务侵权纠纷；雇员受害赔偿纠纷；雇佣人损害赔偿纠纷；产品责任纠纷；高度危险作业致人损害纠纷；环境污染损害赔偿纠纷；地面（公共场所）施工损害赔偿纠纷；建筑物、搁置物、悬挂物塌落损害赔偿纠纷；堆放物品倒塌损害赔偿纠纷；动物致人损害赔偿纠纷；驻特别行政区军人执行职务侵权纠纷；防卫过当损害赔偿纠纷；紧急避险损害赔偿纠纷等。

《最高人民法院关于审理人身损害赔偿案件若干问题的解释》第17条规定，受害人遭受人身损害，因就医治疗支出的各项费用以及因误工减少的收入，包括医疗费、误工费、护理费、交通费、住宿费、住院伙食补助费、必要的营养费，赔偿义务人应当予以赔偿。受害人因伤致残的，其因增加生活上需要所支出的必要费用以及因丧失劳动能力导致的收入损失，包括残疾赔偿金、残疾辅助器具费、被扶养人生活费，以及因康复护理、继续治疗实际发生的必要的康复费、护理费、后续治疗费，赔偿义务人也应当予以赔偿。受害人死亡的，赔偿义务人除应当根据抢救治疗情况赔偿本条第1款规定的相关费用外，还应当赔偿丧葬费、被扶养人生活费、死亡补偿费以及受害人亲属办理丧葬事宜支出的交通费、住宿费和误工损失等其他合理费用。

《关于确定民事侵权精神损害赔偿责任若干问题的解释》第9条规定，精神抚慰金包括：（一）致人残疾的，为残疾赔偿金；（二）致人死亡的，为死亡赔偿金；（三）其他损害情形的精神抚慰金。

6.人身损害赔偿项目有哪些?

（1）医疗费

医疗机构出具的医药费、治疗费等收款凭证所载费用之和。

（2）误工费

①受害人有固定收入：按实际减少的收入计算赔偿；

②受害人无固定收入（受害人能举证证明其最近3年平均年收入）：最近3年平均年收入（元/年）×误工期限（天）÷365（天）；

③受害人无固定收入（受害人不能举证证明其最近3年平均年收入）：受诉法院所在地相同或相近行业上一年度职工年平均工资（元/年）×误工期限（天）÷365（天）。

（3）护理费

①护理人员有收入，参照误工费的规定计算；

②护理人员有固定收入，按实际减少的收入计算赔偿；

③护理人员无固定收入：最近3年平均年收入（元/年）×误工期限（天）÷365（天）；

④护理人员无收入或雇佣护工：当地护工从事同等级别护理的劳务报酬（元/天）×护理期限（天）。

⑤护理期限：护理至受害人恢复自理能力为止；因伤致残不能恢复的，护理期限结合受害人年龄、健康状况等确定合理期限，最长不超过20年。

（4）交通费

正式票据所载实际交通费用之和，包括受害人及其必要的陪护人员因就医或转院治疗实际发生的交通费用，票据所载事项应与就医地点、时间、人数、次数相吻合。

（5）住院伙食补助费

①可以参照当地国家机关一般工作人员的出差伙食补助标准予以确定；

②受害人确有必要到外地治疗，因客观原因不能住院，此时住院伙食补助费还包括受害人及其陪护人员实际发生的住宿费和伙食费。

（6）丧葬费

受诉法院所在地上一年度职工月平均工资（元/月）×6（月）。

（7）残疾赔偿金

残疾赔偿金根据受害人丧失劳动能力或伤残等级确定；因伤残未导致实际收入减少对残疾赔偿金做适当调整。甘肃省对于残疾赔偿金、死亡赔偿金不再区分城市、农村，统一按城镇标准计算。

①受害人≤60周岁：受诉法院所在地上一年度城镇居民人均可支配收入×20（年）×伤残赔偿系数；

②受害人为60~75周岁：受诉法院所在地上一年度城镇居民人均可支配收入×［20-（实际年龄-60）］（年）×伤残赔偿系数；

③受害人年龄≥75周岁：受诉法院所在地上一年度城镇居民人均可支配收入×5（年）×伤残赔偿系数。

（8）死亡赔偿金

甘肃省对于残疾赔偿金、死亡赔偿金不再区分城市、农村，统一按城镇标准计算。

①受害人≤60周岁：受诉法院所在地上一年度城镇居民人均可支配收入×20（年）；

②受害人年龄为60～75周岁：受诉法院所在地上一年度城镇居民人均可支配收入×［20-（实际年龄-60）］（年）；

③受害人年龄≥75周岁：受诉法院所在地上一年度城镇居民人均可支配收入×5（年）。

（9）被扶养人生活费

被扶养人有数人的，年赔偿总额累计不得超过上一年度城镇居民人均消费性支出。

①被扶养人年龄≤18周岁：受诉法院所在地上一年度城镇居民人均消费性支出×（18-实际年龄）（年）÷扶养人数×伤残赔偿指数；

②被扶养人年龄≤60周岁（被抚养人无劳动能力又无其他生活来源）：受诉法院所在地上一年度城镇居民人均消费性支出×20（年）×伤残赔偿指数；

③被扶养人年龄为60～75周岁：受诉法院所在地上一年度城镇居民人均消费性支出×［20年-（实际年龄-60）］（年）÷扶养人数×伤残赔偿指数；

④被扶养人年龄为≥75周岁：受诉法院所在地上一年度城镇居民人均消费性支出×5（年）÷扶养人数×伤残赔偿指数。

（10）精神损害抚慰金

根据侵权人的过错程度、侵害手段、场合、行为方式、侵权行为造成的后果、侵权人的获利情况、侵权人经济赔偿能力、受诉法院所在地平均生活水平等因素确定。

（11）残疾辅助器具费的赔偿标准

《人身损害赔偿解释》第26条规定，残疾辅助器具费按照普通适用器具的合理费用标准计算。伤情有特殊需要的，可以参照辅助器具配制机构的意见确定相应的合理费用标准。辅助器具的更换周期和赔偿期限参照配制机构的意见确定。

《人身损害赔偿解释》第32条规定，超过确定的护理期限、辅助器具费给付年限或者残疾赔偿金给付年限，赔偿权利人向人民法院起诉请求继续给付护理费、辅助器具费或者残疾赔偿金的，人民法院应予受理。赔偿权利人确需继续护理、配制辅助器具，或者没有劳动能力和生活来源的，人民法院应当判令赔偿义务人继续给付相关费用5年至10年。

残疾辅助器具费以补偿伤者的实际损失为目的，对使用年限具有显著可能超过20年的伤者，其残疾辅助器具费应当按照伤者的实际使用器具的单价计算至平均寿命70周岁。

若残疾者在年满70周岁前便死亡的，对于未实际发生但侵权人已经支付残疾辅助器具费，应当由残疾者一方返还给侵权人。

法规链接

《最高人民法院关于审理人身损害赔偿案件适用法律若干问题的解释》第17条至33条。

7.发生交通事故时当事人怎么处理？

最新修订的《道路交通事故处理程序规定》自2018年5月1日起施行。

第13条规定，发生死亡事故、伤人事故的，或者发生财产损失事故且有下列情形之一的，当事人应当保护现场并立即报警：（一）驾驶人无有效机动车驾驶证或者驾驶的机动车与驾驶证载明的准驾车型不符的；（二）驾驶人有饮酒、服用国家管制的精神药品或者麻醉药品嫌疑的；（三）驾驶人有从事校车业务或者旅客运输，严重超过额定乘员载客，或者严重超过规定时速行驶嫌疑的；（四）机动车无号牌或者使用伪造、变造的号牌的；（五）当事人不能自行移动车辆的；（六）一方当事人离开现场的；（七）有证据证明事故是由一方故意造成的。驾驶人必须在确保安全的原则下，立即组织车上人员疏散到路外安全地点，避免发生次生事故。驾驶人已因道路交通事故死亡或者受伤无法行动的，车上其他人员应当自行组织疏散。

第14条规定，发生财产损失事故且有下列情形之一，车辆可以移动的，当事人应当组织车上人员疏散到路外安全地点，在确保安全的原则下，采取现场拍照或者标划事故车辆现场位置等方式固定证据，将车辆移至不妨碍交通的地点后报警：（一）机动车无检验合格标志或者无保险标志的；（二）碰撞建筑物、公共设施或者其他设施的。

第19条第1款、第2款规定，机动车与机动车、机动车与非机动车发生财产损失事故，当事人应当在确保安全的原则下，采取现场拍照或者标划事故车辆现场位置等方式固定证据后，立即撤离现场，将车辆移至不妨碍交通的地点，再协商处理损害赔偿事宜，但有本规定第13条第1款情形的除外。非机动车与非机动车或者行人发生财产损失事故，当事人应当先撤离现场，再协商处理损害赔偿事宜。

8.交通事故有哪些处理流程?

发生交通事故时,处理时一般要遵循以下流程:

(1)交通部门现场勘查。交警部门对现场勘查记录经复核无误后应要求当事人或见证人在现场图上签名。为检验需要,可以扣留肇事车辆和当事人相关证件。

(2)交通部门交通事故责任认定。交警部门经过调查后,应当根据当事人的行为对发生交通事故所起的作用以及过错的严重程度,确定当事人的责任。

(3)如果事故当事人同意进行赔偿调解,交警部门可以组织调解。调解次数一般不超过2次。调解不成,填写《调解终结书》,告知当事人在法定时效期间向人民法院起诉。当事人也可以不申请调解,直接向人民法院起诉。

(4)向人民法院起诉。委托律师或者自行向人民法院起诉,一般在事故发生地基层人民法院提起诉讼。在法庭审理过程中,各方可以在法院主持下调解,达成调解协议。调解不成的,由法院依法判决。

(5)申请强制执行。如果判决的履行义务人没有在判决或调解确定的期限内履行赔偿义务的,原告方可以向人民法院申请强制执行,由法院执行局向赔偿义务人强制履行赔偿义务。

9.交通事故怎么赔偿?

交通事故赔偿包括以下内容:

(1)人身损害赔偿项目和标准:因就医治疗支出的各项费用以及因误工减少的收入,包括医疗费、误工费、护理费、交通费、住宿费、住院伙食补助费、必要的营养费,赔偿义务人应当予以赔偿。

(2)致残赔偿项目和标准:其因增加生活上需要所支出的必要费用以及因丧失劳动能力导致的收入损失,包括残疾赔偿金、残疾辅助器具费、被扶养人生活费,以及因康复护理、继续治疗实际发生的必要的康复费、护理费、后续治疗费,赔偿义务人也应当予以赔偿。

(3)死亡的赔偿项目和标准:赔偿义务人除应当根据抢救治疗情况赔偿相关费用外,还应当赔偿丧葬费、被扶养人生活费、死亡补偿费以及受害人亲属办理丧葬事宜支出的交通费、住宿费和误工损失等其他合理费用。

(4)遭受精神损害项目和标准:赔偿权利人(受害人或者死者近亲属)向

人民法院请求赔偿精神损害抚慰金的，适用《最高人民法院关于确定民事侵权精神损害赔偿责任若干问题的解释》予以确定。精神损害金的请求权，不得让与或者继承，但赔偿义务人已经以书面方式承诺给予金钱赔偿，或者赔偿权利人已经向人民法院起诉的除外。

10. 甘肃省最新的道路交通事故人身损害赔偿计算标准

甘肃省高级人民法院、甘肃省公安厅于2017年5月12日发布《2017年甘肃省道路交通事故人身损害赔偿有关费用计算标准》。

（1）凡在甘肃省行政区域内发生的道路交通事故，在进行损害赔偿调解和审理工作时均按此标准执行；各级人民法院审理其他人身损害赔偿案件时可以参照此标准执行。

（2）对因道路交通事故造成人身伤亡的，按照《甘肃省道路交通安全条例》第70条规定，残疾赔偿金、死亡赔偿金按本省城镇居民上年度人均可支配收入标准计算，其被扶养人的生活费按被扶养人经常居住地所在省（直辖市、自治区）上年度城镇居民人均消费性支出标准或者农村居民人均年生活消费支出标准计算。

（3）对赔偿权利人举证证明其住所地或者经常居住地城镇居民人均可支配收入或者农村居民人均纯收入高于我省标准的，残疾赔偿金、死亡赔偿金或者被扶养人生活费可以按照其住所地或者经常居住地的相关标准计算。

（4）住院伙食补助费可以参照中共甘肃省委办公厅、甘肃省政府办公厅印发的《甘肃省省级党政机关差旅费管理办法》（甘办发〔2014〕57号）的规定，按照国家机关一般工作人员出差伙食补助标准予以确定。

11. 甘肃省道路交通事故损害赔偿有关费用的计算标准

依据甘肃省统计局、国家统计局甘肃调查总队发布的《2016年甘肃省国民经济和社会发展统计公报》，2017年甘肃省道路交通事故损害赔偿有关费用计算标准如下：

（1）居民收入

城镇居民人均可支配收入：25 693元/年；

农村居民人均纯收入：7 457元/年；

（2）居民支出

城镇居民人均消费性支出：19 539.2元/年；

农村居民人均年生活消费性支出：7 487元/年；

（3）职工平均工资

职工平均工资：59 549元/年；

（4）各分行业在岗职工年人均平均工资

①农、林、牧、渔业：41 861元/年；

②采矿业：66 020元/年；

③制造业：54 016元/年；

④电力、煤气及水生产和供应业：64 539元/年；

⑤建筑业：43 750元/年；

⑥交通运输、仓储和邮政业：65 524元/年；

⑦信息传输、软件和信息技术服务业：62 483元/年；

⑧批发和零售业：42 547元/年；

⑨住宿和餐饮业：35 667元/年；

⑩金融业：61 145元/年；

⑪房地产业：48 019元/年；

⑫租赁和商务服务业：49 214元/年；

⑬科学研究、技术服务：76 611元/年；

⑭水利、环境和公共设施管理业：55 141元/年；

⑮居民服务、修理和其他服务业：39 220元/年；

⑯教育：71 524元/年；

⑰卫生和社会工作：65 801元/年；

⑱文化、体育和娱乐业：60 997元/年；

⑲公共管理和社会组织：66 142元/年。

12. 交通事故诉讼需要的证据有哪些？

（1）提起诉讼的证据

①致害人身份信息，如个人身份证、企业登记信息等。

②道路交通事故责任认定书。

（2）证明身份的证据

①法定代理人、户口簿、身份证、公安部门的户籍关系证明。

②委托代理人授权委托书。

③个体业户、身份证及营业执照。

（3）抢救费用和医院的医疗费证据

①抢救医院和县级以上医院的抢救费用和医院的医疗费单据。

②医院治疗诊断证明书、病历、转院治疗证明、法医鉴定书。

③医疗终结后，需继续治疗的费用，应有治疗医院的继续治疗意见或法医鉴定意见。

④自购药费单据，应当附治疗医院的处方。

（4）误工日期证明、误工费证据

①治疗医院出具的住院治疗与休治时间或法医鉴定确定的休治时间。

②当事人有固定收入的，由单位出具因为交通事故误工减少收入的证明。其收入包括工资、奖金及国家规定的补贴、津贴。农业人口中有固定收入的从事农、林、渔业的在业人员，其收入按照交通事故发生地劳动力人均年纯收入计算。

③无固定收入的、交通事故发生前从事某种劳动，包括城乡个体工商户、家庭劳动服务人员等，应有街道办事处或乡镇人民政府的证明。

④当事人还应提供户籍证明、身份证明等证明。

（5）护理费证据

①医院同意护理人员及护理人数的证明。

②公安交通管理部门使用护理人员的意见。

③护理人员的收入证明。有收入的按照误工费的赔偿办法计算，无固定收入的按照事故发生地平均生活费标准予以赔偿。

（6）住院伙食补助费、住宿费、营养费

①抢救或住院治疗期间的天数证明（一般为住院病历）。

②受害人及必要的陪护人到外地治疗，因客观原因不能住院的，实际发生的住宿费和伙食费中的合理部分的单据。

③根据受害人的伤残情况参照医疗机构的意见确定，比如医生的诊断证明书。

（7）交通费

①转院治疗或到医院就诊的，其本人和陪护人员的交通费及参加事故处理

人员有关的交通费，一般按照实际必需的普通交通工具的票据。

②特殊需要乘坐出租车、飞机、火车软卧和轮船二等舱的应有公安交通管理机关同意的证明。

③到外地就医、配置残具、参加事故处理等必须在外地住宿的，应有公安交通管理机关同意的证明及住宿的发票。

（8）伤残评定赔偿证据、残疾者生活补助费、伤残赔偿金的赔偿证据、残疾需要配置含更换补偿功能器具所需的费用证据

①道路交通事故伤残评定书或道路交通事故伤残重新评定书。

②身份证和户籍证明。

③交通事故发生地平均生活费标准。

④医疗机构需要残疾辅助器具的证明，如诊断证明书等。

（9）后续治疗费

受害人根据医疗证明或者鉴定结论确定所必然发生的费用。

（10）被抚养人生活费证据（1～5级）

①丧失劳动能力的证明。

②被抚养人户籍证明和身份证明。

③在校学生学校的证明。

④街道或乡（镇）政府及派出所出具的抚养关系证明。

（11）康复费

受害人器官功能恢复训练所必需的费用，医疗机构的意见或者鉴定部门鉴定意见。

（12）适当的整容费

受害人根据医疗证明或者鉴定结论确定所必然发生的费用。

（13）财产直接损失费证据

①车辆损坏的评估单，修理施工单及发票。

②财物损失清单。

③牲畜因伤失去使用价值或死亡，物价部门出具的评估单。

13.交通事故索赔的步骤有哪些？

发生交通事故后，保险索赔是个较为复杂的过程，一定要注意汽车保险索赔程序：

（1）报赔发生交通事故后，应妥善保护好现场，并及时向保险公司报案，路面事故同时还要报请交通部门处理，非路面交通事故（如车辆因驾驶原因撞在树或墙上）应出具证明材料。

（2）出险情况，同时对车辆定损，估算合理费用，并通知车主到保险公司指定的修理厂处理事故车辆。如果车主要求自行修理，应办理自修手续，修理费如果超出定损费用，将由车主自行支付超出部分。对第三者责任的索赔，还应由保险公司对赔偿金额依法确定，并依据投保金额予以赔付。对于保户与第三者私下谈定的赔偿金额，保险公司可拒绝赔付。

（3）赔付规定之全部损失：①保险车辆发生全部损失后，如果保险金额等于或低于出险当时的实际价值，将按保险金额赔偿。②保险车辆发生全损后，如果保险金额高于出险当时的实际价值，按出险时的实际价值赔偿。

（4）赔付规定之部分损失：①保险车辆局部受损失，其保险金额达到承保时的实际价值，无论保险金额是否低于出险的实际价值，发生部分损失均按照实际修理费用赔偿；保险车辆的保险金额低于承保的实际价值，发生部分损失按照保险金额与出险时的实际价值比例赔偿修理费用。②保险车辆损失最高赔偿额以保险金额为限。

（5）赔付时间在车辆修复或自交通事故处理结案之日起3个月内，保户应持保险单、事故处理证明、事故调解书、修理清单及其他有关证明到保险公司领取赔偿金。如果与保险公司发生争议不能达成协议，可向经济合同仲裁机关申请仲裁或向人民法院提起诉讼。

14.什么是特殊侵权行为？

特殊侵权行为，是指由法律直接规定，在侵权责任的主体、主观构成要件、举证责任的分配等方面不同于一般侵权行为，应适用民法上特别责任条款的致人损害的行为。

一般侵权民事责任与特殊侵权民事责任的区别：

第一，构成要件不同。特殊侵权行为不要求行为人对其造成的损害后果具有过错，一般侵权行为以行为人有过错为成立要件。

第二，抗辩理由不同。一些在一般侵权行为中适用的抗辩理由，如正当防卫、紧急避险等，不能成为特殊侵权的抗辩理由。

第三，承担责任的方式不同。特殊侵权民事责任的承担方式主要为赔偿损失。一般侵权民事责任的承担方式除赔偿损失外，还包括返还财产、排除妨碍、停止侵害等。

第四，适用的范围不同。为了防止特殊侵权行为民事责任被滥用，特殊侵权只被限制在法律有明文规定的范围内。一般侵权行为的范围则没有该限制。

《侵权责任法》中，属于特殊侵权行为的情况都有具体的条文加以明确规定，包括：国家机关及其工作人员职务侵权纠纷；雇员受害赔偿纠纷；雇佣人损害赔偿纠纷；产品责任纠纷；高度危险作业致人损害纠纷；环境污染损害赔偿纠纷；地面（公共场所）施工损害赔偿纠纷；建筑物、搁置物、悬挂物塌落损害赔偿纠纷；堆放物品倒塌损害赔偿纠纷；动物致人损害赔偿纠纷等。

特殊侵权责任与一般侵权行为承担举证责任的方式不同。下列侵权诉讼，按照相关规定承担举证责任：

第一，因新产品制造方法发明专利引起的专利侵权诉讼，由制造同样产品的单位或者个人对其产品制造方法不同于专利方法承担举证责任。

第二，高度危险作业致人损害的侵权诉讼，由加害人就受害人故意造成损害的事实承担举证责任。

第三，因环境污染引起的损害赔偿诉讼，由加害人就法律规定的免责事由及其行为与损害结果之间不存在因果关系承担举证责任。

第四，建筑物或者其他设施以及建筑物上的搁置物、悬挂物发生倒塌、脱落、坠落致人损害的侵权诉讼，由所有人或者管理人对其无过错承担举证责任。

第五，饲养动物致人损害的侵权诉讼，由动物饲养人或者管理人就受害人有过错或者第三人有过错承担举证责任。

第六，因缺陷产品致人损害的，由产品的生产者就法律规定的免责事由承担举证责任。

第七，因共同危险行为致人损害的侵权诉讼，由实施危险行为的人就其行为与损害结果之间不存在因果关系承担举证责任。

第八，因医疗行为引起的侵权诉讼，由医疗机构就医疗行为与损害结果之间不存在因果关系及不存在医疗过错承担责任。

15.产品责任如何赔偿？

产品责任又称产品侵权损害赔偿责任，是指产品存在可能危及人身、财产安全的不合理危险，造成消费者人身或者除缺陷产品以外的其他财产损失后，缺陷产品的生产者、销售者应当承担的特殊的侵权法律责任。根据《产品质量法》的规定，我国产品责任可以大致分为两类：一是生产者应当承担的产品责任，即产品存在缺陷，造成人身或者除缺陷产品以外的其他财产损失后，缺陷产品的生产者应当承担的赔偿责任；二是销售者应当承担的产品责任，即由于销售者的过错，使产品存在缺陷造成人身或者除缺陷产品以外的其他财产损失后，销售者应当承担的赔偿责任。

产品责任的构成要件是：

（1）生产或销售了不符合产品质量要求的产品，即产品存在危及人身、他人财产安全的不合理的危险，或产品不符合保障人体健康和人身、财产安全的国家标准、行业标准。这里所说的产品是指经过加工、制作，用于销售的产品，建设工程、初级农产品等不包括在内。这里所说的产品缺陷包括设计缺陷、制造缺陷和警示说明缺陷。

（2）不合格产品造成了他人财产、人身损害。这里所指的他人财产，是指缺陷产品以外的财产，至于缺陷产品自身的损害，购买者可以根据《合同法》的规定要求销售者承担违约责任，而非产品责任。遭受人身损害的受害者，可以是购买者、消费者，也可以是购买者、消费者之外的第三人。

（3）产品缺陷与受害人的损害事实间存在因果关系。确认该种因果关系，一般应由受害人举证，受害人举证的事项为缺陷产品被使用或被消费、使用或者消费缺陷产品导致了损害的发生，但是对于高科技产品，理论上认为应有条件地适用因果关系推定理论。

产品责任的主体是产品的生产者或者销售者，产品的生产者不仅包括制造者，而且包括任何将自己的姓名、名称、商标或者可识别的其他标识体现在产品上，表示其为产品制造者的企业或者个人。对于产品责任的受害人而言，可以向产品的生产者要求赔偿，也可以向产品的销售者要求赔偿。产品的生产者或销售者在向受害人赔偿之后，可以向有责任的生产者或销售者追偿。但是，销售者不能指明缺陷产品的生产者也不能指明缺陷产品的供货者的，销售者应当承担赔偿责任。如果产品的运输者、仓储者对产品质量不合格负有责任的，产品生产者、销售者在向受害者赔偿后有权要求运输者、仓储者赔偿。

根据《消费者权益保护法》第48条和第52条的规定，经营者（包括生产者、销售者、运输者和保管者）因产品瑕疵承担以下民事责任：经营者提供商品或者服务，造成消费者或者其他受害人人身伤害的，应当支付医疗费、治疗期间的护理费、因误工减少的收入等费用，造成残疾的，还应当支付残疾者生活自助费、生活补助费、残疾赔偿金以及由其扶养的人所必需的生活费等费用；造成消费者或者其他受害人死亡的，应当支付丧葬费、死亡赔偿金以及由死者生前扶养的人必需的生活费等费用。

因产品存在缺陷造成人身、缺陷产品以外的其他财产（以下简称他人财产）损害的，生产者应当承担赔偿责任。

生产者能够证明有下列情形之一的，不承担赔偿责任：（一）未将产品投入流通的；（二）产品投入流通时，引起损害的缺陷尚不存在的；（三）将产品投入流通时的科学技术水平尚不能发现缺陷的存在的。

案例

2012年6月9日，石某从某商品批发店购买了40箱啤酒，并且用卡车将啤酒拉回家中。当石某卸货至第36箱时，其中一瓶啤酒突然爆炸，致使石某右眼球受伤，后因医治无效，石某右眼失明。由于石某在运输和搬动啤酒的过程中没有任何过错，于是他向某商品批发店要求赔偿，但商店称啤酒瓶的爆炸可能是由于厂家生产时因质量不合格而致，自己并没有过错，因此要石某向厂家索赔，石某遂诉至法院。

解答

人民法院受理此案后，经过审理查明：石某眼睛受伤确系因啤酒质量不合格所致，而啤酒又是该商品批发店出售的，因此，石某的受伤与啤酒质量瑕疵有因果关系；石某在搬运过程中并没有过错；石某有受损害之事实。人民法院根据《产品质量法》第42条、第43条之规定作出以下判决：

（1）商品批发店承担民事赔偿责任，赔偿原告石某医疗费、生活补助费、误工补贴费、致人伤残费用共6 000元；

（2）本案判决自生效之日起10天内履行完毕，诉讼费用由被告商品批发店承担。

法规链接

《产品质量法》

第40条第1款、第2款 售出的产品有下列情形之一的，销售者应当负责修理、更换、退货；给购买产品的消费者造成损失的，销售者应当赔偿损失：

（一）不具备产品应当具备的使用性能而事先未作说明的；

（二）不符合在产品或者其包装上注明采用的产品标准的；

（三）不符合以产品说明、实物样品等方式表明的质量状况的。

销售者依照前款规定负责修理、更换、退货、赔偿损失后，属于生产者的责任或者属于向销售者提供产品的其他销售者（以下简称供货者）的责任的，销售者有权向生产者、供货者追偿。

第42条　由于销售者的过错使产品存在缺陷，造成人身、他人财产损害的，销售者应当承担赔偿责任。销售者不能指明缺陷产品的生产者也不能指明缺陷产品的供货者的，销售者应当承担赔偿责任。

第43条　因产品存在缺陷造成人身、他人财产损害的，受害人可以向产品的生产者要求赔偿，也可以向产品的销售者要求赔偿。属于产品的生产者的责任，产品的销售者赔偿的，产品的销售者有权向产品的生产者追偿。属于产品的销售者的责任，产品的生产者赔偿的，产品的生产者有权向产品的销售者追偿。

第44条　因产品存在缺陷造成受害人人身伤害的，侵害人应当赔偿医疗费、治疗期间的护理费、因误工减少的收入等费用；造成残疾的，还应当支付残疾者生活自助具费、生活补助费、残疾赔偿金以及由其扶养的人所必需的生活费等费用；造成受害人死亡的，并应当支付丧葬费、死亡赔偿金以及由死者生前扶养的人所必需的生活费等费用。

因产品存在缺陷造成受害人财产损失的，侵害人应当恢复原状或者折价赔偿。受害人因此遭受其他重大损失的，侵害人应当赔偿损失。

第45条　因产品存在缺陷造成损害要求赔偿的诉讼时效期间为2年，自当事人知道或者应当知道其权益受到损害时起计算。

16.饲养动物致人损害如何赔偿？

饲养动物特别是饲养危险动物致人损害的纠纷时有发生，给受害人及其家属造成严重的精神和财产损害。我国《侵权责任法》规定，动物致人损害属于特殊侵权责任类型，饲养动物致人损害的民事责任，不以动物饲养人或者管理人的过错为要件，只要发生了饲养动物致人损害的后果，饲养人就应承担民事责任。

因此，该类侵权案件的赔偿适用无过错责任原则。无过错责任原则的举证责任分担：受损害一方只要就遭受了饲养人所饲养动物侵害的事实、动物致人损害的行为、损害事实与加害行为之间具有因果关系提供证据加以证明即可；作为动物饲养人或者管理人就受害人有过错或者第三人有过错承担举证责任，其所要证明的不是自己无过错，而是证明损害是由受害人的过错或第三人的过错引起的，如果举证充分，则可免除赔偿责任，举证不足或举证不能，动物饲养人或管理人应承担动物致人损害的赔偿责任。

案例

原告与被告系同村村民。为保护猪场安全，被告李某在其养猪场门外拴养了一只狗。2013年7月21日上午，原告徐某到其村村书记的养猪场去找村书记，却走到了被告养猪场门口，结果被狗咬伤了左小腿。当日，原告在村医疗站进行了伤口清理，并注射了狂犬疫苗，被告承担了290元医疗费用。后来，原告病情复发，经县人民医院、市第一康复医院救治，最终转至西安某医院治疗，被诊断为"左小腿狗咬伤伴感染"，住院32天，花去医疗费36 941.30元。经陕西公正司法鉴定中心鉴定，原告所受左下肢损伤属九级伤残。

解答

法院认为，依据我国《侵权责任法》第78条规定，原告请求被告承担损害赔偿责任符合法律规定，应予以支持。但是原告作为本村村民，对被告在猪场饲养有狗未尽到充分安全注意义务，导致事件发生。原告存在一般过错，应当减轻被告的赔偿责任。故判决被告李某赔偿原告徐某医疗费、误工费、护理费、住院伙食补助费、残疾赔偿金、鉴定费、交通费共计72 756.18元的60%，即43 653.70元。

法规链接

《侵权责任法》

第78条　饲养的动物造成他人损害的，动物饲养人或者管理人应当承担侵权责任，但能够证明损害是因被侵权人故意或者重大过失造成的，可以不承担或者减轻责任。

第79条　违反管理规定，未对动物采取安全措施造成他人损害的，动物饲养人或者管理人应当承担侵权责任。

　　第83条　因第三人的过错致使动物造成他人损害的，被侵权人可以向动物饲养人或者管理人请求赔偿，也可以向第三人请求赔偿。动物饲养人或者管理人赔偿后，有权向第三人追偿。

17.建筑物及建筑物上的搁置物、悬挂物坠落致人损害，如何处理？

　　根据《侵权责任法》有关规定，建筑物或者其他设施以及建筑物上的搁置物、悬挂物发生倒塌、脱落、坠落造成他人损害的，适用过错推定的归责原则。除非建筑物的所有人或者管理人能证明自己没有过错，否则应当推定其存在过错而承担相应的民事赔偿责任。

案例

　　大风天气，张某在回家途中，经过某小区楼下时，被建筑物脱落的瓦片砸中头部，当场昏迷，送往医院后经诊断为头骨骨折，经法医鉴定，构成十级伤残。由于损失得不到赔偿，张某将该楼的房屋所有权人刘某、吴某、叶某等15人告上法庭，要求他们共同赔偿损失。

解答

　　本案中，15名被告对张某被建筑物的脱落物砸伤的事实都没有异议，但都不能提供有关的证据证明自己已经采取了积极措施，尽到保护建筑物的外墙完好、屋面瓦片结合紧密等注意义务。因此，应当推定他们对损害后果存在过错。所有权人、管理人或者使用人谁负有维修或管理义务，就由谁承担责任。因第三人的过失导致损害发生的，第三人不对外承担责任，仍由所有权人、管理人或者使用人承担责任，他们承担责任后，可向第三人追偿。

法规链接

《侵权责任法》

　　第85条　建筑物、构筑物或者其他设施及其搁置物、悬挂物发生脱落、坠落造成他人损害，所有人、管理人或者使用人不能证明自己没有过错的，应当承担侵权责任。所有人、管理人或者使用人赔偿后，有其他责任人的，有权向其他责任人追偿。

《最高人民法院关于民事诉讼证据的若干规定》

第4条　下列侵权诉讼　按照以下规定承担举证责任：

……

（四）建筑物或者其他设施以及建筑物上的搁置物、悬挂物发生倒塌、脱落、坠落致人损害的侵权诉讼，由所有人或者管理人对其无过错承担举证责任；

……

18. 校园伤害事故如何处理？

2010年修订后的《学生伤害事故处理办法》规定：在学校实施的教育教学活动或者学校组织的校外活动中，以及在学校负有管理责任的校舍、场地、其他教育教学设施、生活设施内发生的，造成在校学生人身损害后果的事故的处理，适用本办法。该办法第9条规定了12种造成学生伤害的事故，学校应当依法承担相应的责任的情形。第10条规定了学生或者未成年学生监护人由于过错造成学生伤害事故，应当依法承担相应的责任的5种情形。第12条、第13条分别规定了学校免除责任的情形。

19. 学校提前放学未通知家长，学生离校后溺水身亡由谁担责？

案例

小涛是某小学二年级学生，8岁，上下学一般由其父母接送。一天下午，因最后一节美术课的老师请假，无人上课，班主任决定提前放学，但未通知学生家长。放学后，小涛独自一人偷偷前往学校附近的河里洗澡，不幸溺水身亡。悲痛欲绝的小涛父母向学校提出了高额的赔偿要求，学校认为小涛是在放学后擅自下河洗澡酿成的事故，学校没有责任，故不同意赔偿。问：本案学校应承担赔偿责任吗？

解答

本案的学生伤害事故发生在学校提前放学期间，鉴于学校对未成年学生有进行教育、管理、保护的法定职责，在提前放学这一特定的时间范围内，学校仍负有防止学生损害发生的义务。小涛年仅8岁，属于无民事行为能力人，由于学校没有将提前放学这一与未成年人学生人身安全直接相关的信息及时告之其监护人，造成了小涛处于无人监管的状态，使得小涛意外溺水有了可能性。因此，本案中，学校对损害事实的发生存在过错，其未及时通知小涛监护人的过错行为与小涛溺水身亡的损害事实之间存在因果关系，故学校应承担相应的民事赔偿责任。

法规链接

《中华人民共和国侵权责任法》

第38条　无民事行为能力人在幼儿园、学校或者其他教育机构学习、生活期间受到人身损害的，幼儿园、学校或者其他教育机构应当承担责任，但能够证明尽到教育、管理职责的，不承担责任。

《学生伤害事故处理办法》

第9条　因下列情形之一造成的学生伤害事故，学校应当依法承担相应的责任：

……

（十一）对未成年学生擅自离校等与学生人身安全直接相关的信息，学校发现或者知道，但未及时告知未成年学生的监护人，导致未成年学生因脱离监护人的保护而发生伤害的

……

20. 学生上体育课时意外受伤，法院判决学校、学生分担损失是否合理？

案例

13岁的小强是一名初二学生。一天上体育课时，小强按照体育老师的要求进行立定式跳远训练，在落地时因双腿没有及时收起而跪倒在地，致其腿部右胫骨骨折，内韧带损伤。后小强住院治疗，花去医疗费用6 000余元。小强出院后要求学校赔偿其医疗费用，学校以自己在该事故中不存在过错为由拒绝赔偿，双方为此发生纠纷。后该案经法院判决，认定学校与小强均无过错，学校按照公平原则补偿小强40%的医疗费用。

解答

本案中，小强在上体育课时，按照体育老师安排进行跳远训练，小强本身并无过错，学校根据正常的教学安排对学生进行体育训练，也无过错，因此小强的受伤属于教学意外事故。根据相关法律规定，受害人和行为人对损害的发生均无过错的，可以由双方分担损失。因此，法院判决学校根据公平责任原则分担小强部分损失是合理的。

法规链接

《侵权责任法》

第24条　受害人和行为人对损害的发生都没有过错的，可以根据实际情况，由双方分担损失。

《民法通则》

第106条第3款　没有过错，但法律规定应当承担民事责任的，应当承担民事责任。

《中小学幼儿园安全管理办法》

第18条第1款　学校在日常的教育教学活动中应当遵循教学规范，落实安全管理要求，合理预见、积极防范可能发生的风险。

21.学生上课时被质量不合格的日光灯管炸伤，学校有无责任？

案例

13岁的小燕是某中学初中一年级学生。一天上音乐课时，学校音乐教室刚更换不久的日光灯管突然炸裂，将小燕炸伤。经鉴定，学校购买的日光灯管为不合格产品。事后，小燕的家长要求学校赔偿损失，学校认为小燕的受伤是因灯管质量不合格造成的，小燕应找日光灯管的经销商和生产厂家索赔，学校没有责任，故不同意赔偿。请问：学校有无责任？

解答

学校作为教育机构，应保证其提供给学生使用的教学设施、器材的安全性，本案的学生伤害事故系因学校提供的日光灯管这一教学设施质量不合格而导致，学校应承担责任。当然，日光灯管并非学校自行生产销售，学校在向受伤学生承担赔偿责任后，可向日光灯管的生产厂家或销售商进行追偿。

法规链接

《学生伤害事故处理办法》

第9条　因下列情形之一造成的学生伤害事故，学校应当依法承担相应的责任：

（一）学校的校舍、场地、其他公共设施，以及学校提供给学生使用的学具、教育教学和生活设施、设备不符合国家规定的标准，或者有明显不安全因素的；

……

《产品质量法》

第43条　因产品存在缺陷造成人身、他人财产损害的，受害人可以向产品的生产者要求赔偿，也可以向产品的销售者要求赔偿。属于产品的生产者的责任，产品的销售者赔偿的，产品的销售者有权向产品的生产者追偿。属于产品的销售者的责任，产品的生产者赔偿的，产品的生产者有权向产品的销售者追偿。

22.学生在老师离开期间玩耍受伤，事故责任由谁承担？

案例

15岁的小明是某中学初三年级二班学生。一天上体育课时，因体育老师孙某临时有事需要离开一会儿，遂安排全班学生在此期间进行慢跑，但未交代更多的注意事项。小明不愿跑步，不顾班长和体育课代表的劝阻，一个人去玩单杠，不小心从单杠上掉下，造成右手腕部骨折。问：谁应当承担事故责任？

解答

本案中，任课老师孙某在行课期间擅离职守，没有尽到教育管理学生的义务，也未对学生可能进行的危险性活动进行必要的告诫，对小明的受伤负有一定责任，因孙某是履行教学职责不当造成学生受伤，故孙某的过错应视为学校的过错，学校应承担相应的责任。

另外，本案受害人小明已年满15岁，属于限制行为能力人，对自己的行为是否存在风险具有一定的认知能力，其在体育课上违反课堂纪律和老师要求，独自一人进行具有一定危险性的运动项目，对事故的发生亦有一定过错，也应承担相应的责任。

法规链接

《侵权责任法》

第39条　限制民事行为能力人在学校或者其他教育机构学习、生活期间受到人身损害，学校或者其他教育机构未尽到教育、管理职责的，应当承担责任。

第34条第1款　用人单位的工作人员因执行工作任务造成他人损害的，由用人单位承担侵权责任。

第26条　被侵权人对损害的发生也有过错的，可以减轻侵权人的责任。

《学生伤害事故处理办法》

第9条　因下列情形之一造成的学生伤害事故，学校应当依法承担相应的责任：

……

（十）学校教师或者其他工作人员在负有组织、管理未成年学生的职责期间，发现学生行为具有危险性，但未进行必要的管理、告诫或者制止的；

……

第十章
精准扶贫中可能遇到的法律问题

1.什么是法律援助？

根据国务院《法律援助条例》规定，法律援助是指司法行政部门确定的法律援助机构组织法律服务机构和法律援助人员，为经济困难和其他符合法定条件的公民无偿提供的法律服务。而该条例所称法律服务机构，是指依法注册登记的律师事务所、公证处、基层法律服务所和司法鉴定机构等。

2.申请法律援助需要具备哪些条件？

（1）申请事项属于规定的法律援助范围（需经诉讼或仲裁程序解决的案件应当已经立案）。

（2）有充分理由证明为保障自己合法权益确需获得法律援助。

（3）因经济困难，无能力或无完全能力支付法律服务费用。

（4）住所地在本市或持有本市暂住证。

3.哪些人可能申请法律援助？

根据《甘肃省法律援助条例》第6条的规定，除国务院《法律援助条例》第10条规定的可以申请的法律援助事项外，经济困难的公民有下列事项之一的，可以申请法律援助：（一）因劳动关系请求经济补偿、赔偿的；（二）涉及虐待、遗弃或者暴力干涉婚姻自由的；（三）残疾人、老年人、妇女、未成年人请求人身损害赔偿的；（四）因交通事故、医疗事故、工伤事故、产品质量事故以及其他人身伤害事故造成人身伤害请求赔偿的。

根据国务院《法律援助条例》第10条和第11条的规定，公民有下列事项，没有委托代理人或辩护人的，可以申请法律援助或由人民法院指定辩护：

（1）依法请求国家赔偿的。

（2）请求给予社会保险待遇或者最低生活保障待遇的。

（3）请求发给抚恤金、救济金的。

（4）请求给付赡养费、抚养费、扶养费的。

（5）请求支付劳动报酬的。

（6）主张因见义勇为行为产生的民事权益的。

（7）因医疗事故、交通事故、工伤事故造成的人身损害赔偿案件。

（8）因家庭暴力、虐待、重婚等，受害人要求离婚及人身损害赔偿案件。

（9）犯罪嫌疑人在被侦查机关第一次询问后或者采取强制措施之日起，因经济困难没有聘请律师的。

（10）公诉案件中的被害人及其法定代理人或者近亲属，自案件移送审查起诉之日起，因经济困难没有委托诉讼代理人的。

（11）自诉案件的自诉人及其法定代理人，自案件被人民法院受理之日起，因经济困难没有委托诉讼代理人的。

（12）公诉人出庭公诉的案件，被告人因经济困难或者其他原因没有委托辩护人，人民法院为被告人指定辩护时，法律援助机构应提供法律援助。

（13）被告人是盲、聋、哑人或者未成年人而没有委托辩护人的，或者被告人可能被判处死刑而没有委托辩护人的，人民法院为被告人指定辩护时，法律援助机构应当提供法律援助，无须对被告人进行经济状况的审查。

4.哪些事项不能获得法律援助?

《甘肃省法律援助条例》规定下列案件或事项，法律援助中心不予提供法律援助：

（1）因申请人的过错责任侵犯他人的合法权益而引起的民事诉讼或刑事自诉案件。

（2）因申请人过错而引起的行政诉讼案件。

（3）申请人提供不出涉讼案件的有关证据而且无法调查取证的案件。

（4）可由行政机关处理而不需要通过诉讼程序的事务。

（5）案情及法律程序简单，通常无须聘请法律服务人员代理的案件。

（6）已竭尽法律救济的案件。

（7）申请人提供不出任何证明材料或出具虚假证明骗取法援的。

（8）其他经主管机关批准，法律援助中心对外声明不予受理的案件。

5.哪些人申请法律援助可以免于审查？

案例

2012年年初，刘某（女，72岁）与王某因宅基地发生纠纷，王某闯入刘某家中，强行将刘某的老伴拖出屋外。刘某见状上前劝阻，被王某推倒在柏油路上摔伤，刘某被在场的人扶起，因伤势严重拨打110求助，被送往县某医院治疗。刘某因经济困难，住院2天后被迫出院回家治疗，出院时仍不敢下床活动，医生要求刘某休息治疗4周。刘某夫妻二人无固定经济收入，常年靠捡拾破烂为生，生活极其困难，享受低保。刘某经人介绍到县法律援助中心求助。

解答

由于刘某夫妻二人生活困难，无固定经济收入，享受低保，符合免于审查的法律规定，因此在申请法律援助时，可免于审查。

法规链接

《甘肃省法律援助条例》

第9条　法律援助机构对下列申请人的经济状况免于审查：

（一）领取失业保险金的城镇居民；

（二）城乡最低生活保障对象和农村五保供养对象；

（三）养老院、孤儿院等社会福利机构中由政府供养的人员；

（四）无固定生活来源的残疾人；

（五）符合国家规定的优抚、安置人员；

（六）因见义勇为造成人身损害请求赔偿或者补偿的人员；

（七）因自然灾害等不可抗力造成生活困难的人员；

（八）人民法院指定辩护和给予司法救助的人员；

（九）请求支付劳动报酬或者工伤赔偿的农民工；

（十）途经本省因突发事件或者特殊情况需要援助的人员。

6.法律援助可以提供的服务有哪些?

《甘肃省法律援助条例》第10条规定,法律援助采取下列形式:(一)解答法律咨询、代拟法律文书、提供法律意见;(二)刑事诉讼辩护、刑事附带民事诉讼代理;(三)民事诉讼代理;(四)行政诉讼和行政复议代理;(五)仲裁和其他非诉讼法律事务代理;(六)办理法律援助案件所涉及的公证证明、司法鉴定。

7.申请人应向哪个法律援助机构提出申请?

(1)已立案的刑事、民事、行政等诉讼案件,由有管辖权的人民法院所在地同级法律援助中心受理。

(2)不需经法院解决的非诉讼法律事务,由申请人所在地或工作单位所在地的法律援助中心受理。

(3)两个或两个以上法律援助中心对同一案件均有管辖权的,由最先接受申请的援助中心管辖。

8.申请法律援助应提交哪些材料?

公民申请法律援助应当向法律援助机构提出书面申请,填写申请表。以书面形式提出申请确有困难的,可以口头申请,由法律援助机构工作人员或者代为转交申请的有关机构工作人员作出书面记录。

公民申请法律援助应当提交下列证件、证明材料:(一)居民身份证或者能证明公民身份的其他有效证件,代理人还应当提交有代理权的证明;(二)经济困难证明;(三)申请人与所申请法律援助事项有关的法律文书和与案件相关的材料。

申请人提供证明材料确有困难,法律援助机构根据有关情况认为确有必要提供法律援助的,可以决定对其提供法律援助。

公民申请法律援助的经济困难证明,由申请人户籍所在地或者经常居住地的乡(镇)人民政府或者街道办事处出具。经济困难证明应当如实载明申请人家庭人口、就业状况、家庭年收入和主要经济来源等情况。

9.申请法律援助的流程

申请法律援助的流程有：

（1）申请人可以到市法律援助中心或市各区县法律援助机构直接申请援助，详细地址和电话请参看组织机构，也可以通过网上填报法律援助申请表申请援助。

（2）申请人申请法律援助，应当同时提交以下材料：

①法律援助申请表，并载明以下事项：申请人的基本情况；申请法律援助的事实和理由；申请人的经济状况；申请人提供的证明、证据材料清单；申请人保证所提交的证明及证据材料属实的声明。

书写有困难的申请人，可口头提出申请，由接待人员按上述要求记入笔录，申请人签字或按指印确认。

②居民身份证、户籍证明或其他有效身份证明。

③申请人住所地或户籍所在地的乡镇政府、街道办事处或申请人所在单位劳资、人事部门出具的申请人及家庭成员经济状况证明。

④与所申请法律援助事项相关的证明及证据材料。

⑤法律援助机构认为需要提供的其他材料。

附件：法律援助申请书格式

法律援助申请书

一、申请人基本情况_____（姓名、性别、出生日期、民族、身份证号、户籍所在地、住所地〈经常居住地〉、邮政编码、联系电话、工作单位）

代理人基本情况：_____（姓名、法定代理人、委托代理人、身份证号）

案情及申请理由概述：

_____

_____

_____

_____

本人承诺以上所填内容和提交的证件、证明材料均真实。

申请人（签字）：

代理人（签字）：

_____年_____月_____日

10. 如何确认农村低保对象？

农村低保对象的基本认定条件是：上年度家庭年人均纯收入低于当地农村低保标准，且户籍状况和财产情况符合当地政府享受农村低保规定条件的困难家庭。

（1）一类保障对象主要包括：

①无劳动能力、无收入来源的家庭；

②主要劳动力亡故，基本没有收入来源的家庭；

③主要劳动力重度残疾丧失劳动能力，基本没有收入来源的家庭；

④主要劳动力常年患重特大疾病且无其他劳动力，经济负担沉重，严重入不敷出的家庭；

⑤供养未成年子女和赡养老人，生活特别困难的单亲家庭。

（2）二类保障对象主要包括：

①家庭主要劳动力经当地二级甲等以上医疗机构认定患有癌症（各系统恶性疾病）、肾功能衰竭、心脏病（指肺心病、冠心病、风心病、心肌病中心功能三级以上的）、脑出血、脑血栓后遗症、重症肝病（肝硬化晚期、肝腹水）、糖尿病（胰岛素依赖型）、尘肺病、类风湿疾病（肌肉、关节、心肌改变）、白血病等病种，部分丧失劳动能力，基本生活困难的家庭；

②家庭主要劳动力因智力残疾、肢体残疾、精神残疾等原因，部分丧失劳动能力，基本生活困难的家庭；

③子女因病因残无赡养能力、单独生活且年龄在70岁以上的老年人；

④供养大中专学生或高中生，造成生活明显困难的家庭；

⑤父母双亡、由祖父母（外祖父母）抚养未成年孙子（女）、外孙子（女）的老幼家庭；

⑥因意外事故或者家庭变故，造成生活困难的单亲家庭。

（3）三类保障对象主要包括：

①家庭主要劳动力经当地二级甲等以上医疗机构认定患有腰椎间盘突出、高血压、慢性支气管炎等慢性病或肢体轻度残疾，生活仅能自理，丧失从事重体力生产劳动能力，生活困难的家庭；

②家庭成员中有两个以上残疾，不能从事重体力生产劳动，造成生活困难的家庭；

③子女因病因残无赡养能力、单独生活且年龄在60岁以上的老年人；

④家庭劳动力缺乏，基本生活困难的独生子女户或二女户；

⑤生活困难的单亲家庭。

（4）四类保障对象主要包括：

①家庭成员经当地二级甲等以上医疗机构认定为轻度残疾（轻度视力障碍、聋哑等），影响基本生活的；

②家庭成员中有两个以上未成年人或体弱多病的老年人的；

③家庭主要劳动力被司法机关羁押或正在服刑、劳教，家庭留守人员仅为60岁以上的老人或未成年人的；

④脱离家庭、在宗教场所居住3年以上（含3年），当地宗教管理部门备案的生活困难的宗教教职人员；

⑤符合当地政府享受农村低保规定条件的生活比较困难的家庭。

农村健在的国民党抗战老兵家庭和60年代初精简退职职工尚未享受生活补助的家庭，符合低保条件的，将其纳入相应的保障类别。

（5）不得享受农村最低生活保障的人

①不按规定如实申报家庭收入或不配合核查家庭收入的家庭；

②家庭成员具有正常劳动能力和生产资料，无正当理由不愿从事劳动，导致家庭生活困难的家庭；

③赡（抚、扶）养人有能力但对被赡（抚、扶）养人拒不履行法定赡（抚、扶）养义务的家庭；

④拥有注册资金3万元以上经营性实业或购置3万元以上经营车辆或大型农机具的家庭；

⑤超出自身能力、非因不可抗拒原因而大额支出，导致生活困难的家庭；

⑥离开户籍所在地1年以上（在校学生除外）或承包地撂荒的家庭；

⑦赌博、吸毒、偷盗等违法行为的涉案人员、被司法机关羁押或正在服刑、劳教的人员，本人不得纳入低保；

⑧财政供给人员的直系亲属（仅限于财政供给人员的配偶、父母、子女）家庭；

⑨不符合当地政府享受农村低保规定条件的家庭。

11. 申请农村低保需要提交哪些材料？

持有当地农村户口、共同生活的家庭成员年人均纯收入低于当地农村低保标准且实际生活水平低于当地农村低保标准的户主本人，向户籍所在地的乡镇政府（含街道办事处）提出书面申请并如实提供下列有关证明材料及复印件：

①户口簿、居民身份证、婚姻状况证明；

②民政部门、劳动部门、残联颁发的伤残证、指定医院出具的劳动能力状况证明；

③用工单位或村委会出具的家庭成员工资性收入证明；

④村委会出具的家庭经营性收入及承包或承租的拥有使用权或经营权的耕地、山林、水面等生产资料数、质量情况证明；

⑤学生证、入学通知及学生就读学校的有关证明；

⑥共同生活的家庭成员户口不在一地的，应提供户籍所在地派出所和乡镇政府出具的有关证明；

⑦其他证明材料（下岗证、退休证、就业状况证明、养老保险证明、医疗保险证明、失业保险证明、有关裁决判决材料等）。

12. 农村低保的申请审批程序是怎样的？

申请、调查、民主选评、审核、复核、审批决定、公示、颁发《农村居民最低生活保障证》。

法规链接

《甘肃省农村居民最低生活保障办法》

第11条　申请农村居民最低生活保障以家庭为单位，凡认为符合规定条件的农村居民可以向其住所地乡（镇）人民政府、街道办事处提出书面申请，也可以委托村（居）民委员会申请。

第12条　乡（镇）人民政府、街道办事处受理农村居民最低生活保障申请，组织进行入户调查和邻里访问，并征求村（居）民委员会意见。调查人员应当在调查表上签字，并对调查结果负责。

第13条　乡（镇）人民政府、街道办事处在村（居）民委员会协助下，组织村民小组召开会议，按照家庭贫困程度对申请对象进行民主选评，产生排序名单。

乡（镇）人民政府、街道办事处工作人员在村（居）民委员会协助下进行初步核查和民主评议，产生拟保障对象名单并在全村范围内张榜公示。

第15条第1款　乡（镇）人民政府、街道办事处组织、召开农村居民最低生活保障审核小组会议，确定拟保对象、类别，作出审核意见，将结果返回各行政村进行张榜公示。审核小组会议除乡村干部参加外，应当吸收农村党员代表和群众代表参加。

第16条　县级人民政府民政部门对各乡（镇）人民政府、街道办事处报送的农村居民最低生活保障工作相关材料进行复核抽查，召开会议作出审批决定，并在乡镇（街道）和行政村进行张榜公示。有异议的，县级人民政府民政部门应当在15个工作日内组织复查核实。

县级人民政府民政部门对最低生活保障工作人员和村（居）民委员会干部近亲属申请农村最低生活保障的，进行严格审核。

公示期满无异议或异议不成立的，县级人民政府民政部门正式确定为保障对象，颁发《农村居民最低生活保障证》，保障金通过"一折统"实行社会化发放。

对申请农村居民最低生活保障不予批准的，由县级人民政府民政部门通知本人，书面说明理由并告知可申请行政复议或者行政诉讼。

第17条　农村居民最低生活保障对象实行动态管理，建立保障对象有进有出、补助标准有升有降的工作机制。县级人民政府民政部门、乡（镇）人民政府、街道办事处对一类保障对象每年核查一次；对二类保障对象每半年核查一次；对三类及以下保障对象每季核查一次。

县级人民政府民政部门、乡（镇）人民政府、街道办事处、村（居）民委员会应当建立农村居民最低生活保障档案管理制度。

附件：农村低保申请书样本

低保申请书

尊敬的上级领导：

我叫×××，男，汉族，出生于1952年7月25日，今年66岁，系×××市×××镇×××村六组人。身份证：620521021956072527XX。无处安身的我，现居住在83岁高龄的老母亲家中。

因身患糖尿病，多年前，我已基本丧失了劳动能力。因为我的病，已把三间土房卖掉，现已债台高筑。老伴马××为了我，为了这个家，两年前便去大连服装厂打工。老伴也60多岁了，常年在外，辛苦和艰难万般，自不必细说。眼下，寄住在老母亲家，我又啥也不能干，老母亲的一日三餐，老母亲的洗洗涮涮，着实让我受之有愧，寝食难安。

目前，党的惠民政策给予了弱势群体以最大的生活保障，这让我对生活有了信心。几番斟酌后，特向上级领导提出对我个人给予最低生活保障的申请，请上级领导体察实情，批准为荷！

此致

敬礼！

申请人（签名）_____

_____年____月____日

13.什么是信访？

《信访条例》规定，信访是指公民、法人或者其他组织采用书信、电子邮件、传真、电话、走访等形式，向各级人民政府、县级以上人民政府工作部门反映情况，提出建议、意见或者投诉请求，依法由有关行政机关处理的活动。信访是公民的权利，《信访条例》是国家对信访秩序的规范和规定，任何人、任何信访行为，都必须严格遵守。在表达诉求时如果逾越法律，甚至不惜以非法上访、缠访、闹访等非常规手段扰乱社会公共秩序，以访施压，以访谋利，必将受到法律的严惩。

14.对哪些事项可以信访？

案例

沈某，甘肃省陇南市西和县某村村民，其父母亲均为该村村民。2015年1月，沈某通过网上投诉，反映该村在2006年被确定为新农村建设示范基地时，其父亲承包的1亩土地被强行征收，地上附着物补偿不合理，不给其家分配宅基地，要求解决。

解答

经核查，信访人反映的问题部分属实。该村新农村建设用地经村"两委"会议和群众大会讨论后，由村委会决定采取土地内部调整方式统一规划建设。沈某家原有耕地0.96亩被调整到该村窑背后，重新划分1.2亩，信访人所称的土地征收系村集体内部的土地置换问题。

在宅基地分配过程中，该村采取"一户一宅"原则划分，优先安置房屋拆迁户，其余采取抓阄方式分配到户，该户要求划分两处宅基地，并安排在第一排自家地块内的诉求不符合相关政策。但该村考虑到信访人家庭困难，免去了宅基地费用3 700余元。在村民进行宅基地建房时，由于该户抓阄没有抓到理想位置，其妻子张某强行占据一户村民的宅基地并阻碍对方施工，辱骂殴打公务人员，群众报案后，公安部门根据《治安管理处罚法》第50条（第2款）规定给予了行政拘留。

目前，沈某已在分配的宅基地上建房并居住。

法规链接

《信访条例》

第2条第1款　本条例所称信访，是指公民、法人或者其他组织采用书信、电子邮件、传真、电话、走访等形式，向各级人民政府、县级以上人民政府工作部门反映情况，提出建议、意见或者投诉请求，依法由有关行政机关处理的活动。

第14条　信访人对下列组织、人员的职务行为反映情况，提出建议、意见，或者不服下列组织、人员的职务行为，可以向有关行政机关提出信访事项：

（一）行政机关及其工作人员；

（二）法律、法规授权的具有管理公共事务职能的组织及其工作人员；

（三）提供公共服务的企业、事业单位及其工作人员；

（四）社会团体或者其他企业、事业单位中由国家行政机关任命、派出的人员；

（五）村民委员会、居民委员会及其成员。

对依法应当通过诉讼、仲裁、行政复议等法定途径解决的投诉请求，信访人应当依照有关法律、行政法规规定的程序向有关机关提出。

15. 信访办理的期限是多长？

案例

2014年5月12日，袁某等12人联名向国家信访局写信，反映：其所在的深沟村地理位置差、经济来源少，2006年政府立项搬迁至城郊乡阴湾坝，当时政府每户给予补助5 000元异地搬迁费至今未予发放。在搬迁中发生"5·12"大地震，2008年政府批准该村异地重建，中央给予每户2万元重建费和2009年农村信用社放贷2.35万元3年贴息贷款，全体村民合计1 000万多元至今没有拿到。此外，他们还反映该项目实施中工程进度慢，村民仍没得到安置，以及武罐高速征用该村土地的补偿款未发给村民等问题。

解答

当地县政府经核查，信访人反映的问题部分属实，并对关于异地安置项目建设及资金使用问题以及关于武罐高速公路征用村民土地问题进行了答复，在《信访条例》规定的期限内对本案结案。

法规链接

《信访条例》

第19条　信访人提出信访事项，应当客观真实，对其所提供材料内容的真实性负责，不得捏造、歪曲事实，不得诬告、陷害他人。

第33条　信访事项应当自受理之日起60日内办结；情况复杂的，经本行政机关负责人批准，可以适当延长办理期限，但延长期限不得超过30日，并告知信访人延期理由。法律、行政法规另有规定的，从其规定。

16.《信访条例》禁止的信访行为有哪些?

案例

被告人周某等自2013年以来，单独或伙同魏某等人到北京中南海周边地区、天安门地区等重点地区、敏感部位非正常上访12次，其中被北京市公安局西城分局行政拘留2次，被北京市公安局西城分局、天安门地区分局训诫8次，且在非正常上访过程中强行索要镇政府人民币10 500元，又在北京中南海附近公交车上抛散信访材料，严重扰乱了公共场所秩序。

解答

法院审理认为，被告人周某等因无理要求未能得到满足，违反信访规定，为制造影响、发泄不满，多次到北京重点地区和敏感部位非正常上访，并实施抛洒信访复印材料等起哄闹事的行为，造成公共场所秩序严重混乱，多次被行政处罚，又以进京非访登记、拒不服从劝访安排等手段为要挟，强行向政府索要钱财，造成恶劣社会影响，其行为符合寻衅滋事罪的客观构成要件。据此，法院判决：以寻衅滋事罪追究违法上访人员周某等人的刑事责任，分别判处其有期徒刑2年、2年6个月、1年6个月。

法规链接

《信访条例》

第20条　信访人在信访过程中应当遵守法律、法规，不得损害国家、社会、集体的利益和其他公民的合法权利，自觉维护社会公共秩序和信访秩序，不得有下列行为:

（一）在国家机关办公场所周围、公共场所非法聚集，围堵、冲击国家机关，拦截公务车辆，或者堵塞、阻断交通的;

（二）携带危险物品、管制器具的;

（三）侮辱、殴打、威胁国家机关工作人员，或者非法限制他人人身自由的;

（四）在信访接待场所滞留、滋事，或者将生活不能自理的人弃留在信访接待场所的；

（五）煽动、串联、胁迫、以财物诱使、幕后操纵他人信访或者以信访为名借机敛财的；

（六）扰乱公共秩序、妨害国家和公共安全的其他行为。

17.非理性上访行为有哪些?

为保护信访人的合法权益，维护正常的信访秩序和社会秩序，依法处置信访活动中的违法犯罪行为，根据《刑法》《治安管理处罚法》《集会游行示威法》《人民警察法》和《信访条例》等法律法规，公安部制定了《关于公安机关处置信访活动中违法犯罪行为适用法律的指导意见》。其中对32种非理性上访行为面临的风险作出具体规定。

（1）越级走访，或者多人就同一信访事项到信访接待场所走访，拒不按照《信访条例》第18条第2款的规定推选代表，经有关国家机关工作人员劝阻、批评和教育无效的。

后果：依据《信访条例》第47条第2款规定，公安机关予以警告、训诫或者制止；符合《治安管理处罚法》第23条第1款第1项、第2款规定的，以扰乱单位秩序、聚众扰乱单位秩序依法予以治安管理处罚。

（2）拒不通过法定途径提出投诉请求，不依照法定程序请求信访事项复查、复核，或者信访诉求已经依法解决，仍然以同一事实和理由提出投诉请求，在信访接待场所多次缠访，经有关国家机关工作人员劝阻、批评和教育无效的。

后果：依据《信访条例》第47条第2款规定，公安机关予以警告、训诫或者制止；符合《治安管理处罚法》第23条第1款第1项规定的，以扰乱单位秩序依法予以治安管理处罚。

（3）在信访接待场所滞留、滋事，或者将年老、年幼、体弱、患有严重疾病、肢体残疾等生活不能自理的人弃留在信访接待场所，经有关国家机关工作人员劝阻、批评和教育无效的。

后果：依据《信访条例》第47条第2款规定，公安机关予以警告、训诫或者制止；符合《治安管理处罚法》第23条第1款第1项规定的，以扰乱单位秩序依法予以治安管理处罚。

（4）在信访接待场所摆放花圈、骨灰盒、遗像、祭品，焚烧冥币，或者停放尸体，不听有关国家机关工作人员劝阻、批评和教育，扰乱信访工作秩序。

后果：符合《治安管理处罚法》第23条第1款第1项、第65条第2项规定的，以扰乱单位秩序、违法停放尸体依法予以治安管理处罚。

（5）煽动、串联、胁迫、诱使他人采取过激方式表达诉求，扰乱信访工作秩序的。

后果：符合《治安管理处罚法》第23条第1款第1项、第2款规定的，以扰乱单位秩序、聚众扰乱单位秩序依法予以治安管理处罚。

（6）聚众扰乱信访工作秩序，情节严重的。

后果：符合《刑法》第290条第1款规定的，对首要分子和其他积极参加者以聚众扰乱社会秩序罪追究刑事责任。

（7）为制造社会影响、发泄不满情绪、实现个人诉求，驾驶机动车在公共场所任意冲闯，危害公共安全。

后果：符合《刑法》第114条、第115条第1款规定的，以以危险方法危害公共安全罪追究刑事责任。

（8）以递交信访材料、反映问题等为由，非法拦截、强登、扒乘机动车或者其他交通工具，或者乘坐交通工具时抛撒信访材料，影响交通工具正常行驶。

后果：符合《治安管理处罚法》第23条第1款第4项规定的，以妨碍交通工具正常行驶依法予以治安管理处罚。

（9）在信访接待场所、其他国家机关或者公共场所、公共交通工具上非法携带枪支、弹药、弓弩、匕首等管制器具，或者爆炸性、毒害性、放射性、腐蚀性等危险物质的。

后果：符合《治安管理处罚法》第32条、第30条规定的，以非法携带枪支、弹药、管制器具、非法携带危险物质依法予以治安管理处罚；情节严重，符合《刑法》第130条规定的，以非法携带枪支、弹药、管制刀具、危险物品危及公共安全罪追究刑事责任。

（10）采取放火、爆炸或者以其他危险方法自伤、自残、自杀，危害公共安全的。

后果：符合《刑法》第114条和第115条第1款规定的，以放火罪、爆炸罪、以危险方法危害公共安全罪追究刑事责任。

（11）殴打他人或者故意伤害他人身体。

后果：符合《治安管理处罚法》第43条规定的，以殴打他人、故意伤害依法予以治安管理处罚；符合《刑法》第234条规定的，以故意伤害罪追究刑事责任；明知患有艾滋病或者其他严重传染疾病，故意以撕咬、抓挠等方式伤害他人，符合《刑法》第234条规定的，以故意伤害罪追究刑事责任。

（12）采取口头、书面等方式公然侮辱、诽谤他人。

后果：符合《治安管理处罚法》第42条第2项规定的，以侮辱、诽谤依法予以治安管理处罚。

（13）写恐吓信或者以其他方法威胁他人人身安全，或者多次发送侮辱、恐吓或者其他信息，干扰他人正常生活。

后果：符合《治安管理处罚法》第42条第1项、第5项规定的，以威胁人身安全、发送信息干扰正常生活依法予以治安管理处罚。

（14）偷窥、偷拍、窃听、散布他人隐私。

后果：符合《治安管理处罚法》第42条第6项规定的，以侵犯隐私依法予以治安管理处罚；情节严重，符合《刑法》第253条之一第2款规定的，以非法获取公民个人信息罪追究刑事责任。

（15）捏造、歪曲事实诬告陷害他人，企图使他人受到刑事追究或者受到治安管理处罚。

后果：符合《治安管理处罚法》第42条第3项规定的，以诬告陷害依法予以治安管理处罚；符合《刑法》第243条规定的，以诬告陷害罪追究刑事责任。

（16）在信访接待场所或者其他公共场所故意裸露身体，情节恶劣。

后果：符合《治安管理处罚法》第44条规定的，以在公共场所故意裸露身体予以治安管理处罚。

（17）故意损毁公私财物。

后果：符合《治安管理处罚法》第49条规定的，以故意损毁财物依法予以治安管理处罚；符合《刑法》第275条规定的，以故意毁坏财物罪追究刑事责任。

（18）以制造社会影响、采取极端闹访行为、持续缠访闹访等威胁、要挟手段，敲诈勒索。

后果：符合《治安管理处罚法》第49条规定的，以敲诈勒索依法予以治安管理处罚；符合《刑法》第274条规定的，以敲诈勒索罪追究刑事责任。

（19）以帮助信访为名骗取他人公私财物。

后果：符合《治安管理处罚法》第49条规定的，以诈骗依法予以治安管理处罚；符合《刑法》第266条规定的，以诈骗罪追究刑事责任。

（20）在国家机关办公场所周围实施静坐、张贴、散发材料，呼喊口号，打横幅，穿着状衣、出示状纸，扬言自伤、自残、自杀等行为或者非法聚集，经有关国家机关工作人员劝阻、批评和教育无效的。

后果：依据《信访条例》第47条第2款规定，公安机关予以警告、训诫或者制止，收缴相关材料和横幅、状纸、状衣等物品；符合《治安管理处罚法》第23条第1款第1项、第2款规定的，以扰乱单位秩序、聚众扰乱单位秩序依法予以治安管理处罚；符合《刑法》第290条第1款规定的，对非法聚集的首要分子和其他积极参加者以聚众扰乱社会秩序罪追究刑事责任；聚集多人围堵、冲击国家机关，扰乱国家机关正常秩序，符合《刑法》第290条第2款规定的，对首要分子和其他积极参加者以聚众冲击国家机关罪追究刑事责任。

（21）在车站、码头、商场、公园、广场等公共场所张贴、散发材料，呼喊口号，打横幅，穿着状衣、出示状纸，或者非法聚集，以及在举办文化、体育等大型群众性活动或者国内、国际重大会议期间，在场馆周围、活动区域或者场内实施前述行为，经劝阻、批评和教育无效的。

后果：依据《信访条例》第47条第2款规定，公安机关予以警告、训诫或者制止，收缴相关材料和横幅、状纸、状衣等物品；符合《治安管理处罚法》第23条第1款第2项、第2款或者第24条第1款第1项、第3项、第5项规定的，以扰乱公共场所秩序、聚众扰乱公共场所秩序或者强行进入大型活动场所内、在大型活动场所内展示侮辱性物品、向大型活动场所内投掷杂物依法予以治安管理处罚；聚众扰乱公共场所秩序，抗拒、阻碍国家治安管理工作人员依法执行职务，情节严重，符合《刑法》第291条规定的，对首要分子以聚众扰乱公共场所秩序罪追究刑事责任。

（22）在信访接待场所、其他国家机关门前或者交通通道上堵塞、阻断交通或者非法聚集，影响交通工具正常行驶。

后果：符合《治安管理处罚法》第23条第1款第4项、第2款规定的，以妨碍交通工具正常行驶、聚众妨碍交通工具正常行驶依法予以治安管理处罚；符合《刑法》第291条规定的，对首要分子以聚众扰乱交通秩序罪追究刑事责任。

（23）在外国使领馆区、国际组织驻华机构所在地实施静坐，张贴、散发材料，呼喊口号，打横幅，穿着状衣、出示状纸等行为或者非法聚集的。

后果：根据《人民警察法》第8条规定，迅速带离现场，并收缴相关材料和横幅、状纸、状衣等物品；符合《治安管理处罚法》第23条第1款第1项、第2款规定的，以扰乱公共场所秩序、聚众扰乱公共场所秩序依法予以治安管理处罚；符合《刑法》第290条第1款规定的，对首要分子和其他积极参加者以聚众扰乱社会秩序罪追究刑事责任。

（24）煽动、策划非法集会、游行、示威，不听劝阻。

后果：符合《治安管理处罚法》第55条规定的，以煽动、策划非法集会、游行、示威依法予以治安管理处罚；举行集会、游行、示威活动未经主管机关许可，未按照主管机关许可的目的、方式、标语、口号、起止时间、地点、路线进行，或者在进行中出现危害公共安全、破坏社会秩序情形的，根据《集会游行示威法》第27条规定予以制止、命令解散，不听制止，拒不解散的，依法强行驱散、强行带离现场或者立即予以拘留；符合《集会游行示威法》第28条规定的，对其负责人和直接责任人员依法予以警告或者拘留；拒不服从解散命令，符合《刑法》第296条规定的，对负责人和直接责任人员，以非法集会、游行、示威罪追究刑事责任；集会游行示威过程中实施其他违法犯罪行为的，依法追究法律责任。

（25）实施跳河、跳楼、跳桥，攀爬建筑物、铁塔、烟囱、树木，或者其他自伤、自残、自杀行为，制造社会影响的。

后果：符合《治安管理处罚法》第23条第1款第1项、第2项规定的，以扰乱单位秩序、扰乱公共场所秩序依法予以治安管理处罚；符合《刑法》第290条第1款规定的，对首要分子和其他积极参加者以聚众扰乱社会秩序罪追究刑事责任；符合《刑法》第291条规定的，对首要分子以聚众扰乱公共场所秩序罪追究刑事责任。

（26）乘坐公共交通工具拒不按照规定购票，或者采取其他方式无理取闹。

后果：符合《治安管理处罚法》第23条第1款第3项规定的，以扰乱公共交通工具上的秩序依法予以治安管理处罚。

（27）散布谣言，谎报险情、疫情、警情，投放虚假的爆炸性、毒害性、放射性、腐蚀性物质或者传染病病原体等危险物质，扬言实施放火、爆炸、投放危险物质，制造社会影响、扰乱公共秩序。

后果：符合《治安管理处罚法》第25条规定的，以虚构事实扰乱公共秩序，投放虚假危险物质扰乱公共秩序，扬言实施放火、爆炸、投放危险物质扰乱公共秩序依法予以治安管理处罚；符合《刑法》第291条之一规定的，以投放虚假危险物质罪、编造、故意传播虚假恐怖信息罪追究刑事责任。

（28）阻碍国家机关工作人员依法执行职务，强行冲闯公安机关设置的警戒带、警戒区，或者阻碍执行紧急任务的消防车、救护车、工程抢险车、警车等车辆通行。

后果：符合《治安管理处罚法》第50条第1款第2项、第3项、第4项规定的，以阻碍执行职务，阻碍特种车辆通行，冲闯警戒带、警戒区依法予以治安管理处罚；阻碍人民警察依法执行职务的，从重处罚；使用暴力、威胁方法阻碍国家机关工作人员依法执行职务，符合《刑法》第277条规定的，以妨害公务罪追究刑事责任。

（29）任意损毁、占用信访接待场所、国家机关或者他人财物。

后果：符合《治安管理处罚法》第26条第3项规定的，以寻衅滋事依法予以治安管理处罚；符合《刑法》第293条规定的，以寻衅滋事罪追究刑事责任。

（30）煽动群众暴力抗拒国家法律、行政法规实施。

后果：符合《刑法》第278条规定的，以煽动暴力抗拒法律实施罪追究刑事责任。

（31）通过网站、论坛、博客、微博、微信等，制作、复制、传播有关信访事项的虚假消息，煽动、组织、策划非法聚集、游行、示威活动，编造险情、疫情、警情，扬言实施爆炸、放火、投放危险物质或者自伤、自残、自杀等。

后果：符合《计算机信息网络国际联网安全保护管理办法》第20条规定的，依法予以警告、罚款或者其他处罚；符合《治安管理处罚法》《刑法》有关规定的，依法追究法律责任。

（32）对在信访活动中或者以信访为名，实施以上所列以外其他违法犯罪行为的，依照有关法律、法规的规定予以处置。

后果：教唆、胁迫、诱骗他人实施相关违法犯罪行为的，按照其教唆、胁迫、诱骗的行为处罚。

18. 错拘、错捕、错判能得到国家赔偿吗？

《国家赔偿法》第2条规定：国家机关和国家机关工作人员行使职权，有本法规定的侵犯公民、法人和其他组织合法权益的情形，造成损害的，受害人有依照本法取得国家赔偿的权利。本法规定的赔偿义务机关，应当依照本法及时履行赔偿义务。

《国家赔偿法》第3条、第4条规定了行政赔偿的范围：

（1）违法拘留或者违法采取限制公民人身自由的行政强制措施的；

（2）非法拘禁或以其他方法非法剥夺公民人身自由的；

（3）以殴打等暴力行为或者唆使他人以殴打等暴力行为造成公民身体伤害或者死亡的；

（4）违法使用武器、警械造成公民身体伤害或者死亡的；

（5）造成公民身体伤害或者死亡的其他违法行为；

（6）违法实施罚款、吊销许可证和执照、责令停产停业，没收财物等行政处罚的；

（7）违法对财产采取查封、扣押、冻结等行政强制措施的；

（8）违反国家规定征收财物，摊派费用的；

（9）造成财产损害的其他违法行为。

《国家赔偿法》第5条规定了国家不承担行政赔偿责任的几种情形：

（1）行政机关工作人员与行使职权无关的个人行为；

（2）因公民、法人和其他组织自己的行为致使损害发生的；

（3）法律规定的其他情形。

《国家赔偿法》第15条、第16条规定了刑事赔偿的范围：

（1）对没有犯罪事实或者没有事实证明有犯罪重大嫌疑的人错误拘留的；

（2）对没有犯罪事实的人错误逮捕的；

（3）依照审判监督程序再审改判无罪，原判刑罚已经执行的；

（4）刑讯逼供或者以殴打等暴力行为或者唆使他人以殴打等暴力行为造成公民身体伤害或者死亡的；

（5）违法使用武器，警械造成公民身体伤害或者死亡的；

（6）违法对财产采取查封、扣押、冻结、追缴等措施的；

（7）依照审判监督程序再审改判无罪，原判罚金、没收财产已经执行的。

《国家赔偿法》第18条规定了国家不承担刑事赔偿责任的几种情形：

（1）因公民自己故意做虚伪供述，或者伪造其他有罪证据被羁押或者被判处刑罚的；

（2）依照《刑法》第14条、第15条规定不负刑事责任的人被羁押的；

（3）依照《刑事诉讼法》第11条规定不追究刑事责任的人被羁押的；

（4）行使国家侦查、检察、审判、监狱管理职权的机关的工作人员与行使职权无关的个人行为；

（5）因公民自伤、自残等故意行为致使损害发生的；

（6）法律规定的其他情形。

《国家赔偿法》第32条规定了国家赔偿的时效：赔偿请求人请求国家赔偿的时效为2年，自国家机关及其工作人员行使职权时的行为被依法确认为违法之日起计算，但被羁押期间不计算在内。

19.国家赔偿标准是什么？

（1）侵犯公民人身自由的，每日赔偿金按照国家上年度职工日平均工资计算。

（2）侵犯公民生命健康权的，赔偿金按照下列规定计算：

①造成身体伤害的，应当支付医疗费、护理费以及赔偿因误工减少的收入。减少的收入每日的赔偿金按照国家上年度职工日平均工资计算，最高额为国家上年度职工年平均工资的5倍。

②造成部分或者全部丧失劳动能力的，应当支付医疗费、护理费、残疾生活辅助具费、康复费等因残疾而增加的必要支出和继续治疗所必需的费用以及残疾赔偿金。残疾赔偿金根据丧失劳动能力的程度，按照国家规定的伤残等级确定，最高不超过国家上年度职工年平均工资的20倍。造成全部丧失劳动能力的，对其扶养的无劳动能力的人，还应当支付生活费。

③造成死亡的，应当支付死亡赔偿金、丧葬费，总额为国家上年度职工年平均工资的20倍。对死者生前扶养的无劳动能力的人，还应当支付生活费。

以上第②项、第③项规定的生活费的发放标准，参照当地最低生活保障标准执行。被扶养的人是未成年人的，生活费给付至18周岁止。其他无劳动能力的人，生活费给付至死亡时止。

（3）致人精神损害的，应当在侵权行为影响的范围内，为受害人消除影响，恢复名誉，赔礼道歉；造成严重后果的，应当支付相应的精神损害抚慰金。

（4）侵犯公民、法人和其他组织的财产权造成损害的，按照下列规定处理：

①处罚款、罚金、追缴、没收财产或者违法征收、征用财产的，返还财产；

②查封、扣押、冻结财产的，解除对财产的查封、扣押、冻结，造成财产损坏或者灭失的，依照以下第③项、第④项的规定赔偿；

③应当返还的财产损坏的，能够恢复原状的恢复原状，不能恢复原状的，

按照损害程度给付相应的赔偿金；

④应当返还的财产灭失的，给付相应的赔偿金；

⑤财产已经拍卖或者变卖的，给付拍卖或者变卖所得的价款；变卖的价款明显低于财产价值的，应当支付相应的赔偿金；

⑥吊销许可证和执照、责令停产停业的，赔偿停产停业期间必要的经常性费用开支；

⑦返还执行的罚款或者罚金、追缴或者没收的金钱，解除冻结的存款或者汇款的，应当支付银行同期存款利息；

⑧对财产权造成其他损害的，按照直接损失给予赔偿。

案例

1996年4月，18岁的呼格吉勒图被警方认定为一起女厕奸杀案凶手。案发62天后，法院判决呼格吉勒图死刑，并立即执行。2005年，内蒙古系列奸杀案疑犯赵志红落网，其交代的数起杀人案中的一起就是当年这起女厕奸杀案。2012年12月15日，内蒙古高院再审后宣告呼格吉勒图无罪。

2014年12月25日，呼格父母李三仁、尚爱云向内蒙古高院提出国家赔偿申请。赔偿请求包括死亡赔偿金和丧葬费1 047 580元，精神损害抚慰金2 515 555.5元，生活费160 200元，总计3 723 335.5元。内蒙古高院于同日立案。经过与呼格父母协商，内蒙古高院于12月30日作出国家赔偿决定，赔偿呼格父母死亡赔偿金、丧葬费1 047 580元（国家2013年度职工平均工资52 379元×20），呼格生前被羁押60日的限制人身自由赔偿金12 041.4元（国家2013年度职工日平均工资200.69元×60），精神损害抚慰金100万元，共计2 059 621.40元。2014年12月31日，内蒙古高院向呼格吉勒图的父母送达了国家赔偿决定书。根据该决定，国家将向其父母赔偿共计2 059 621.40元。